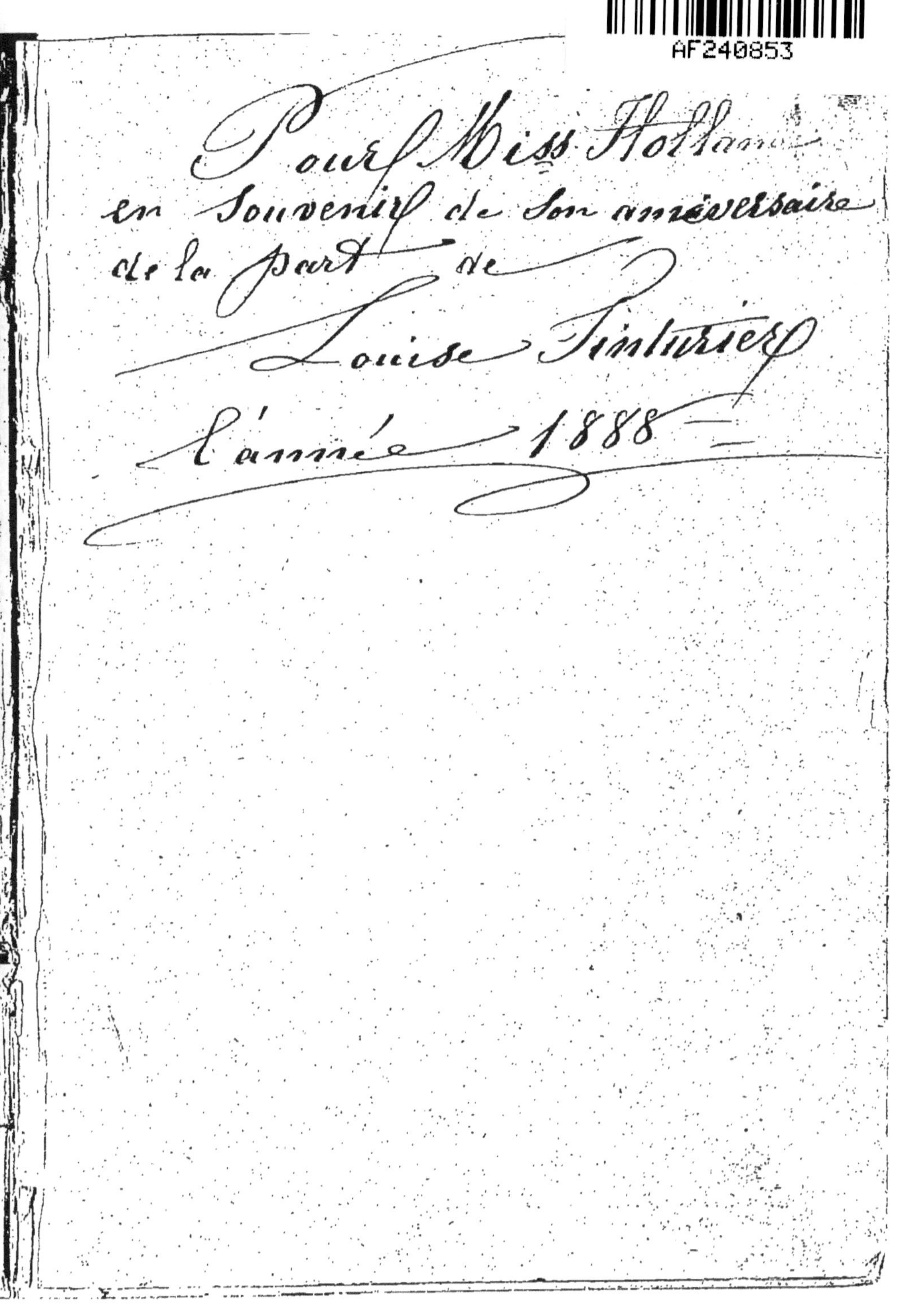
Pour Miss Holland
en souvenir de son anniversaire
de la part de
Louise Pinturier
l'année 1888

MONTREUX

TEXTE

PAR

MM. E. RAMBERT, LEBERT, CH. DUFOUR,
F.-A. FOREL et S. CHAVANNES.

ILLUSTRATIONS

PAR

MM. G. DORÉ, BACHELIN, BOCION, BURNAND,
A. CHAVANNES, H. FURRER, O. HUGUENIN,
G. ROUX et A. VEILLON.

BERNE. — IMPRIMERIE STÆMPFLL — 1877.

L'initiative de cet ouvrage a été prise par un comité local, composé de MM. ALF. CARRARD docteur, AMI CHESSEX maître d'hôtel, JULIEN DUBOCHET banquier, ED. SCHMIDT pharmacien et FÉLIX WANNER négociant.

Ce comité remercie toutes les personnes qui leur ont prêté leur concours, ainsi que le public qui a répondu à son appel avec tant d'empressement.

TABLE DES MATIÈRES

                                                                          Page

Montreux et ses environs, histoire et description, par
    E. RAMBERT 1
Notice médicale, par le Dr LEBERT 181
Notice météorologique, par CH. DUFOUR, prof. . . . 201
Notice sur l'histoire naturelle du lac Léman, par le
    Dr F.-A. FOREL, prof. 217
Notice géologique, par S. CHAVANNES 245
Promenades et excursions 251

MONTREUX

ÉGLISE DE MONTREUX.

Il n'y a pas de petite patrie, disait un écrivain célèbre, et cela est vrai pour quiconque aime le pays où il est né. Rien de ce qui se passe dans la cité n'est petit aux yeux du citoyen. Ce n'est pas d'ailleurs au chiffre de la population, ni à l'étendue du territoire, que se mesure la vraie grandeur. Quelques-uns des rôles les plus importants, dans l'histoire de la civilisation, ont été dévolus à des peuples peu nombreux. Le citoyen d'Athènes devait avoir une manière à lui de parler des petites patries. Le Suisse a bien aussi le droit, en parlant de la sienne, de faire sentir qu'elle est la plus vieille des républiques de la terre. Et en Suisse même, il y a des patries plus petites encore, des cantons, des cités, des paroisses, des communes, des villages, des hameaux, dont les enfants peuvent dire avec un accent particulier qu'il n'y a point de petite patrie. Les enfants de Montreux ont ce privilége. Parfois on leur reproche de trop le savoir. Ils ne le sauront jamais trop, si, au juste sentiment de fierté que leur inspire le seul nom de Montreux, s'ajoute un sentiment de reconnaissance envers Dieu, car la première et principale gloire de leur pays ne vient ni d'eux-mêmes ni de leurs pères,

mais de celui qui a façonné les mondes et distribué
selon son bon plaisir la lumière et la beauté. C'est
lui qui leur a donné ce ciel plus clément dont on recherche les bienfaits; c'est lui qui a tracé le contour
du rivage qu'ils habitent, et l'a prédestiné à devenir
un des berceaux et des lieux sacrés de la Poésie.

Il est inutile de célébrer la gloire de ce pays élu.
Elle se célèbre d'elle-même aux yeux de quiconque
ouvre les yeux et regarde. Il serait chimérique de
vouloir en décrire la beauté. Devant certains paysages
la plume est impuissante. Aussi voulons-nous moins
décrire que raconter, et si nous décrivons, ce ne
sera guère qu'en racontant. Nous essaierons de dire
ce qu'était cette contrée et ce qu'elle est devenue.
Nous parlerons non seulement de la terre, mais de
ceux qui l'ont cultivée et dont le travail l'a transformée : c'est leur histoire que nous allons retracer
à grands traits. Puissent nos simples récits contribuer
à entretenir les bonnes traditions du passé chez nos
amis et combourgeois de la paroisse de Montreux;
puissent-ils leur en rafraîchir la mémoire, sans les
détourner des progrès qu'exigent des temps nouveaux! Puissent-ils intéresser l'étranger qui vient demander quelque soulagement à un climat plus doux,
ou qui vient jouir de la beauté d'une nature favorisée; puissent-ils le suivre chez lui, et lui rendre parfois présent à la pensée un pays auquel l'attacheront,
peut-être, les liens de la reconnaissance et le charme
des souvenirs!

CHAPITRE I.

Le pays. [1]

Le sol qui porte aujourd'hui l'église de Montreux
et qui a formé les sommets de Naye, de Jaman, des
Verraux, a longtemps reposé dans les abîmes de
l'Océan. Il appartient à ce qu'on appelle les *terrains
jurassiques*, qui tous se sont formés au fond des
eaux, comme le prouvent les coquilles marines dont
ils ont gardé les restes.

Le temps vint où ces dépôts émergèrent; ils
s'appuyèrent à l'est à une île plus ancienne, une île
de roches cristallines, dont les couches se dressent
aujourd'hui jusqu'aux sommets du Mont Rose et du
Mont Blanc. Vers l'ouest, régnait encore la mer, où
s'accumulaient de nouveaux dépôts, destinés à former
un jour les collines houleuses du Jorat, faites de pou-
dingue et de grès. Combien s'écoula-t-il de siècles
dans ce travail silencieux? Nul ne le sait. Au calme
succéda l'orage. Une tourmente de feu se déchaîna
dans l'intérieur de la terre et en secoua l'enveloppe,
qui, toute solide qu'elle parût, se hérissa de vagues,
comme la mer sous le vent. Les Alpes, qui n'étaient
encore qu'ébauchées, naquirent de cette tempête.
Elles ne furent pas tout d'abord ce qu'elles sont au-

[1] Voir pour plus de détails la notice géologique de M. Sylvius Chavannes, à la fin du volume.

jourd'hui. Celles qui dominent Montreux devaient être plus massives, plus compactes, plus uniformément abruptes. Certaines lignes qui, d'un élan, gagnent les sommets, celles de l'Arvel, par exemple, en donnent, peut-être, quelque idée. Une fissure, futur bassin du Léman, s'ouvrait à leur pied et allait s'élargissant entre les chaînes plus écartées. D'autres fissures transversales préparaient des lits aux torrents. Vers l'ouest et le nord, des formes plus douces annonçaient le Jorat.

Cette révolution changea beaucoup de choses, entre autres le climat. Les plages de la mer voisine avaient vu les rhinocéros fabuleux pâturer sous les palmiers. Bientôt un glacier déboucha des gorges de l'orient. Il progressa d'année en année, et remplit tout le vide entre les Alpes et le Jura. À Montreux, il s'éleva jusqu'à mille mètres au-dessus du niveau actuel du lac. Seules les cimes dressaient leur tête sur le désert. Les glaces fondirent ; puis, sans qu'on sache pourquoi, elles reprirent leur marche envahissante : la géologie du moins prétend l'avoir démontré. Quand le glacier battit en retraite pour la seconde fois, la face du pays était changée. Les sommets avaient eu le temps de se dégrader, livrant au glacier des masses énormes de matériaux. Des dépôts meubles, mélange de cailloux, de graviers et de boue, gisaient, à demi pendants, sur les flancs escarpés, et marquaient, de leurs lignes parallèles, les niveaux successifs, les haltes du glacier. Quelques-uns, plus arrondis, accidentaient la

pente de gracieuses terrasses ; d'autres avaient à demi
comblé les fissures transversales, métamorphosées
en vallons au fond plat, comme le sont encore les
Villars et les Avants. Terrasses et vallons n'attendaient que le retour de la végétation pour se parer
de verdure. Elle ne se fit pas longtemps désirer.
Les sapins dentelèrent les arêtes ; les hêtres éta-
gèrent sur tous les versants leur feuillage onduleux,
et les châtaigniers, s'emparant des pentes inférieures,
se mirèrent dans les eaux du Léman.

Cependant les torrents qui tombent des hauteurs
s'attaquaient aux moraines et y creusaient de profondes ravines. Ils semblaient avoir pris à tâche de
détruire l'œuvre du glacier. Ils y travaillent encore.
Ce que le glacier apporta, les torrents l'emportent.
Si on les laissait labourer à leur gré, ils feraient
de ces vallons, Avants et Villars, une gorge nouvelle aux flancs écorchés, plus aride que la première.
On y mettra ordre, sans doute. En attendant, ce qu'ils
emportent n'est pas perdu ; ils le déposent à leur embouchure, et y découpent de leurs alluvions la ligne
du rivage. Ainsi ont été ménagées, pour la civilisation,
quelques plaines furtives au pied des pentes ardues.
Dans le même temps le lac prenait son niveau, laissant à découvert des terrasses autrefois submergées,
entre autres celle du cimetière de Clarens. D'autre
part, quelques rochers de tuf, édifiant peu à peu
leurs grottes et leurs pilastres, venaient contribuer à
la décoration du paysage. L'un d'eux est aujourd'hui le
centre de la paroisse ; c'est celui sur lequel est bâtie

l'église de Montreux ; un autre, au-dessus de Collonges, le *Scex de la Toveyre* (tufière), fait depuis longtemps l'admiration des promeneurs, tandis que le *Scex que plliau* (le rocher qui pleut), caché dans les gorges de la Baye de Clarens, laisse ruisseler, solitaire, sa chevelure de stalactites.

Dès lors, les grandes lignes du paysage n'ont guère changé, et, à moins de révolutions inattendues, elles ne changeront plus qu'avec une extrême lenteur. Chaque printemps appauvrit de quelques blocs les sommets dénudés ; parfois quelque pic mal assis roule dans la vallée. Les vieillards parlent de la chute de la Dent courbe, hardi créneau de l'arête des Verraux. La loi de la pesanteur accomplit son œuvre, et les torrents sont le premier des agents qui en assurent l'exécution. Leurs dépôts aux bords du lac s'allongent et s'élargissent aux dépens des montagnes dont ils rongent les flancs. Le Rhône leur donne l'exemple. Après avoir créé la plaine du Valais, il a rencontré le Léman, et nuit et jour il travaille à le combler. Déjà les avant-postes de ses alluvions ont dépassé Villeneuve. Ils atteindront Chillon, ils atteindront Montreux, si toutefois, après tant de siècles, il existe encore un Montreux.

CHAPITRE II.

Premiers habitants.

A quel moment l'homme est-il apparu sur ces
rivages ? On ne sait. L'histoire peut dire seulement
que le premier peuple dont la présence au bord du
lac Léman soit démontrée, appartenait à cette race
antique, originaire d'Asie, qui bâtissait sur pilotis,
dans les eaux peu profondes. On signale les restes de
deux petites stations lacustres, l'une à l'occident de
Vevey, l'autre à Villeneuve. Plus d'une pirogue aura,
de l'une à l'autre, reconnu le rivage. Nul doute que
l'homme de ces temps-là n'ait jeté l'hameçon dans
les anfractuosités du rocher de Chillon, à l'ombre des
grands arbres.

Plus tard, quelques siècles avant Jésus-Christ, ap-
parurent les belliqueux Helvètes, de race celtique,
qui chassèrent ou massacrèrent les premiers habitants et prirent possession du pays. Ils avaient plusieurs villes sur le territoire qui appartient aujour-
d'hui aux cantons de Fribourg, de Vaud et du Valais.
On cite Avenches, Yverdon, Orbe, Saint-Maurice,
Martigny. L'histoire ne dit pas si tel de leurs nombreux villages ne s'éleva point dans les environs de
Montreux ; mais cela est plus que probable. Ils se répandirent nombreux en Valais et sur le plateau, de la
Sarine au Jura. On ne voit pas pourquoi ils auraient

laissé déserte, dans l'intervalle, la plus belle partie des rives du lac. Si l'on en croyait le doyen Bridel, la trace de leur présence se trouverait partout dans les noms locaux. Le grand rocher de Taulant, par exemple, à quelques pas du village de Montreux, bien connu des naturalistes qui y vont chercher des pétrifications ou cueillir l'iris bleu, aurait vu les druides pratiquer leurs sacrifices. « *Taut* ou *teut*, dit le bon doyen, était un des noms du Dieu suprême des Celtes ; et, dans leur langue, *lann*, *land*, *lant*, signifient un pays, un territoire. Ainsi *Taulant* veut dire le pays de *Taut*. » Taulant était donc, selon lui, « un de ces hauts lieux où les druides de l'Helvétie allaient adorer l'auteur de l'univers, au milieu d'un paysage magnifiquement décoré par les hautes Alpes et le brillant bassin du Léman. » Voilà un tableau bien séduisant. Malheureusement on sait ce que valent la plupart de ces étymologies celtiques, si fort à la mode jadis. Il en est cependant qui paraissent plus solides, et à supposer même qu'il fallût toutes les rejeter, encore l'imagination serait-elle fondée à chercher quelque part, sur les hauts lieux ou dans les forêts, la fumée des sacrifices druidiques.

D'après une tradition longtemps admise par tous les historiens, sur la foi de Tite-Live, Montreux aurait vu, dans ce temps-là, passer la plus vaillante des armées de l'Helvétie. A sa tête marchait Divicon, le jeune et noble chef. C'était en l'an 107 avant J.-C. Rome menaçait l'indépendance des tribus helvètes ; elle avait besoin de leur territoire pour couvrir sa frontière du côté de la Germanie. Genève, ville des Allobroges, était soumise à sa domination ; mais Genève ne lui suffisait point. Un consul, Lucius Cassius, venait de franchir les Alpes, et était descendu dans la vallée du Rhône. C'était à sa rencontre que marchait le chef helvète. Le choc des deux armées eut lieu par delà Villeneuve. On sait l'issue de la bataille. Ce qui resta des légions romaines se rendit à merci et passa sous le joug. Ce souvenir est aujourd'hui l'un des plus populaires de toute l'histoire de la Suisse. La scène nous apparaît, distincte, telle que Gleyre, le grand peintre, l'a reproduite sur la toile. Des sommets bien connus lui font un cadre digne d'elle. La Dent du Midi élève ses cimes au-dessus du champ de triomphe et semble le contempler. Tout cela est fixé dans l'imagination du peuple, et y restera. Cependant les érudits hochent la tête. Ils ont trouvé un ancien manuscrit de Tite-Live, qui change les noms et déplace les événements. A les entendre, Divicon n'aurait point défendu son pays menacé ; mais, cédant à l'humeur inquiète qui mettait en mouvement les peuples du Nord, et qui devait amener la grande et fatale émigration des Helvètes, il aurait fait dans les Gaules une première incursion, et c'est sur les bords de la Garonne qu'il aurait écrasé l'armée romaine qui le suivait à la piste. Que faut-il penser de cette version, qui a pour elle un texte réputé plus pur, et contre elle la tradition ? La plupart des historiens l'ont adoptée. Quelques-uns cependant résistent, et la question ne paraît pas jugée sans appel.

Cinquante ans plus tard, les Helvètes tentèrent leur fameuse émigration. Ceux de Montreux durent faire comme tous les autres : ils brûlèrent leurs villages, afin d'y prendre part. Mais bientôt on les vit revenir, vaincus et décimés. Le vainqueur avait exigé qu'ils rebâtissent leurs demeures et devinssent les alliés de Rome. Ils tinrent mal des conditions imposées par la force, et, vaincus de nouveau dans la grande conjuration des Gaules, ils subirent la loi de ceux qu'ils avaient fait passer sous le joug.

CHAPITRE III.

Montreux sous les Romains.

La domination romaine valut à l'Helvétie une prospérité plus apparente que réelle, mais que les rhéteurs célébrèrent à l'envi. Quelque chose de cet éclat rejaillit sur Montreux. Baugy, l'un des plus modestes, mais aussi l'un des plus gracieux parmi les hameaux de la contrée, vit s'élever une riche villa: des médailles, des mosaïques, un fragment de corniche en marbre blanc, des tuyaux en plomb, destinés à des bains, en attestent encore la splendeur. Cette résidence devait appartenir à quelque grand propriétaire, homme de goût. Ses terrasses et ses jardins se parèrent, sans doute, de plantes italiennes, qui, grâce à la douceur du climat, n'y parurent point trop exotiques. Peut-être est-ce là que le laurier, le figuier, le grenadier, transportés à l'ombre de Naye et de Jaman, fleurirent pour la première fois. L'argent ne devait pas manquer pour payer le jardinier, car Levade, en son *Dictionnaire*, parle d'un maçon qui aurait trouvé à Baugy, dans un vieux mur, un coffret rempli de tant de médailles et de monnaies de prix que sa fortune en fut faite du coup.

D'autres vestiges sembleraient indiquer que toute la richesse du pays ne s'était point concentrée à Baugy. Un particulier de Vernex, qui déracinait un arbre, a

vu sa bêche se heurter contre une charmante Vénus
en bronze, prise entre les racines. Elle est actuelle-
ment au musée de Lausanne. Rien n'annonce toutefois qu'il y ait eu dans la contrée beaucoup de rési-
dences analogues à celle de Baugy. En revanche, on
peut tenir pour certain que des fermes, des maisons
rustiques, s'élevèrent dans les localités favorables.
Elles ont disparu, et l'histoire proprement dite n'en a
pas gardé le souvenir; mais le sang romain est encore visible, après dix-huit siècles, dans les traits de
la population. C'est là qu'il faut chercher l'origine
du type de beauté qui frappait autrefois chez les
femmes de Montreux, et qui s'y perd aujourd'hui
au sein d'une population de plus en plus cosmopolite.
Ce nez aquilin, ce front droit, ces yeux fendus en
amande, bruns ou noirs, ce menton bien marqué, où
la fossette n'est pas rare, ce profil aux lignes précises :
tout cela est romain.

Le patois de Montreux est aussi un patois à
part, qui trahit l'influence persistante du latin. Il en
est de même des noms locaux, presque tous latins.

Rome a donc passé par là, et avec elle une
civilisation encore inconnue à ces contrées. Tandis
que les anciens habitants du pays, les Helvètes, s'y
frayaient des routes quand ils en avaient besoin pour
leurs chariots, les Romains y établirent une voie
militaire permanente, qui, descendant des Alpes, se
bifurquait à Vevey en deux branches, l'une continuant
à longer le lac, l'autre allant rejoindre, à Orbe, celle
de Genève au lac de Constance. Il n'en reste aujour-

d'hui qu'une pierre milliaire, trouvée non loin de Baugy, et transportée au village de Chaulin, demi-lieue plus haut, où elle sert de chèvre à la fontaine. Un socle de colonne, renversé en guise de chapiteau, est posé dessus. L'inscription du milliaire a été presque entièrement effacée, et l'on a gravé à la place les noms, également effacés, des préposés de la commune qui ont présidé à cette installation. Cette route dut faciliter le défrichement du terrain. Le culte de Bacchus, en honneur à Cully, prouve que la vigne verdoyait déjà sur les coteaux de Lavaux. Ceux de Baugy, de Tavel, de Vernex, à peine moins favorables, virent bien aussi mûrir la grappe dorée. Les troupeaux se hasardèrent sur les hauteurs propices aux pâturages; les Alpes reçurent des habitants, au moins pour l'été, et le fromage qu'elles produisaient acquit du renom. Suétone prétend qu'Antonin le pieux mourut d'indigestion pour en avoir trop mangé. Qui sait ? C'était peut-être du Naye.

Des vignes et des pâturages, des maisons rustiques et des maisons de luxe, des chalets et des villas: voilà dès les premiers siècles de notre ère l'ébauche du Montreux d'aujourd'hui.

CHAPITRE IV.

Les barbares. Wala à Chillon.

Les rives du Léman n'échappèrent point à la ruine générale, lorsque les barbares s'ébranlèrent et que l'empire s'effondra. Des hordes sans nombre, appartenant à divers peuples, surtout aux *Allemani*, qui devaient finir par prendre pied dans l'Helvétie orientale, passèrent et repassèrent des bords du Rhin aux bords du Rhône. La plupart des villes furent saccagées, brûlées, rasées. Celles que les flammes épargnèrent furent abandonnées, et le temps acheva l'œuvre des barbares. La forêt reprit possession du pays. Une partie de la population émigra. Une autre partie chercha un refuge sur les hauteurs.

Les Burgondes, plus civilisés, vinrent à leur tour, et s'établirent dans l'Helvétie occidentale. Ils sont la seule race germanique dont le sang se soit efficacement mêlé au sang helvète ou latin des premiers habitants. Mais dans la contrée de Montreux leur influence dut être moins sensible qu'ailleurs. Ce n'est qu'à partir de la Veveyse qu'on trouve des noms locaux d'origine allemande. Aux Burgondes succédèrent les Francs, qui ne s'établirent guère dans le pays; ils se bornèrent à y exercer l'autorité. Ils y régnaient depuis 27 ans, lorsque, en 563, eut lieu la fameuse chute du Tauretunum. Si l'on s'en rapportait au récit de Grégoire de Tours, dont la précision est plus apparente que réelle, ce serait au-dessus de St-Maurice, du côté de la Dent du Midi, qu'il faudrait chercher l'emplacement de la montagne éboulée. Le Rhône aurait été barré, puis, rompant ses digues, il aurait inondé St-Maurice et toute la vallée en aval, y compris les bords du lac jusqu'à Genève. Le récit de Marius (St-Maire), évêque d'Avenches, puis de Lausanne, témoin plus rapproché, oblige à chercher le Tauretunum dans le voisinage même du lac, dont les flots, soulevés par les masses qui y tombaient, comme on l'a vu plus récemment au lac de Loverz, lors de l'éboulement du Rossberg, se seraient jetés sur les rives comme un ras de marée. Guidés par cette version beaucoup plus conforme à la tradition populaire, qui a gardé le souvenir de la vague furieuse, quelques savants, MM. Troyon, Morlot, Sylvius Chavannes, etc., ont placé le Tauretunum à la tête du lac, à la *Dérotschaz*, au-dessus de la Porte du Scex. Ce nom même de *Dérotschaz* serait un souvenir de la catastrophe. Ainsi la nature se conjurait avec les hommes pour porter la dévastation sur les bords du plus beau lac du monde. Les habitants de Montreux eurent moins à souffrir du flot déchaîné. Ils le virent écumer sur la côte inclinée, mais elle était déserte. S'il y avait alors déjà quelque fortification sur le rocher de Chillon, peut-être une tour, il dut la couvrir plutôt que l'emporter, de même qu'on a vu la vague du lac de Loverz couvrir la tour de Schwanau. Quoi qu'il en soit, les habitants furent heureux, ce jour-là, d'avoir fui les rivages du lac.

Cependant les *patrices* qui gouvernaient l'Helvétie au nom des Francs, cherchaient à y introduire quelque ordre et à la préserver de nouvelles invasions. Montreux en vit passer un, Teudfrid, qui se rendait dans la plaine du Rhône, comme autrefois Divicon, à la rencontre d'une armée envahissante. Les Lombards avaient passé les Alpes. Le patrice les tailla en pièces dans les environs de Bex (574). Au commencement du siècle suivant parurent en Helvétie d'autres ouvriers de civilisation, les missionnaires irlandais, leurs disciples et leurs continuateurs. Nulle influence ne fut plus bienfaisante que celle de ces hommes pieux, qui enseignaient le travail en même temps que la prière. Ils trouvèrent le sol préparé par quelques religieux indigènes. Le vénérable Marius, le même que nous avons déjà nommé, savait fort bien manier la bêche ; le soir il sculptait l'érable, comme font encore nos bergers. De tels exemples ne furent point perdus. Les ermitages, les couvents devinrent des centres de défrichement. On signale alors déjà une chapelle à Montreux. Mais l'humble tribu de fidèles disséminée à l'entour échappe aux regards de l'histoire. Ils continuaient à préférer le séjour des hauteurs. Les bords du lac étaient trop peu sûrs. On se racontait encore la catastrophe du Tauretunum ; on savait le niveau qu'avait atteint la vague. Et puis, on redoutait le voisinage de la voie romaine, qui, plus ou moins restaurée par les rois burgondes, était le

chemin naturel des milices régulières et des hordes
dévastatrices. C'était aussi la *voie des Romieux*, c'est-
à-dire des pélerins qui se rendaient à Rome, et que
le but de leur voyage n'empêchait pas toujours de
vivre aux dépens d'autrui.

Pendant la longue période que nous traversons
en courant, sous les Burgondes, sous les Francs et
jusque sous la grande dynastie carlovingienne, un
seul évènement attire l'attention du monde sur le
pays de Montreux, savoir l'emprisonnement du comte
Wala, jeté dans la tour de Chillon, en l'an 830. Il
existait donc alors, positivement, une tour de Chillon.
Elle était sombre et massive, sans communication
avec le rivage, isolée sur un rocher, îlot stérile, d'où
l'on ne voyait, dit le moine Paschase Radbert, que
le ciel, les Alpes pennines et le lac. Servait-elle
pour la première fois de prison politique? Cela est peu
probable. Elle y semble prédestinée par sa situation.
C'est par là qu'elle a commencé, et c'est ce qu'elle
est encore aujourdhui. Chillon est le château d'If du
Léman.

Mais quel était donc le mystérieux personnage
qu'on séparait ainsi du reste des humains? C'était
le comte Wala, abbé de Corbie, oncle de l'empereur
Louis, cousin de Charlemagne, petit-fils de Charles-
Martel. Il eût été difficile de trouver plus illustre prisonnier. Il avait trempé, disent ses ennemis, dans la
conjuration des fils de Louis le Débonnaire contre
leur faible père. La conjuration déjouée, l'empereur
aurait fait preuve d'une clémence assez rare pour

l'époque en ne le punissant que par la prison. Mais selon Paschase Radbert, son ami, son biographe, son panégyriste, Wala n'aurait eu d'autre tort que de faire entendre à tous le ferme langage de la vérité. « Bannissez, aurait-il dit aux princes vainqueurs, ban- « nissez loin de l'empereur les hommes qui le trom- « pent ; bannissez loin de lui l'homme et la femme « adultère, et, avec eux, la foule des aruspices, des « débiteurs de songes, et tous ceux qui pratiquent « les arts du malin. Puis, rendez le trône à votre « père ; libre de leur joug, il sera, comme il l'a été, « le meilleur des princes ».[1] Louis étant remonté sur le trône, Judith de Bavière, sa femme, celle-là même que Wala appelait « la femme adultère », au- rait demandé la mort de cet insolent accusateur ; Louis n'aurait accordé que l'exil et la prison.

Il est difficile, au milieu des témoignages con- traires, de faire la part de chacun. On peut cepen- dant dire avec certitude que personne, dans ces temps de trouble et d'anarchie renaissante, ne représenta plus fermement la pensée de Charlemagne que celui qui avait été l'ami de sa vieillesse, son plus intime conseiller, le noble comte Wala. Personne, non plus, ne subit la disgrâce d'un cœur plus ferme. Il se pourrait que le moine biographe eût dissimulé telle faute de son héros ; mais il n'a inventé ni cette fer- meté de caractère ni cette hauteur de pensée. Paschase

---

[1] Je cite d'après M. L. Vulliemin, qui a, pour ainsi dire, retrouvé l'histoire de Wala, et auquel je renvoie pour les dé- tails. Voir *Chillon, étude historique, Lausanne 1851.*

Radbert eut le privilége de pénétrer jusqu'à son ami, pour lui apporter de la part de l'empereur un message de bienveillance : « Nous fûmes un jour ensemble, dit-il, un jour de bonheur et de tristesse, durant lequel nous mêlâmes bien des larmes de joie avec les larmes d'une douleur amère. Comment n'être pas heureux ! Notre conscience était pure, et nous étions dans les bras l'un de l'autre. Comment n'être pas dans le deuil ? Pour prix de ses vertus celui que j'aimais avait été condamné à l'exil ; il était poursuivi par la haine et traînait ses jours dans les rigueurs d'une longue captivité. Nous échangeâmes bien des paroles, nous affligeant et nous consolant tour à tour. L'empereur, lui dis-je, désire vous rendre à la liberté ; il ne demande de vous que l'aveu d'un tort. Convenez d'avoir en quelque chose failli par un excès de zèle, et promettez de vous ranger à l'avenir à la volonté du maître de l'empire. Il vous suffit d'un mot pour obtenir votre pardon. — Et ce mot, me répondit-il, c'est toi qui m'encourages à le proférer ! Toi, mon ami, qui as lu dans le fond de ma pensée ! Tu doutes, par conséquent, de ma droiture ! Je croyais que tu venais m'exhorter à continuer de combattre pour la justice. Mais ce que je n'eusse jamais cru, c'est que tu vinsses ici m'engager à faiblir, à conniver au mal et à faire un aveu que l'honneur condamne. » — L'entretien se prolongea longtemps. Wala fut inébranlable. — « Je me tus, couvert de confusion, dit enfin Radbert. Je vis bien que, insouciant de ses propres intérêts, il ne songeait qu'à ce qui faisait l'objet de son ardente affection : Dieu, la patrie, l'Eglise, le salut du peuple, et que, dans tout ce qu'il avait fait, il n'avait voulu que sauver l'unité de la monarchie, laver la souillure de la maison impériale, rendre des fils à leur père et faire respecter les serments reçus par le roi Lothaire. Pendant notre entretien, les eaux du Léman se brisaient contre les murs de la prison. Wala porta les yeux sur l'agitation des flots. Accoutumé qu'il était à chercher Dieu dans la nature aussi bien que dans son cœur, ce fut de Dieu que les vagues écumantes lui firent entendre le langage. Leur flux et leur reflux lui dirent celui des choses humaines ; l'immobilité du rocher, sur lequel reposait Chillon, l'assurance dont jouit l'homme qu'il a plu à Dieu de placer hors du combat de la vie. Plein de cette pensée, l'air heureux et le front serein : « Vous irez jusqu'ici, dit-il aux eaux soulevées, et vous briserez contre ces murs l'orgueil de vos flots. » Tel l'exilé de Patmos, l'ami du Christ, captif aussi, revenait sur les choses passées, perçait les voiles de l'avenir, et, nourri de divins mystères, tressaillait de joie comme s'il eût déjà franchi les portes du ciel. »

CHAPITRE V.

Décomposition sociale. Humbles progrès.

Rien ne fut plus glorieux, rien plus vain que la tentative de Charlemagne pour maintenir l'unité du monde. A peine eut-il disparu que la décomposition sociale recommença sur tous les points. Nulle part l'anarchie ne fut plus complète que dans l'Helvétie romande, pays éloigné de tous les grands centres politiques, situé à l'extrême limite des ambitions rivales. Quiconque avait des vassaux et des domaines, quiconque élevait un château-fort, pouvait y jouer librement le rôle d'un petit dynaste. Il y eut cependant des tentatives de réaction. A défaut de la grande unité brisée, on essayait d'en établir quelque autre. Un instant on crut le royaume de Bourgogne ressuscité. Quatre rois burgondes se succédèrent. Celui qui ouvre la série, Rodolphe I, soutint avec gloire et succès une guerre d'indépendance prolongée, dans laquelle la partie montagneuse du pays joua un rôle important. Les détails de la lutte nous échappent ; mais on voit alors déjà la nationalité vaudoise se dessiner avec une certaine énergie. Le second, aussi un Rodolphe, porta la guerre au dehors, pendant que Berthe, sa femme, donnait l'exemple du travail et s'efforçait de soulager la misère du peuple. Elle avait beaucoup à faire, l'humble reine, comme l'appellent les médailles. La terre, en ce temps, était au plus fort. Elle l'est encore aujourd'hui. Mais tandis que dans notre civilisation moderne, le plus fort est ou doit être celui dont le droit s'appuie sur la loi, le plus fort au sein de cette société. désagrégée était, à l'ordinaire, le plus audacieux. Les audacieux furent nombreux. Quelques-uns entreprirent de rançonner l'Europe en grand. Ainsi firent les fameuses bandes sarrazines. L'une d'elles occupa les défilés des Alpes de l'Helvétie occidentale, le Mont Joux et St-Maurice d'Agaune. De là, elle se répandait en Valais et sur les bords du Léman. Il fallait acheter des Sarrazins le droit de passer les monts. Plus d'une fois les habitants de Montreux les virent approcher de leurs villages et coururent se cacher dans les forêts de la montagne, comme au temps des grandes invasions. Le pays se couvrit de tours de refuge. Montreux eut la sienne au sommet du Mont Cubly, où l'on peut encore en voir les restes cachés entre les sapins. Elle est du même style que celle de Gourze, et doit être aussi du temps de la reine Berthe. Aux bandes sarrazines s'ajoutèrent les bandes hongroises, débouchant par l'Alsace et la Franche-Comté. La pauvre Bourgogne, prise entre ces deux fléaux, eût eu mauvaise chance sans la « noble astuce », ainsi dit la chronique, dont usa Conrad, fils de Berthe, troisième des rois rodolphiens. Il demanda aux Sarrazins de lui aider à repousser les Hongrois, et aux Hongrois de lui prêter main forte pour déloger les Sarrazins. Puis, quand il les vit aux prises, il parla aux siens en ces termes : « Qu'aujourd'hui lames et glaives

« soient bien aiguisés, mes compagnons vaillants. Quel
« parti de ces démons l'emportera, que personne n'en
« ait cure. Aussitôt qu'il y aura des vainqueurs, élancez-
« vous sur eux en jetant vos boucliers, et que le fer
« dans vos mains ne fasse aucune différence entre
« Sarrazin et Hongrois. » Et en effet, il se jeta sur
les uns et sur les autres, et en fit un grand carnage.
La chronique ne dit pas où eut lieu cette exécution ;
mais ce ne dut pas être loin des positions dont il
s'agissait de déloger les Sarrazins, et le fait que le
roi vainqueur rendit spécialement grâce à St-Maurice,
« par l'épée et la lame duquel il avait si bien com-
battu », invité à chercher le champ de bataille non
loin des lieux que le vaillant saint couvrait de sa protection particulière. Quoi qu'il en soit, le pays fût
purgé des Sarrazins, et la vigie de la tour de Sal-
laucée, au sommet du Cubly, ne signala plus leur
tunique d'écarlate sur les chemins de la rive.

La délivrance fut grande ; mais le royaume de
Bourgogne n'en eut pas la vie plus longue. A ces
rois énergiques succéda Rodolphe III, prince faible,
incapable de maîtriser les ambitions qui s'agitaient
autour de lui. Il chercha un appui dans l'Eglise, et
se dépouilla pour elle. Il institua l'évêque de Lausanne comte de Vaud, et l'abbé de St-Maurice comte
du Chablais. La terreur de l'an 1000 fut pour une
part dans ses largesses. Bref, il se ruina si bien qu'on
fit des quêtes pour lui dans les églises. Enfin, il
abdiqua en faveur dè l'empereur d'Allemagne. « Nul
ne fut roi comme ce roi », dit la chronique.

A cette nouvelle, la noblesse se souleva. Le sang welche protestait. « Il a fallu à Rodolphe I et à ses successeurs, disaient les seigneurs du pays de Vaud, notre consentement pour devenir roi; Rodolphe III n'a pas le droit de disposer sans nous du royaume en faveur d'une dynastie étrangère. » On courut aux armes; mais une défaite abattit le courage des seigneurs révoltés. Ils se soumirent, pour se soulever de nouveau à diverses reprises. Bientôt après s'éleva la puissante maison de Zähringen, à laquelle l'Empire confia le rectorat de Bourgogne. Elle abaissa la noblesse, fonda des villes auxquelles elle octroya de précieuses libertés, et recueillit la bénédiction de plus d'un peuple; mais son autorité se montra surtout bienfaisante dans la partie centrale et orientale de l'Helvétie; dans l'Helvétie romande, les Blonay presque seuls s'attachèrent à sa fortune, et son impopularité auprès des grands ne suffit pas toujours à lui assurer la faveur des petits.

La contrée dont nous cherchons à retracer l'histoire joua pendant ce temps un rôle assez effacé. Ce fut pour elle une période de développement obscur. On voit dès lors figurer le nom de Montreux comme nom de paroisse dans la division ecclésiastique du diocèse de Lausanne. Il en est de même de celui de Buriez, où il y avait un prieuré de Bénédictins. Ces faits indiquent une population plus dense, des besoins nouveaux. Les localités épargnées par les guerres fréquentes que se livraient les seigneurs n'avaient point trop à souffrir de l'extrême division du pouvoir. Il était dans l'intérêt évident de chacun de ces petits dynastes d'augmenter le nombre et le bien-être de ses vassaux. Leur force était sa force, leur richesse sa richesse. Seigneurs ecclésiastiques et seigneurs laïques le comprirent également. Les Blonay, les plus puissants parmi les barons du voisinage, protégeaient l'agriculture de tout leur pouvoir ; ils étaient grands amis des moines de Haut - Crêt, ces laborieux pionniers qui défrichèrent le Dézaley ; ils leur firent de riches dotations. Ces mêmes moines avaient des possessions non loin de Montreux, entre autres le territoire de Grandchamp, à quelques pas de Chillon, et la montagne de Chaudes, au-dessus de Villeneuve. En voilà plus qu'il n'en faut pour expliquer bien des progrès. C'est toujours sur la hauteur que sont les principaux villages, et la population est encore essentiellement pastorale. Elle exploite les prairies des terrasses formées par les antiques moraines et les pâturages des monts. Mais une nouvelle culture, déjà connue dans le pays du temps des Romains, y a été introduite, celle de la vigne. A quelle époque ? On l'ignore. Peut-être à Lavaux n'avait-elle jamais entièrement disparu. A Montreux, il fallut recommencer. Selon le doyen Bridel, fort au courant de toutes les traditions locales, les premières vignes auraient été plantées non loin de Glion, un peu au dessous, au lieu dit la *Vigneule*. Ce nom est parlant. Il indique de timides commencements, un enclos où l'on essaie, tandis que tout à l'entour règnent les forêts ou les prairies. Charnex, Sonzier, Glion, auront eu d'abord

chacun leur *vigneule*, une petite côte, le plus près
possible des maisons. Les riches furent les premiers
à s'accorder ce luxe. Ils ne se doutaient pas qu'ils
commençaient la transformation de leur pays, que la
vigne descendrait et qu'ils descendraient avec elle;
ils ne se doutaient pas de ce que cette culture de-
viendrait pour la population tout entière. Le paysan
de Montreux attache du prix à tous les fruits de la
terre, mais pas à tous également. Abattez ses noix,
secouez ses pruniers ou ses poiriers, il vous le par-
donnera; mais si vous touchez au raisin, dont les grappes
s'étalent sur le mur du sentier, malheur à vous! C'est
ici le fruit sacré! A peine commence-t-il à mûrir que
le vignoble se peuple de gardiens, et que le promeneur ne fait plus un pas sans être suivi par des yeux
invisibles. Ces gardiens s'appelaient autrefois des *pi-
quettes,* à cause d'une espèce de pique dont ils étaient
armés. Quand la vendange approchait, la piquette se
multipliait; elle était partout et faisait observer à la
rigueur les plus rigoureux règlements. L'auteur de
ces lignes se souvient d'avoir plus d'une fois, dans
son enfance, suivi quelque sentier du vignoble, accompagné de sa mère, et d'avoir dû cheminer en
levant les deux bras en l'air. Ce n'était pas que la
vigne eût beaucoup plus à craindre des maraudeurs;
c'était religion, superstition. Le raisin est le fruit noble
par excellence, et, dans les contrées qu'il enrichit, le
vigneron le regarde du même œil que les enfants de
Venise considéraient la mer.

La *Vigneule*, tel est l'événement de la période que nous traversons. Devant lui pâlissent ceux auxquels l'histoire ordinaire accorde plus de place, tels que le passage du pauvre empereur Henri IV, se rendant à Canosse, par le St-Bernard, pour implorer le pardon de Grégoire VII, ou bien la manie du voyage d'Orient, qui fit prendre la croix sur l'épaule à plus d'un gars de la contrée. Si l'on en croit Torquato Tasso, six mille Helvétiens seraient entrés à Jérusalem avec Godefroi de Bouillon. Neuf mille déjà, du temps de la villa de Baugy, y étaient entrés avec Titus. Parmi les seigneurs qui se croisèrent, on signale un comte de Gruyère, qui partit emmenant avec lui cent compagnons, la fleur de la vallée. On raconte qu'au moment du départ, quand le héraut s'écria : « Marche, Gruyère, reviendra qui pourra! » les jeunes Gruyériennes versèrent toutes leurs larmes, et demandèrent avec effroi, si le lac qu'on traversait pour se rendre à Jérusalem était aussi grand que celui dont il fallait longer les bords pour aller à Notre-Dame de Lausanne. Un Blonay partit aussi. On ne sait combien de serviteurs il emmena ; mais assurément il ne partit pas seul, et peut-être quelque jouvencelle des rives du Léman fit-elle la même question que les naïves montagnardes de la Gruyère.

Il y a cependant encore un événement qui se rapporte à cette période, la prise de possession de l'ancien Chablais par la maison de Savoie. Il était passé des mains de l'abbé de St-Maurice d'Agaune dans celles de l'évêque de Sion. Des évêques de Sion il passa aux comtes de Savoie. Quand et comment eut lieu cet envahissement d'une maison déjà puissante, surtout ambitieuse ? Les évêques de Sion, non moins jaloux de leur indépendance que ceux de Lausanne, non moins ennemis des Zähringen, voulurent-t-ils s'appuyer sur les Savoie, ou bien subirent-ils leur protection ? Les historiens laissent la question douteuse. Mais il est certain que dès les temps de Hubert aux blanches mains, qui, en 1033, prêta son concours à l'empereur d'Allemagne contre les barons transjurains révoltés, Chillon était occupé par les princes de la maison de Savoie, lesquels en devaient l'hommage à l'évêque de Sion.

CHAPITRE VI.

Pierre de Savoie.

Il était réservé à la maison de Savoie de constituer enfin dans l'Helvétie romande une autorité re-
connue.

Thomas, comte de Savoie, avait huit fils et quatre
filles. Il plaça fort bien les filles. Chacune d'elles
occupa l'un des trônes de l'Europe. Mais tant de fils
l'embarrassaient. Il les jeta presque tous, sauf l'aîné,
dans la carrière ecclésiastique. Dans le nombre, se
trouvait Pierre, qui ne put s'empêcher de s'avouer à
lui-même qu'il était mieux fait pour devenir un vaillant chevalier qu'un intrigant ou paresseux prélat. Son
père mort, il jeta le froc et se maria avec Agnès, fille
d'Aymon de Faucigny. On ne sait qui lui agréa le plus
de la jeune femme ou du beau-père. L'un et l'autre
s'éprirent de lui. Le beau - père fut si bien conquis
par son gendre qu'il lui promit aide et secours dans
tout ce qu'il entreprendrait, et l'institua son héritier,
au détriment de deux autres gendres. Se sentant ap-
puyé, Pierre s'entendit avec son frère Aymon, un
cadet comme lui; ils feignirent de ne pas croire au
testament de leur père et réclamèrent un apanage.
Amé, l'aîné, repoussa leurs prétentions, et l'on était
sur le point de recourir aux armes, lorsque les autres
frères intervinrent. Un arrangement donna le Chablais

à Aymon , et à Pierre quelques châteaux. Mais Aymon, triste et malade , n'était qu'un instrument entre les mains de Pierre. Ce fut ce dernier qui gouverna le Chablais. On le voit bien par les récits de la chronique de Savoie. « Aymon, dit-elle, était en grande nécessité de maladie, et vainement il avait mandé par tous pays pour avoir médecins. Rien n'y fit. Et quand il se vit ainsi tout au bas, Aymon dit à ses frères Pierre et Amé : « Mes seigneurs et frères, requiers que soit à votre plaisir de moi donner aucung lieu solytaire, où puisse user le remanant de mes jours, car trop me gryève la noyse des gens, et s'y veux muër aer. » Et lors Monsieur Pierre de Savoye ly répondit et dist : « J'ai fait édifier ung moult beau chastel en Chillion, et là vous pourrez retrayres. Et fut transmué dans Chillion, où l'on a desduyt sur la rivière, belles chasses sur terre, et où l'on voyait passer les pélerins lesqueulx passayent de France et de maints aultres lieux à Rome et vers les marches d'Italie ; et leur donnait volontiers à boyre et à mangier, et soutenait les nécessiteux d'argent et de vesture ; et pour ce qu'il n'avait lieu convenable à les hébergier la nuit hors le chastel, il fist fayre une chapelle, au devant de la porte de Ville-Neufve, en l'honneur de Notre-Dame, et puis fist édifier ung hospital auprès pour recueillir et retrayre et sustanter les poures et nécessiteux, tant pélerins comme aultres. Et sy ly ordonna ung espitalier et aultres prêtres séculiers à servir notre Seigneur et notre Dame sainte de Dieu ; et y ordonna serviteurs et familiers, et leur donna rentes et vivres moult grandement. . . . Quand ce fust parfait, cognust Monseigneur Aymon que sa maladie se tournayt en lèpre, et de là se partist et s'en alla en la Vallée d'Illyé, sur une roche entre Saint-Maurice et Monteil, auquel lieu avait une belle église, et là ly mourust et y finist ses jours, et de là fust porté dans son hospital de la Ville-Neufve, et là fust enterré et ensevely comme à ly appartenayt, l'an MCCXLI. »

Ce « beau chastel en Chillion » édifié par le comte Pierre n'était autre que le Chillon actuel, qui avait remplacé la tour de Wala. Il en avait fait une forteresse et une résidence. Les souterrains sont de lui, de même que les grands corps de logis et l'enceinte extérieure, avec ses tours rondes. Il eût fait plus si le rocher l'eût permis. Chillon devait être sa principale place forte, et le Chablais sa base d'opération. S'y sentant bien établi, il démasqua les visées de son ambition. Genève en sentit les effets, et plus encore le pays de Vaud, qui ne tarda pas à être divisé en deux partis de force presque égale, le parti savoisien et le parti féodal. Le siége épiscopal de Lausanne étant venu à vaquer, ils eurent chacun leur candidat: l'un élut Philippe de Savoie, l'autre Jean de Cossonay. Le jour de Pâques 1240, les deux partis se trouvèrent en présence, à Lausanne. Le sang coula et le feu consuma une partie de la ville sans résultat décisif. Comme la lutte traînait en longueur, de château à château, Pierre quitta brusquement le pays pour se rendre auprès de sa nièce, Eléonore d'Angleterre, femme de Henri III. Il gagna son royal neveu, comme

il gagnait tout le monde. Il avait le don de séduire.
C'était un homme d'une haute stature, l'air martial,
le regard plein de feu, sachant, selon les cas, s'observer ou s'abandonner; nul ne conseillait plus à propos, nul n'avait le coup d'œil plus prompt ni plus
juste; il était gracieux, aimable, enjoué, magnifique;
il entraînait les cœurs après lui. Quand Pierre reparut
au pays de Vaud, la guerre avait pris une extension
nouvelle; les lieutenants de l'empire s'en étaient mêlés,
et les Valaisans, guidés par leur évêque, s'étaient
emparés du Chablais. Mais Pierre, qui avait pu puiser
dans le trésor de son neveu, avait les ressources nécessaires pour agir promptement. Il va droit à ses
ennemis, les surprend non loin d'Evian, les bat et les
réjette sur le Valais, où, de concert avec son frère
Amé, que le belliqueux évêque de Sion n'avait pas
craint d'attaquer aussi, il les refoule de position en
position jusqu'aux lieux « d'où saut le Rhône ». Le
Valais soumis, il se retourne vers le pays de Vaud,
dont les petits dynastes, jadis si fiers, plient l'un après
l'autre. L'évêque donne l'exemple, et, par sa défec-
tion, proclame la déchéance du parti féodal. Les Cossonay, les Estavayer, les Fruence, les Wufflens, et
jusqu'aux Gruyère, viennent prêter foi et hommage au
vaillant comte Pierre.

Dès lors, pendant des années, Pierre achève paci-
fiquement la conquête du pays de Vaud. Il n'a pas
besoin de se donner grand' peine. On vient à lui.
Il est riche, et la plupart de ses ennemis sont obérés;
son or achève ce que ses armes ont commencé. On dit

que, dans une occasion solennelle, il parut dans une
armure moitié d'or, moitié de fer, symbole de sa fortune. L'autorité de l'Empire se trouvant, de fait, ré-
duite à néant, c'est Pierre qui en devient l'héritier.
Il se réserve « les peines contre les brigands, les
traîtres, les meurtriers et les turbateurs de la paix
publique ». C'est à lui qu'a recours le pauvre opprimé
par les hobereaux arrogants. Il représente le principe d'ordre, d'unité, de règle commune, qui faisait
la force de l'institution impériale.

« Le petit Charlemagne », tel fut le surnom du
comte Pierre. On se demande, à distance, s'il ne
cache pas une intention d'ironie. Un bien petit Charlemagne, en effet, dont les Etats tinrent longtemps à
l'aise entre les Alpes et le Jura, et dont les armées
n'ont jamais dépassé, en Helvétie, Genève, Berthoud
et les gorges du Valais! Néanmoins l'instinct populaire l'a justement nommé, car l'œuvre qu'il accomplit, dans ses dimensions plus étroites, est bien celle
d'un Charlemagne. Il s'est emparé d'un pays où l'état
se dissolvait en anarchie, et, de sa main habile et
puissante, l'a reconstitué en un nouveau corps social.
Il a été conquérant et législateur ; il a été créateur.
La nationalité vaudoise, ébauchée sous les rois rodolphiens, lui doit d'être sortie du néant où elle semblait
replongée. Les difficultés d'une œuvre politique, d'ailleurs, ne sont pas toujours en raison de son étendue,
et peut-être était-il plus facile au fils de Pepin le Bref,
au petit-fils de Charles-Martel, de ressusciter en Europe l'empire d'Occident, qu'à un pauvre cadet de

Savoie de contenir les ambitions rivales des barons du pays de Vaud, de les faire plier sous une loi commune, et de donner un souverain à tous ces souverains.

Cependant il y a deux hommes dans le comte Pierre, et si l'un a pu faire songer à Charlemagne, l'autre rappelle les temps de la chevalerie et des fortunes extraordinaires. Le comte Pierre avait deux patries : dans la première, le pays de Vaud, il montre son génie organisateur ; dans la seconde, la riche Angleterre, il aime à déployer cet esprit de fantaisie et de libre existence qui fait du moyen-âge l'âge de l'imprévu. Plusieurs gentilshommes, ses vassaux, pris du même goût d'aventure, vont avec lui chercher fortune en Angleterre. Quelques-uns s'y fixent. De belles demoiselles vaudoises vont aussi, à sa suite, épouser des fils des nobles familles anglaises. Son premier désir, en arrivant à Londres, est d'organiser un tournoi entre les barons du pays de Vaud et ceux d'Angleterre. Et quand ceux-ci se sont soulevés contre leur roi, quand ils le retiennent prisonnier, l'humble cadet de Savoie recrute une armée au pied des Alpes, et avec des Rovéréa, des Montagny, des d'Aubonne, avec un Jean de Berne, un Guy de Lutry et autres enfants des communes, il entreprend de relever le trône de son oncle. Il emprunte des sommes folles, équipe une flotte et part. Malheureusement la tempête disperse ses vaisseaux, comme elle devait plus tard disperser l'Armada de Philippe d'Espagne, et les barons vaudois manquent l'occasion de la conquête de l'Angleterre. Mais à peine le comte Pierre a-t-il remis le pied sur terre ferme , que de graves événements le rappellent sur les bords du Léman , et qu'à cette expédition manquée, digne du temps qui a vu les croisades, en succède une autre dans laquelle le petit Charlemagne usa de toutes les ressources de son génie industrieux.

Les barons du pays de Vaud , le voyant occupé ailleurs, s'étaient soulevés. Ils avaient avec eux l'évêque de Sion et un lieutenant de l'Empire, que les chroniques appellent le duc de Cophingen ou de Chopinguen. Sa présence était pour eux un grand sujet de confiance. Ils pouvaient croire, du moins ils pouvaient dire qu'ils opposaient à l'usurpateur le représentant de l'autorité légitime. Pierre accourt, lève une armée et entre en campagne. Pendant quelque temps les succès se balancent. Enfin, Pierre réunit toutes ses forces et frappe un grand coup. Il marche à son ennemi le plus invétéré, l'évêque de Sion, et le poursuit de place en place , de château en château. Pendant ce temps, les barons du pays de Vaud et le duc de Cophingen guerroient sur ses derrières, et mettent le siége devant Chillon. Peut-être, avec de la décision et de la promptitude, auraient-ils pu remporter quelque avantage; mais ils perdirent un temps précieux. Le vin était si bon, et les jolies filles du pays avaient le goût de la danse. Ils s'oublièrent dans ces délices. Tout à coup survient le petit Charlemagne. Il laisse son monde à Villeneuve, s'embarque nuitamment pour Chillon et va guetter l'ennemi; puis il se dérobe avant l'aube, et rejoint ses gens. « Il vint à eux moult allègrement. Quand le virent si joyeux: « Quelles novelles? »

lui demandèrent. «Belles et bonnes, leur répondit-il, car à l'ayde de Dieu, se voullons être bonnes gens, tous nos ennemys sont nôtres. » A quoy tous dirent d'une voix : « Signieur, il n'y a que de commander. » Et s'armèrent, et s'étant mis en point, montèrent à cheval en bonne ordonnance, passèrent le pas de Chillion sans sonner trompettes, et à un cop frappèrent sur les tentes et les logys du duc de Chopingüen, dont ils eurent bon marché, car trouvèrent ly et ses gens désarmez, moytié veillanz et moytié dormanz. Et firent si bien que le duc fut fait prisonnyer. Et furent prins avec lui les contes de Nidove (Nidau), de Gruyères, d'Arberg, et les barons de Montfaucon, de Grandson, de Cossonay, de Montagnye, ensemble quatre - vingt barons, signieurs, chevalliers, escuyers et nobles du pays. Et tous les fist mener le conte Pierre au chastel de Chillion, où ne les traita comme prisonnyers, mais les festoya honorablement. Moult fut grande la despoillie et moult grand le butin. »

Il y a quelques variantes dans les versions qui nous sont parvenues de cette bataille. Les uns la placent avant la conquête du Valais, les autres après; mais tous s'accordent à en parler comme d'une victoire décisive que Pierre aurait due à la rapidité de ses mouvements; il aurait vaincu par surprise. Puis il marche sur les principales places du pays, et s'empare de Moudon, de Romont, de Morat, d'Yverdon. Maître de cette dernière ville, la seule qui lui oppose quelque résistance, il songe à ses prisonniers de Chillon et en fait venir les principaux, « lesquels venus, leur donna à tous à souper moult grandement. Et le lendemain, après la messe, il print à parler au duc de Chopinguen, et à tous autres, comme il s'ensuyt: « Monsignieur de Chopinguen, et vous autres signieurs, vous êtes venus moi guerroyer en ma terre; toutefoys Dieu s'est mis devers le droit, puisque vous êtes tous mes prisonnyers, comme véez; si sachez que m'avez fait dépendre un grand argent; et sy aurais beaucoup d'autres raysons de vous mettre à haute rançon; toutefoys ne veux regarder au prix. Sy vous donc, monsignieur de Chopinguen, me voullez donner pour votre rançon tous les droits lesquels vous avez en tout le Pays de Vaudz, sans autre rançon vous quitteray, et vous layray aller franc et libre. Se non, n'êstes pas eschappé de mes mains et sy aurai le Pays de Vaudz, veuillez ou non. »

« Quand le duc oyst ainsi parler, pensa ung peu, et ly fist mal perdre ung tel jocel (joyau) comme Vaudz; d'autre part ly souvint de ses gentils et nobles hommes, qui prisonnyers estaient, et en grand nombre; print donc party et dist: « Or ça, monsignieur le conte et mon maistre, suis d'accord, pourvu que moy et les miens soyons libres tous, francz et quittes. » Sur quoy le conte Pierre ly repondist: « En tant comme il touche vos Allemands, je le veulx; mais en tant qu'il touche aux signieurs de Vaudz, ils feront l'hommaige à moy, et sy m'ayderont, par le moyen de leur rançon, à supporter une partie de mes charges. » Toutes foys, après moultz de langage, ils furent tous délivrés, moyennant hommaige. Et, ce fait, le conte manda la plus grande partie des dames du pays à Yverdon, et par especial les dames des signieurs prisonnyers, et les festoya trois jours sy grandement que plus ne se pouvait dire, et balia à chescune son chescung. »

Ainsi fut le comte Pierre remis en possession de ce *jocel* qu'on appelait alors déjà la *patrie de Vaud*. Il ne formait qu'une petite partie de ses domaines, les états héréditaires de la maison de Savoie lui étant échus en partage peu d'années auparavant ; mais c'était la partie à laquelle il tenait le plus, et s'il eût pu n'écouter que les désirs de son cœur, il eût fini ses jours dans ce plaisant château de Chillon, témoin de sa victoire. Il y passa quelque temps, et l'on raconte qu'il aimait à se laisser bercer sur l'eau profonde, en écoutant les vers de son troubadour favori, Guillaume de Ferrat ; souvent aussi, poursuivi par les affaires, il s'enfermait dans la salle qui porte son nom, et, assis au coin de la grande cheminée, il dictait ses volontés. Il fut arraché à cette douce retraite et dut repasser les monts une dernière fois. Comme il était en chemin pour revenir à Chillon, se sentant pris de maladie, il s'arrêta dans le château de Pierre Châtel, en Bugey, où il expira tristement le 12 juin 1268, non sans avoir vu son lit de mort assiégé par les compétitions de ses héritiers. Il n'y eut, pour le petit Charlemagne, de repos que dans la tombe.

CHAPITRE VII.

Montreux sous la maison de Savoie.

Tant que régna le comte Pierre, Montreux, comme
toutes les autres parties du pays, fut au bénéfice
d'une administration plus régulière, dirigée par des
lois dans lesquelles il était facile de reconnaître la
supériorité d'esprit du petit Charlemagne et la douceur de son caractère. Il priva les grands du droit de
se faire la guerre entre eux, et les déclara respon-
sables des violences qui se commettaient sur leurs
terres; d'ailleurs, il les laissa régler leurs différends
pár arbitres et se juger entre pairs. « Voulant, dit
M. Vulliemin, sans blesser les coutumes du pays, les
faire converger insensiblement vers un coutumier commun, il établit des juges mages dans les provinces et
l'appel à un juge suprême. La procédure fut sim-
plifiée, l'enquête établie. Aucune trace d'emploi de la
torture. C'est à Pierre que remonte cette disposition
de la législation savoisienne qui donne à l'indigent
un avocat et lui garantit, sans frais, une justice som-
maire. »

Il eût suffi d'aussi sages dispositions pour faire
prospérer une contrée qui avait dans son sol et dans
sa position favorisée tant d'éléments de richesse.
Elle eut, en outre, l'avantage d'être plus immédiatement sous les yeux du prince. Sous le comte Pierre,

Chillon n'est pas un simple château fort; c'est une forteresse, un arsenal, une résidence. Il y déploie un luxe moins princier qu'en Angleterre, mais sa table est la plus hospitalière du pays; il lui plaît de festoyer ses vassaux, principalement les dames, et de gagner le cœur d'un chacun. Il sait les mœurs et les goûts du peuple; il le prend par son faible. Quand il est absent, son ami et fidèle châtelain, Hugues de Grammont, le représente à Chillon, et poursuit habilement l'œuvre de sa politique. En tout temps, une flottille de guerre surveille le lac et fait des évolutions d'une rive à l'autre. En tout temps, il y a dans le château une garnison, que renforcent au besoin les hommes de la contrée; en tout temps aussi, y affluent les armes et les munitions. Lors de sa dernière campagne en Valais, le comte Pierre tira de Chillon plus de cinquante mille flèches et fléchons, tant pour arcs que pour ballistes. De tels magasins étaient nécessairement un centre permanent de travail et de fabrication. Le château d'ailleurs n'était point isolé sur son rocher, comme nous le voyons aujourd'hui. Il faisait partie de tout un ensemble d'ouvrages de défense. En avant de Chillon, au point où la route était le plus resserrée, sous le rocher surplombant — le passage a été élargi dès lors — était un portail fortifié, avec des mâchicoulis et une herse. Le souvenir en est resté dans les noms locaux. Le lieu s'appelle encore la *Seraille*. En face du château, au pied du mont, se dressaient une tour et des murs; une autre tour fermait la route du côté de Villeneuve.

A partir du comte Pierre, Chillon perd de son importance, sinon comme forteresse, du moins comme résidence. Les princes n'y font plus que de rares apparitions et des séjours passagers. L'un d'eux, cependant, Amé V, y épousa, en 1272, Sybille de Beaujé. Mais si le noble château du comte Pierre attirait moins les regards, la contrée voisine continuait à jouir de ce doux et précieux sentiment de sécurité, présage et condition de toute prospérité. Aussi voit-on bientôt la population commencer à descendre. A vrai dire, les villages du haut sont toujours les plus considérables. Chaulin a sa cour de justice ; Charnex a ses donzels, les Dubochet ; Sonzier et Glyon rivalisent d'importance. Brent est dominé par une tour, dont l'histoire a presque entièrement perdu le souvenir, mais dont les fondations recèlent encore de rares débris. Cependant les villages du bas font enfin parler d'eux. Clarens existe et prend de l'extension. Bientôt il sera assez peuplé pour que Girard d'Oron y établisse, dès 1295, une *mayorie*, qui donne son nom à une famille importante. Vers le même temps, le nom de Sales figure dans des actes officiels. Les barons du Châtelard n'ont pas encore leur beau château ; mais ils ont à Chailly une maison forte, nommée la Tour de Chailly, où réside un châtelain. On ne tarde pas à signaler aussi une maison forte appartenant aux comtes de Savoie, au-dessous de l'église de Montreux, non loin de laquelle se groupent des constructions de plus en plus nombreuses. D'anciens documents parlent de Montreux, *ville* et paroisse.

Chacun de ces villages est un centre de défrichement, chacun fait son œuvre, chacun gagne du terrain autour de soi, et à les voir répartis sur la pente, on
sent venir le moment où tous les côteaux seront acquis
à la culture. Les *vigneules* ont gagné du terrain. Néanmoins les troupeaux sont encore la grande affaire et la
principale richesse de cette ville et de cette paroisse.
L'écurie l'emporte sur la cave. La population est pastorale. Elle a les yeux tournés vers la montagne. Les
plus anciens actes conservés dans les archives des
Planches et du Châtelard se rapportent presque tous
aux pâturages des Alpes. Là est l'intérêt commun.
On ne recule devant aucun sacrifice pour en acquérir
de nouveaux. Au Châtelard appartiennent les riches
pelouses cachées, comme des îlots, entre les sapins
des Folly ou du Molard et dans le haut vallon des Verraux. Ceux des Planches sont fiers de leurs trois montagnes : Jaman, Bon-Audon, Haut-Audon. Ceux de Chillon et de Veytaux ne sont pas les moins bien partagés,
quoique leurs plus beaux pâturages, Naye, Sonchaux
et Liboson, n'appartiennent encore qu'à des particuliers.
Dès que l'herbe a poussé, les troupeaux prennent le
chemin de la montagne, et l'on entend sur tous les
sommets retentir les vieilles coraules. Certaines pentes,
celles des Verraux par exemple, trop abruptes pour
le bétail, mais point raboteuses, voient arriver chaque
été des escouades de faucheurs, dont le talon, armé
de fer, fait jaillir l'étincelle des rochers qu'ils escaladent. Plus bas, s'emplissent les granges des Avants
et des Villars. On fait double récolte dans ces vallons

favorisés. Plus bas encore , dans les villages, s'emplissent d'autres granges, sans compter les celliers et
les bûchers. Le paysan se plie à toutes les cultures.
Il a son lin, son chanvre, ses jardins potagers et même
ses champs de céréales, qu'on voit de loin jaunir sur
la pente entre Glyon, Sonzier et Charnex, et qui occupent beaucoup plus de place que les vigneules. Ses
récoltes faites, il mène en hiver une vie plus errante
encore qu'en été. Il se transporte avec son troupeau
dans les lieux où il a serré son foin. Il va de grange
en grange, et profite des belles neiges pour aller chercher , avec sa *luge*, celui qu'il a entassé en meules
au pied des sauvages Verraux , ou qu'il a caché dans
les plus hauts fenils de la montagne. Telle est , dès
cette époque reculée, la vie du paysan de Montreux.
A peine diffère-t-elle, dans quelques uns de ses traits
principaux, de ce qu'elle est aujourd'hui.

C'est à partir du XIIIe siècle que l'on commence
à pouvoir suivre , à la lumière des chartes, l'histoire
de Montreux, ville et paroisse. On se rappelle que tout
ce territoire avait passé à l'évêque de Sion, et que
Chillon se trouvait, depuis une époque indéterminée,
entre les mains des comtes de Savoie, qui en devaient
hommage à l'évêque. Le reste, érigé en un vidomnat,
véritable seigneurie, fut vendu , en 1295, à Girard
d'Oron , moyennant 500 livres mauriçoises et l'hommage. L'évêque ne se réservait que le patronat de
l'église. Le neveu et successeur de Girard, un autre
Girard , fit deux parts de la seigneurie, l'une com-
prenant tout ce qui est au-delà de la Baye de Montreux

jusqu'à la Veraye, l'autre tout ce qui est en deçà. Il garda ce second lot et vendit le premier, en 1317, à la maison de Savoie. Le nom de Montreux resta attaché à l'un et à l'autre. Là est l'origine de la séparation du Châtelard et des Planches, ou, comme on disait autrefois, d'*entre Baye et Veraye*[1].

La fille unique de Girard ayant épousé, en 1338, François de la Sarraz, lui apporta en dot la seigneurie du Châtelard, dont les habitants ne tardèrent pas à se libérer, par voie de rachat, des *aides* qu'ils devaient en certaines circonstances solennelles, par exemple lorsque leur seigneur était armé chevalier, lorsqu'il partait pour le voyage d'outre-mer, ou lorsqu'il mariait sa fille aînée. A peu près dans le même temps, ils achetèrent de François de la Sarraz quelques-uns de leurs plus beaux pâturages. Ces traits et d'autres dénotent l'aisance. Au reste, les La Sarraz, puis les Gingins, qui leur succédèrent, paraissent avoir vécu en bonne intelligence avec leurs vassaux du Châtelard. Lorsque Jean de Gingins entreprit la construction d'un château dans sa seigneurie, les paysans l'aidèrent de tout leur pouvoir. Jusqu'alors les sires du Châtelard n'avaient eu que leur maison fortifiée de Chailly. Cette absence de refuge, en cas de guerre ou d'invasion, était pour la population un sujet d'inquiétude, et déjà

---

[1] Il reste plus d'un point douteux dans cette partie de l'histoire de Montreux: ainsi je trouve un document, de l'an 1345, dans lequel Guichard, évêque de Sion, parle et décide encore en seigneur suzerain de Montreux. Il dit: „notre district et notre juridiction de Montreux". Je laisse aux érudits le soin de dissiper ces obscurités.

CHÂTELARD ET TAVEL.

plusieurs fois il avait été question d'en édifier un.
Enfin, en 1440, on se mit à l'œuvre. Les ressortissants de la seigneurie travaillèrent à tour de rôle,
et reçurent comme récompense le droit de nommer
des syndics, deux ou quatre, pour soigner leurs intérêts. L'emplacement avait été fort bien choisi, sur
une colline qui fait face au lac, au-dessus de Tavel,
et que des pentes abruptes défendent de trois côtés.
Bientôt elle se couronna de murs et de tours. Ce qu'on
en voit aujourd'hui n'est qu'un reste. Les travaux de
défense étaient beaucoup plus considérables; on en
avait calculé les dimensions afin que toute la population pût, au besoin, trouver place à l'intérieur. Les
contemporains en parlent comme d'une forteresse en-
ceignant un palais. Aussi Jean de Gingins, charmé de
sa résidence, s'empressa-t-il (1547) de renouveler,
confirmer et augmenter les priviléges précédemment
accordés à ses vassaux.

L'autre Montreux, celui d'entre Baye et Veraye,
avait l'église pour unique monument. Montreux lui doit
son nom (*monasteriolum*). Elle fut restaurée et agrandie
à diverses reprises, et ne reçut sa forme définitive qu'au
commencement du XVIe siècle. Lors d'une première
restauration, il s'éleva des objections contre l'emplacement, jugé trop peu central. On parla de Palens. Mais
l'emplacement actuel, qui était aussi l'ancien, l'em-
porta, à cause des facilités qu'il offrait pour la défense. On pensa qu'au besoin elle pourrait servir de
lieu de refuge. Le rocher de tuf sur lequel elle est
bâtie n'était accessible, en effet, que par des chemins

étroits, aisés à couper, et les sources, qui en jaillissent toujours fraîches et abondantes, permettaient de s'y maintenir sans être réduit par le manque d'eau.

Le développement de cette partie de la paroisse paraît avoir été moins rapide. Le sol, trop incliné, était moins favorable, et la gorge de la Baye rendait les communications malaisées. Cependant les Planches virent aussi, sous la domination savoisienne, s'accomplir de notables progrès. Plus d'une pente couverte de broussailles fut défrichée ; les villages se peuplèrent et prirent une extension nouvelle. Les bourgeois des Planches avaient d'ailleurs leurs franchises, de temps immémorial. C'étaient les mêmes que celles des villes de Vevey et Lausanne. Le comte de Savoie, Amédée, les reconnut et garantit en 1377, et le duc Louis leur en donna un double en 1449, à leur prière, afin qu'ils n'eussent plus besoin de faire une lieue de chemin pour aller consulter l'original à Vevey, au risque de manquer « ceux qui ont les clefs de l'arche dans laquelle se trouvent les dites franchises ». Quant au territoire de Veytaux, il semble avoir joui dans ce temps-là d'une prospérité particulière, tenant sans doute au voisinage de Chillon. On y compte trois villages, dont la plupart des habitants relèvent directement du suzerain et sont qualifiés d'hommes libres : Veytaux, le seul qui subsiste aujourd'hui, la Reculaz sur le plateau de Champbabaud (il en reste quelques vestiges), et le bourg de Chillon, à l'orient du château. Ce dernier avait une église et comptait 62 habitants en 1322. Il avait deux *syndics* ou *jurés*. On prétend qu'il fut détruit plus tard, par ordre du duc , dont il gênait les dispositions stratégiques. Les habitants se retirèrent soit à Veytaux, soit à Villeneuve.

On voit aussi, sous cette administration protectrice, le commerce prendre un premier et timide essor. Le vin et le bétail, surtout le bétail, sont les principaux articles d'exportation. Le vin prenait le chemin des vallées de la Sarine et du Simmenthal. On l'y transportait par le col de Jaman Quant au bétail, une foire, à Brent, lui ouvrit des débouchés. L'acte de concession, de 1468, dit expressément que cette faveur est accordée à ces « contrées peu fertiles.», pour améliorer leur situation. Il ne faut point que ces mots « peu fertiles » paraissent en contradiction avec le tableau de prospérité que nous avons tracé. Tout est relatif. Malgré les progrès accomplis , nombre de coteaux étaient encore incultes; des rochers couverts de ronces hérissaient le sol sur des pentes où les ceps aujourd'hui s'alignent en files serrées. Les deux Bayes coulaient au hasard. Une planche servait de pont. La route du bord du lac n'était encore qu'un sentier raboteux, impraticable aux voitures; la vraie grande route était le lac, richesse des villages riverains. Et quant aux chemins destinés à relier les villages du haut, les villages métropolitains, avec leurs colonies aventurées sur la plage , c'étaient moins des chemins que des *châbles,* dont celui qui existe encore de Clarens à Charnex peut donner une idée. Le sentier principal courait à mi-côte, du bourg de Chillon, par Champbabaud à Glyon, Sonzier, Pertit, Charnex et Brent.

4

Le bonheur de Montreux, une fois la domination savoisienne établie, fut d'être à l'abri des guerres que se livraient les seigneurs, ainsi que des incursions des hordes étrangères. On put enfin, progrès inestimable, compter sur le lendemain; celui qui semait osa se flatter de récolter. Il y avait bien encore, sans doute, quelques rixes et contestations entre voisins, surtout à la montagne, où les limites étaient indéterminées, et où les gens de la Gruyère souffraient malaisément de voir les troupeaux de Montreux paître sur les versants de leur vallée. Les rixes entre bergers vaudois et bergers gruyériens furent nombreuses. Il y eut même plus d'une razzia sur les plateaux de Jaman. Mais qu'étaient-ce que ces escarmouches, ces enlèvements accidentels, partiels, dont on tirait vengeance à la première occasion, en comparaison des dévastations antérieures, des flots de barbares se ruant sur la contrée, des villages saccagés, incendiés, et des fuites générales de la population ruinée vers les retraites des hautes forêts ?

Depuis la bataille de Chillon, en 1266, bientôt suivie de la pacification du pays, jusqu'en 1476, c'est-à-dire pendant plus de deux siècles, on ne cite qu'une seule incursion d'une horde pillarde. Ce furent les habitants de Vouvry, en Valais, qui équipèrent une barque et vinrent un soir, à la faveur de l'ombre, aborder entre Montreux et Clarens; aussitôt ils se répandirent dans les environs, pillèrent et brûlèrent ce qu'ils purent, et s'enfuirent, barque pleine, sans attendre le jour. Ceci se passa le 4 septembre 1339. Mais cet attentat ne resta point impuni. Le comte de

Savoie fit faire une enquête sévère, et les coupables furent condamnés à une amende de 60 florins d'or.

Les drames tragiques qui troublèrent la paix de ces deux siècles ont un autre caractère, et il faut en chercher le théâtre dans les souterrains de Chillon.

Le 12 septembre 1446 , on vit une barque sortir du port de Chillon ; elles portait divers personnages, dont l'un était le sire châtelain, noble Huguenin Leydier ; un second était Claude Fontane , bourreau de Lausanne ; un troisième avait les fers aux mains et aux pieds. La barque fit force de rames du côté de Villeneuve ; puis , quand elle fut en face du torrent de la Tinière, le bourreau et ses aides précipitèrent le prisonnier dans les flots. L'homme qui disparut ainsi avait nom Guillaume Bolomier ; il était natif du Bugey et coupable d'un grand crime, car , pauvre et de bas état, il s'était élevé, par ses seules forces, jusqu'à remplir les plus hautes fonctions ; il avait été chancelier de Savoie, et, en vrai plébéïen, sans égard à la condition, il avait fait condamner de grands personnages, coupables de violations de la paix publique. Bientôt ses ennemis s'étaient conjurés contre lui, et son maître, fatigué de leurs obsessions, avait retiré la main qui le soutenait. Jeté dans les cachots de Chillon , le pauvre chancelier avait vu venir, pour le juger, une commission uniquement composée de ceux qui avaient juré sa mort. Se sentant perdu, il s'était fait l'accusateur de ses juges ; il avait signalé le principal d'entre eux, François de la Palud, comte de la Roche et sire de Varembon, comme traître à son souverain ; mais l'accusation n'avait pu être soutenue, et c'était la peine du talion que subissait Bolomier.

Le plus tragique de ces drames obscurs est antérieur d'un siècle environ. En 1348, la mort noire, comme on l'appelait — on l'appelle aujourd'hui la petite vérole noire — se répandit dans le Chablais vaudois et y fit un grand nombre de victimes. Alors il s'y passa ce qui, dans ce triste XIVᵉ siècle, se passa en bien d'autres lieux de l'Europe : la population, affolée, cherchant des coupables, accusa les Juifs d'avoir empoisonné les fontaines. Tous ceux qu'on put trouver furent jetés dans les souterrains de Chillon. Plusieurs furent jugés, mis à la torture et condamnés à être brûlés vifs. La même condamnation frappa plus d'un chrétien accusé de connivence avec eux. Mais la cour de Chillon ne procédait pas assez vite au gré de l'exaspération populaire. Un jour, les gens de Villeneuve se lèvent en masse, accourent au château, en forcent les portes, s'emparent des prisonniers et les brûlent tous, hommes, femmes, enfants, vieillards. La justice s'émut d'une pareille violation de ses prérogatives, et les coupables furent recherchés ; mais ils n'avaient brûlé que des Juifs : ils en furent quittés pour une amende.

CHAPITRE VIII.

La conquête bernoise. Bonivard.

Cependant l'autorité de la maison de Savoie commençait à s'ébranler dans le pays de Vaud. L'ambition bernoise le menaçait d'une conquête nouvelle, qui s'annonça et se prépara par plus d'une expédition hardie. L'une de ces expéditions fut fatale à Montreux. On était au temps des guerres de Bourgogne. La bataille de Grandson venait d'être perdue par Charles le Téméraire, qui travaillait à réorganiser son armée, pour tirer vengeance de sa défaite. Un corps savoyard de quelques mille hommes, devait rejoindre le gros des forces bourguignonnes, en franchissant le Saint-Bernard ; mais le Valais, dont il fallait traverser les gorges, était dévoué aux Suisses. Aussi un autre corps d'armée, aux ordres des Gingins, dut-il s'échelonner dans le Chablais vaudois, pour tendre la main aux Savoyards. Mais pendant que les Gingins guerroyaient contre les Valaisans, les hommes de la Gruyère et du Gessenay passent Jaman, et, trouvant le pays sans défense, brûlent et saccagent les principaux villages de la paroisse de Montreux, y compris ce beau Châtelard, ce palais-forteresse destiné à servir de refuge aux habitants. Quelques troupes envoyées en toute hâte par le duc obligent les Allemands à reprendre le chemin de leurs montagnes. Mais, peu de mois après, ils reparaissent, plus nombreux, conduits par Nicolas Zürkinden , châtelain bernois du Haut-Simmenthal. Pierre de Gingins gardait alors Chillon, avec 500 hommes du pays. Il se replie en toute hâte sur la tour de Peilz, que les Allemands attaquent. Un premier assaut est victorieusement repoussé ; mais bientôt Gingins est tué sur la brèche, et les assiégés, sans chef, lâchent pied. La ville et le château sont emportés, et tout ce qui y restait de soldats est passé au fil de l'épée, à l'exception de huit hommes, qui s'échappent par le lac. Puis les Allemands se jettent sur Vevey, dont les habitants s'étaient enfuis, et la ville est livrée aux flammes.

Ainsi fut plongée dans la désolation toute la contrée qui s'étend des bords de la Veveyse au château de Chillon, et l'on put croire que la civilisation allait de nouveau disparaître de ces lieux. Les familles nobles quittèrent le pays ; les pauvres bourgeois s'enfuirent, la plupart dans les bois, comme au temps des barbares. Et c'étaient bien, en effet, des barbares. Si fière, si grande que fût Berne, le sang des Allemani se reconnaissait dans les fureurs de la soldatesque effrénée. Encouragés par le succès, ils revinrent plus d'une fois vendanger en pays latin. Des marchands allemands, qui avaient quelque difficulté avec les Gingins, se mirent en possession de leur baronnie, à titre d'indemnité. Elle ne fut restituée à ses maîtres légitimes qu'en 1490. On put croire un instant qu'elle allait jeter de nouveau quelque éclat. Le château fut restauré et les villages rebâtis ; les familles qui avaient

émigré reparurent, après avoir reçu l'assurance qu'on
ne leur réclamerait aucuue redevance arriérée. De nouvelles franchises furent accordées, et la constitution
de la commune fut modifiée. De démocratique, elle
devint représentative. Auparavant, lorsqu'il y avait à
délibérer, la commune se réunissait sous la présidence
de ses syndics. Dès lors, l'autorité passa à un conseil
de 30 membres. L'acte constitutif de cette petite révolution légale, daté du 16 septembre 1496, allègue
pour motif que dans les réunions de la généralité, ou
Grand Conseil, quelques-uns à peine « peuvent entendre et examiner ce que le syndic veut et entend
leur proposer, qu'il semble résulter un ridicule de
l'assemblée et réunion de ces gens, que jamais on ne
peut dans la dite assemblée de ces honnêtes gens ni
les obliger au silence, ni obtenir de bonnes fins et
résolutions, mais plutôt des chuchottements et du tumulte ». Une transformation analogue s'accomplit aux
Planches quelques années plus tard.

Mais les temps étaient mauvais, et ce relèvement
fut passager. Les Gingins succombaient sous les dettes
qui, depuis la guerre, grevaient leur patrimoine. Ils
durent vendre la baronnie. L'autorité de la maison
de Savoie diminuait tous les jours, et bientôt, comme
sous les derniers rois rodolphiens, on voit se relâcher
tous les liens de la hiérarchie sociale. Les villes
s'arment les unes contre les autres; les rejetons des
anciennes familles nobles rêvent de l'indépendance
dont avaient joui leurs pères; ils ont des réunions,
des conciliabules; ils font des brigues et des ligues;

ils lèvent des hommes d'armes et vont chevauchant et guerroyant. Il en est qui portent suspendue à leur pourpoint une cuiller d'or ou d'argent: ils se sont ligués contre Genève; ils ont juré sa perte; ils n'en feront qu'une *cuillerée*. La peste ajoute à la misère générale. Elle sévit terrible, à Montreux, en 1529. Les mœurs du clergé, depuis longtemps assez libres, atteignent à un degré de licence qui dépasse ce que pouvaient permettre les consciences les plus complaisantes; enfin, pour mettre le comble à la confusion, voici qu'une religion nouvelle, qui avait fait esclandre en plusieurs lieux déjà, que Berne et Genève semblaient accueillir avec faveur et que plus d'un prédicant travaillait à introduire dans le pays, commence à s'y faire des adeptes et grandit au sein de la persécution. A quelques lieues de Montreux, à Aigle, où Berne avait déjà étendu sa domination, Farel la prêche avec audace. On l'insulte, on le hue, on le poursuit à coups de pierres, les femmes d'Ollon se jettent sur lui et semblent vouloir le déchirer; mais rien n'abat son courage, et s'il n'avait pas, pour le soutenir, outre sa conviction ardente, la souveraine protection de Messieurs de Berne, on pourrait croire qu'il brigue l'honneur du martyre.

Au milieu de ces âpres débats un incident fixe sur Chillon les regards des deux partis. Un jour, le châtelain qui y réside, Antoine de Beaufort, quitte la forteresse avec quelques hommes armés; il se dirige du côté de Vevey, puis il dérobe sa marche par la montagne, et voici que le lendemain il rentre dans sa tanière, avec sa troupe renforcée d'un prisonnier. De tous les prisonniers de Chillon, celui-ci sera le plus illustre. Il n'a pas le grand nom du comte Wala; mais c'est de lui, bien plus que de l'ami de Charlemagne, que les siècles futurs raconteront l'histoire; c'est lui que chantera la poésie, lui qu'on appellera le prisonnier de Chillon.

François de Bonivard, prieur de St-Victor, n'est pas un de ces hommes dont il soit facile de dépeindre le caractère. Il est Savoisien de naissance, il a vu le jour à Seissel, il a fait ses études à Turin, sa famille est apparentée aux familles nobles de Savoie, il compte la plupart de ses amis parmi ces gentilshommes qui n'ont cessé de convoiter Genève et dont les descendants feront l'Escalade, et cependant il aime Genève comme sa patrie, mieux que sa patrie, et il a plus que pas un Genevois le goût de la liberté. Qui trouverait le mot de cette énigme aurait deviné Bonivard. Il y a des esprits supérieurs, des natures indépendantes et originales, qui se jouent des barrières dont les entourent les hasards de la naissance ou de la destinée; il y en eut dans tous les temps, et au XVIe siècle plus que dans aucun autre. L'époque de la Renaissance et de la Réformation est celle des fortes individualités et des caractères insoumis. Mais qu'on ne croie pas à quelque ressemblance entre le prieur de St-Victor et les grands rebelles, ses contemporains, Luther, Zwingli, Calvin. Comme eux, il fut un des hommes instruits de son temps; comme eux, il apprit à lire l'Evangile et en vit la lumière se dégager des lueurs vacillantes de la tradition; mais à cela près, il n'y a rien de commun entre eux et lui. Bonivard n'est point un héros, il n'est fait ni pour obéir ni pour commander; c'est un artiste, une espèce de poète, qui traite en homme d'esprit les hautes matières de théologie, qui a la répartie prompte, la saillie heureuse, dont l'ironie a sa pointe vive et qui se plaît à assaisonner les conseils de la sagesse de grâce piquante et de rustique bonhomie. Il sait ce que vaut la discipline, la bonne règle et le respect des lois divines; mais il conseille mieux qu'il n'agit, et il n'est pas homme à compasser sa vie au gré de quelque consistoire méticuleux. Il prépare les voies à Calvin, sans avoir rien de calviniste; il est gai, il est jovial; il a, même quand il censure, je ne sais quel air de gentillesse qui vous gagne le cœur. Il a toutes les lumières de son siècle, et l'on dirait, à l'ouïr, un enfant du moyen-âge. Ce n'est pas lui qui polira et fourbira comme une lame d'acier la noble langue française; il en reste au vieux langage et au vieux style, dont il aime les allures capricieuses, l'allègre vivacité, les grâces naïves et le génie primesantier. Cet ami de Genève est resté savoisien.

Quelques conseillers, incertains entre les prédicants et les prêtres, désireux de réformer l'Eglise, mais effrayés des nouveautés qu'on leur proposait, furent un jour lui demander conseil. « Il serait, sans doute, à désirer que le mal fût ôté du milieu de nous, répondit le prieur, pourvu que le bien lui succédât. Vous brûlez de réformer notre Eglise; certes, elle en a besoin, mais comment la pouvez-vous réformer, difformes que vous êtes? Vous vous plaignez de ce que les prêtres et les moines ne sont que paillards, et vous l'êtes; de ce

CHILLON

qu'ils sont joueurs et ivrognes, et vous l'êtes. La haine que vous leur portez provient-elle de contrariété de complexion ? n'est-ce point plutôt de ressemblance ? Vous avez l'intention de vous défaire de votre clergé, et de le remplacer par des ministres de l'Evangile ; ce sera un grand bien de soi, mais un grand mal au regard de vous, qui n'estimez autre félicité que de jouir des plaisirs qui vous sont permis par les prêtres. Les ministres voudront réformer les vices ; mais c'est alors que vous vous fâcherez bien, et que, après avoir haï les prêtres, parce qu'ils sont trop semblables à vous, vous haïrez leurs successeurs, parce qu'ils vous ressemblent trop peu. Vous ne les aurez pas gardés deux ans, que vous les chasserez arrière de vous. Partant, si vous me croyez, faites de deux choses l'une : si vous voulez rester difformes, comme vous l'êtes, ne trouvez étrange que les autres le soient comme vous ; ou, si vous voulez les réformer, commencez par leur montrer le chemin. »

Mais cet homme, qui avait une vue si juste de la faiblesse humaine, était un enfant dans sa conduite. Deux fois, par étourderie, il tomba entre les mains de ses ennemis. La première fois, il passa deux ans en prison, et son prieuré lui fut volé. Rendu à la liberté, il voulut le reconquérir, ce qui n'était pas chose facile, car pour s'en assurer les revenus, il fallait s'emparer d'un château. Il guerroya, il eut ses soldats à lui, ses généraux, ses armées microscopiques, ses garnisons, composées de six hommes et un capitaine. Le tout aboutit à une déconfiture, qui n'eût été que comique si elle n'avait pas eu pour conséquence de plonger le prieur de St-Victor dans un état voisin de la pauvreté. A bout de ressources, il entame des négociations avec le duc. Confiant dans la parole de son ennemi, il va voir, à Seissel, sa mère mourante ; il va conférer à Fribourg, à Lausanne, à Moudon, et fait si bien qu'en passant les bois du Jorat, non loin du couvent de Ste-Catherine, il tombe dans l'embuscade d'Antoine de Beaufort. « Je chevauchais lors sur une mule, raconte-t-il, et mon guide sur un puissant courtaut. « Piquez, lui dis-je, piquez, » et moi-même je piquai pour me sauver, en mettant la main à l'épée. Mais mon guide, au lieu de piquer en avant, tourna son cheval, me sauta sus, et jouant d'un coutel qu'il avait tout prêt, il me coupa la ceinture de mon épée. Sur ce, ces honnêtes gens tombent tous sur moi, me font prisonnier de la part de Monsieur, et, quelque sauf-conduit que je leur montrasse, ils m'emmènent, lié et garrotté, à Chillon, où je devais, sans autre que Dieu, subir ma seconde passion. »

Cette seconde passion, comme il l'appelle, fut assez douce d'abord. Il eut sa chambre, voisine de celle du gouverneur, qui le visitait souvent. Ils se contaient leurs aventures. Mais, après deux ans, le duc Charles fit une visite à Chillon. « Alors, dit Bonivard, le capitaine me fourra en une croctes, plus bas que le lac, où je demeurai quatre ans ; je ne sais s'il le fit par le commandement du duc ou de son propre mouvement — toujours la même naïveté ! — mais je sais bien que j'eus alors si bon loysir de me pourmener que j'empreignis

en la roche, qui était le pavement de léans, un *vionnet*,
soit un petit sentier, comme si on l'eust fait avec un
martel. »

Ils sont bien beaux, les souterrains de Chillon, avec
la perspective de leurs colonnes et de leurs arceaux,
avec la roche brute dans laquelle ils sont creusés, et les
petites lucarnes qui donnent sur le lac et laissent parvenir aux voûtes obscures des rayons furtifs, renvoyés
par l'azur des flots. Mais ces gracieuses colonnes avaient
alors un usage particulier, on y attachait les prisonniers. Bonivard, attaché à la sienne, la cinquième,
tournait autour, allant et revenant, à la longueur de
sa chaîne, qui n'était guère que de quatre pieds. En
se promenant, il repassait en mémoire ses lectures,
ses voyages, et se livrait à de longues méditations sur
l'état de l'Eglise, sur le moyen de la réformer, sur
la meilleure constitution politique, sur l'origine du mal,
et sur bien d'autres problèmes. Il composait, en pensée, des livres et des vers. Ses réflexions s'élevaient
souvent au-dessus des hommes et de l'imperfection de
leurs œuvres; souvent aussi, elles étaient empreintes
de ce scepticisme qu'inspire la connaissance du cœur
humain. « Quand on considère bien toutes choses, dit-il,
on trouve qu'il est plus aysé de détruyre le mal que de
construire le bien. Ce monde estant faict à dos d'asne,
le fardeau que vous voulez redresser, et mettre au milieu, n'y demeurera, ains penchera de l'autre côté. »

Il médita ainsi quatre années durant. Puis, un jour,
il entendit autour de son cachot bruit et noise de combat. Les échos de la montagne répétaient le gronde-

ment du canon. C'étaient les Bernois qui venaient de s'emparer du pays de Vaud, et qui achevaient leur conquête par celle de Chillon. Une flottille genevoise leur prêtait main forte. Après un jour de canonnade, le commandant du château, assuré qu'il ne recevrait aucun secours, demanda à capituler. Comme on négociait, la grande galère prit le large, et gagna de vitesse la flottille genevoise. L'anxiété fut vive parmi les assiégeants. La joie le fut plus encore lorsque les premiers qui pénétrèrent dans les souterrains reconnurent Bonivard :
— Bonivard ; tu es libre ! — Et Genève ? — Aussi.

On dit qu'il eut peine à se détacher de cette retraite, où il n'avait d'autre lumière que le rayon bleu du lac, et celui dont ses pieuses méditations emplissaient sa ténébreuse solitude. On dit qu'après ce premier cri, tout involontaire : Et Genève ? il fut un certain temps sans comprendre ce qui lui arrivait ; on dit qu'avant de sortir du souterrain, il jeta en arrière un regard d'adieu, presque de regret. Dans quelque cachot que vous jette la tyrannie, on n'y passe pas des années sans nouer amitié avec les pierres des murs. Et puis, de cette solitude solennelle, d'où son âme s'élevait à Dieu, il allait être rejeté au milieu du monde, de ses agitations et de ses souillures. Il n'y rentra pas sans en être atteint, et l'on reconnut dans le vieillard l'enfant d'autrefois, avec ses insouciances et ses faiblesses. Mais il avait sur le front le sacre de la souffrance, et au respect qu'il inspirait se mêlaient l'attendrissement et la pitié ; ce n'était plus un homme comme les autres, c'était un martyr revenu de la tombe ; c'était le prisonnier de Chillon.

SOUTERRAINS DE CHILLON. — BONIVARD.

Quant au souterrain de Chillon, il est aujourd'hui un lieu de pélerinage. On y entre, le front nu, comme dans un temple, et l'on s'arrête devant le vionnet autour de la colonne. Il y a bien d'autres sentiers dans la contrée ; il y en a qui gravissent les cimes des Alpes, comme pour aller chercher le soleil au bord de ses palais d'azur ; mais il n'y en a pas un seul sur lequel il tombe autant de lumière que sur le vionnet de Bonivard, dans la nuit de son cachot. C'est le soleil de la liberté qui l'éclaire de ses rayons immortels.

CHAPITRE IX.

Mœurs nouvelles, anciennes mœurs.

Le passage de la domination savoisienne à la domination bernoise s'accomplit avec une facilité qui s'explique par la faiblesse de la maison de Savoie, par son incapacité évidente à protéger ses sujets du pays de Vaud, par leurs anciennes relations avec ceux qui allaient devenir leurs maîtres, enfin par une certaine mollesse de caractère, qui les prédisposait à subir la loi du plus fort. Berne comprit la situation et se montra ferme. Sa volonté fit plier toute résistance. Son habileté d'ailleurs égala sa fermeté. Elle n'eut rien de plus pressé que de s'emparer des biens du clergé catholique, moyennant quoi des milliers de serfs de l'Eglise furent élevés à la dignité d'hommes libres. Ces biens, pour la plupart, ne restèrent pas entre ses mains. Les uns furent attribués aux communes et servirent à quelque usage d'utilité publique, par exemple à l'établissement de bourses pour les pauvres; d'autres, en grand nombre, furent divisés et vendus. Les acheteurs se trouvèrent surtout dans la classe des campagnards qui jouissaient de quelque aisance et qui devinrent, par le fait même, des adversaires décidés de toute restauration. C'est à peu près de la même manière que la Révolution française, en 1789, devait grouper rapidement autour d'elle une formidable coalition d'intérêts.

La réforme religieuse souleva d'énergiques oppositions, mais elle eut aussi ses partisans. Les esprits étaient préparés. Le courant d'idées qui entraînait Berne et Genève ne nous avait point épargnés, d'autant moins que le clergé de l'évêché de Lausanne, tout particulière-ment le haut clergé, s'était déconsidéré davantage par la licence de ses mœurs. Au fond, chacun voulait une réforme. Mais les uns la voulaient mollement, redoutant un schisme ; les autres la voulaient d'autant plus éner-giquement qu'ils ne croyaient pas à la possibilité d'une scission définitive. Ils protestaient dans l'intérêt de l'Eglise, et ils se persuadaient qu'en dernière instance l'Eglise se prononcerait pour eux. Le cri de la cons-cience fit la force des réformateurs. L'œuvre qu'ils entreprirent était un besoin moral. On le sentit moins dans les campagnes. Le paysan croit à la sagesse de ses pères ; il repousse d'instinct les nouveautés. Aussi la ré-sistance fut-elle vive chez les vignerons vaudois. Il ne paraît pas que ceux de Montreux se soient livrés à des voies de fait sur les prédicants, comme on le fit en divers autres lieux, notamment à Aigle et à Lutry. L'histoire du moins n'en a pas gardé le souvenir. Mais l'esprit qui les animait fut aussi un esprit de revêche opposition, et si Berne n'avait pas eu la main ferme, la réforme ne se serait établie ni à Montreux ni dans le reste des campagnes vaudoises. Tout au plus aurait-elle gagné quelques villes.

Cependant une génération avait à peine eu le temps de disparaître, que le pays était acquis à la cause de la réforme et à celle de Berne, désormais identifiées. On put s'en convaincre lorsque, en 1564, le duc Emmanuel Philibert de Savoie appela les anciens sujets de sa maison à secouer le joug bernois. Quelques familles nobles, de la vieille roche, se joignirent à lui; mais le gros du pays se prononça pour Berne, les campagnards aussi bien que les bourgeois des villes. Vingt-huit ans avaient suffi pour fixer le pays de Vaud dans ses destinées nouvelles. Il y eut un moment, toutefois, où le sort de Montreux fut indécis. Montreux appartenait à l'ancien Chablais, lequel s'étendait sur la rive nord du lac jusqu'à la Veveyse, et des négociations sérieuses furent engagées sur la base d'une restitution à la maison de Savoie de tout ce qui en avait fait partie; mais la population menacée contribua, par sa ferme attitude, à rendre cette solution impossible. Il en fut de même vingt ans plus tard, en 1588, lorsque quelques intrigants désœuvrés, ayant à leur tête des hommes habiles et hardis, surtout ambitieux, ourdirent une conjuration en faveur de leurs anciens maîtres. Des troupes devaient arriver de nuit, de l'autre rive du lac, et l'on comptait sur une surprise heureuse pour enlever Lausanne et Chillon. Les conspirateurs avaient des intelligences à Chillon même. Le lieutenant du bailli, le châtelain Bouvier, était un des chefs de l'équipée. Au jour convenu, il trouva moyen de réunir et de cacher une troupe d'hommes armés dans les taillis qui couvrent les pentes inférieures de Sonchaux. Il n'attendait que le signal, qui devait partir de Savoie. Mais il fit, cette nuit-là, une tempête effroyable; les Savoyards n'osèrent pas mettre à la voile, et le signal ne fut pas donné. A l'aube, Bouvier licencia sa troupe. Quelques jours plus tard, comme il dînait avec le bailli, dont il avait promis la tête à ses complices, un courrier arriva à toute bride. Le bailli lut ses dépêches, puis se tournant vers son lieutenant: « J'en suis fâché, mon compère, mais je reçois l'ordre de vous arrêter. » — « Je dois vous obéir, répond Bouvier, je suis à vos ordres; mais je vous demande une grâce : laissez-moi aller à Villeneuve, seulement pour deux heures, afin de mettre ordre chez moi à quelques affaires importantes; donnez-moi une escorte qui ne me perdra pas de vue et qui aura la consigne de me tuer si je cherche à m'échapper. » Le bon bailli, insuffisamment informé, donne dans le piége. Bouvier part pour Villeneuve, bien accompagné. Arrivé chez lui, il conduit ses gardes à la cave, les grise, et s'échappe en les enfermant derrière lui. Moins d'une heure après, il passait le Rhône à gué, et se trouvait en sûreté sur les terres de Savoie.

Dans toutes ces occasions et dans bien d'autres encore, le pays de Vaud en général, et Montreux en particulier, firent preuve d'une fidélité inébranlable à MM. de Berne. Ils avaient épousé leur cause, y compris la réforme. C'était toute une révolution morale, toute une discipline à accepter, car ces Bernois, si peu scrupuleux à la guerre, étaient, dans la paix, des maîtres rigides. Egalement impitoyables pour les vanités et pour les vices, ils confondent dans leurs règlements le luxe et l'ivrognerie, le plaisir et les mauvaises mœurs. Ils ne sont pas moins ennemis des nouveautés. Le café, dès son introduction, est signalé comme une invention

diabolique ; le thé ne vaut guère mieux, et quant au tabac, tant à priser qu'à fumer, c'est pis encore. La mode
est surveillée de près. Robes décolletées et chausses
découpées sont sévèrement interdites. Le jeu et la
danse aussi, sauf « trois danses honnêtes les jours de
noces ». Ceux qui mangent et boivent « plus qu'ils ne
peuvent porter » paient dix florins d'amende. Ceux qui
prennent en vain le nom de Dieu, hommes et femmes,
jeunes et vieux, sont « tenus de tomber à terre et icelle
baiser ». Ceux qui *gueusent* dans le pays doivent être
promptement menés à la frontière et passés au voisin.
Ceux qui, par mauvaise conduite de leur ménage, « font
discussion », sont également bannis. Le bannissement
est la peine que Leurs Excellences appliquent le plus
volontiers. Ils retranchent le membre corrompu : c'est
leur système. Le dimanche est exactement observé :
le silence règne dans les villages, même les plus éloignés de l'église, jusqu'à ce que les offices divins de
l'après-midi soient achevés ; aucun char ne roule dans
la rue, aucun enfant n'y joue. Tout ce qui rappelle les
cérémonies papistes est interdit, même les feux de joie
qu'en certains jours on allumait sur les hauteurs. Les
superstitions relatives aux enchantements, charmes,
exorcismes, et « autres semblables tromperies et arti-
fices magiques » ne sont pas condamnées moins expressément. Bref, tout un ensemble d'ordonnances et de
règlements témoignent du ferme dessein conçu par
Leurs Excellences « de faire revivre parmi tous ceux
qui sont sous leur domination des mœurs et une vie
véritablement chrétiennes ».

Le pays de Vaud fit, à ce régime, son éducation morale et religieuse. Un esprit plus sérieux gagna de proche en proche. La bible devint le livre par excellence, le livre du foyer, et les exercices de piété prirent, le dimanche, la place des réjouissances publiques. Les réfugiés, nombreux dans les villes, contribuèrent à cette transformation, qui cependant ne s'opéra pas sans résistance et ne parvint jamais à son parfait accomplissement. Les édits avaient beau succéder aux édits, la mode maintenait son empire changeant, et le péché sa vieille domination. Quand les jeunes filles de Montreux se paraient de leurs plus gracieux atours, il leur arrivait d'oublier certain mandement qui leur rappelait « que les habits tirent origine de la chute de nos premiers parents, et qu'ils ne sont destinés qu'à couvrir le corps tout souillé de péchés ». Les cabarets continuaient à être hantés; le café faisait son chemin, le thé et le tabac aussi, et la contagion gagnait jusqu'aux baillis de Chillon. On en cite un qui tira plusieurs fois sa tabatière pendant que, du haut de son siége baillival, il censurait un priseur endurci.

Mais à côté de cette résistance, qui s'explique par la nature éternelle du cœur humain, il y en avait une autre, tenant aux mœurs chevaleresques, chères à la noblesse du pays. La famille de Blonay en conserva la tradition soit dans le manoir auquel elle a donné son nom, soit au Châtelard, dont elle fit, plus tard, l'acquisition. Il n'y avait pas, au pied des Alpes, de famille plus ancienne ni plus noble; il n'y en avait pas qui eût meilleur renom de chevalerie. Au milieu du XVIIe siècle, elle faisait encore parler d'elle par des aventures qui semblent d'un autre temps. Alors vivait la belle Nicolaïde de Blonay, devant laquelle de nombreux adorateurs avaient en vain plié le genou. L'un d'eux, un Tavel de Villars, vainquit la fière beauté, à force de constance. Mais le mariage tardait. Officier au service de France, Tavel était retenu par ses devoirs militaires. Pendant ce temps, Jean - François de Blonay, d'une autre branche de la famille, la branche savoyarde, s'éprenait de sa belle cousine, et par deux fois la demandait en mariage. Par deux fois il était refusé. Alors, n'écoutant que sa passion, il réunissait quelques amis, et venait se cacher avec eux dans le voisinage du Châtelard. Pendant quelque temps, ils épiaient les allées et venues du baron ; puis, profitant de son absence, ils faisaient irruption dans sa demeure, et enlevaient Nicolaïde, qui, transportée en Savoie, couronnait tant d'audace en devenant l'épouse du ravisseur. Cette histoire, qui semble renouvelée de celle de la belle Hélène, et qui n'en est pas moins authentique, alluma entre la famille de Tavel et la famille de Blonay une guerre acharnée, à laquelle s'intéressèrent les ambassadeurs de France et d'Italie, et qui se termina par une sentence, prononcée à Berne, contre les Blonay, sentence inutile autant que sévère, car les principaux accusés se faisaient un nid pour leurs amours des domaines qu'ils possédaient en Savoie : seul le vieux baron en ressentit les effets ; il fut sévèrement réprimandé pour avoir mal rempli ses devoirs paternels.

Mais si l'on veut voir revivre dans sa fleur la plus délicate la poésie des mœurs chevaleresques, il faut,

CHÂTEAU DE BLONAY.

sans sortir de la même famille, remonter plus d'un siècle en arrière, pour assister au fameux combat des mariés et des non-mariés. Le doyen Bridel, qui l'a relaté dans le *Conservateur suisse*, doit en avoir eu un récit plus détaillé que celui qu'on trouve dans Guichenon, l'historien de la maison de Savoie, à moins que sa féconde imagination n'ait suppléé aux lacunes de la réalité. Il dit pourtant n'avoir rien changé au style naïf de son vieux chroniqueur. Quoi qu'il en soit, voici l'histoire, telle qu'il la raconte, l'orthographe y comprise :

« En la cité de Turin, se trouvèrent ensemble plusieurs gentilshommes, serviteurs ordinaires de la très haulte maison de Savoye, assis à table en ung banquest, en la compaignie de mon très redoubté Seygneur Charles de Savoye et de ma très-redoubtée dame madame la duchesse. Là estaient pareillement plusieurs Jouvencels et Ecuyers tant mariés que non mariés. Après maints beaux et joyeux devis, ils entrèrent en propos des nobles seygneurs et dames mariés et des non mariés, et ainsi que paroles multiplient toujours, procédèrent en leurs gaillards propos se avant, que messyre Symon de Blonay, Seygneur de plusieurs belles terres ès pays de Chablays, tant en deçà que par delà le lac, lequel avait déjà fait maintes appertises d'armes au tournois de la cité de Genève et s'estait marié par après, dit et voulsit maintenir, que les mariés étaient si verts et partout aultant à craindre en faicts d'armes et aultres choses que ceulx qu'estaient à marié : et que les dames mariées estoient aussi vertueuses et dignes de loz et de renom, que les damoiselles à marié ; soi offrant soubtenir à la lance et à l'espée ce qu'il disoit, se nul voulait dire du contraire.

Si que d'aultre costé, pour les seygneurs escuyers et damoiselles à marié, se présenta un gentilhomme nommé de Corsant, natif pareillement de Savoye ès pays de Bresse; soubstenant les non mariés, tellement que leur question vint en la présence de mon dict Seygneur et gentilshommes de son hostel: dont mon dict Seygneur voyant que telle question né s'esmeuvoit point pour haine, ne pour vitupere, et qu'ils ne voulaient combattre sinon pour passer temps et pour plaisance, aussi pour tousjours exercer les armes; du conseil de ses privés, bien cognoissants que teuls affaires veulent dire, fut content de leur donner jour à vouloir combattre; c'est assavoir en teulles armes, deux courses de lance à fer esmoulu, armés en harnois de guerre sans lice, et à l'espée combattre, jusqu'au nombre de quinze coups, ung chascun d'eulx; sous teulle condition que le vaincu seroit tenu aller crier mercy, là où le vainqueur lui commanderoit; c'est à entendre, que se le champion soubstenant la querelle des mariés estoit vaincu, seroit tenu aller crier mercy à Mademoiselle de Savoye et à toutes les aultres damoiselles à marié de la noble maison, et davantage à une autre damoiselle à marié, hors la dicte maison, dedans le pays de mon très redoubté seygneur, là où il lui seroit commandé par ce dict vainqueur, lui estant au pays. — Ains au contraire, si le champion des non mariés estoit vaincu, il seroit tenu aller crier mercy à ma très-redoubtée dame de Savoye, ensemble à toutes les aultres dames mariées de la maison, et en oultre à la femme du dict messyre de Blonnay, lui estant au pays.

Or teul appointement estant faict, se trouvèrent les deux champions dessus nommés au jour assigné, que fust le douzième de mai, l'an MDIV, en la place devant le chastel de Turin, montés et armés, assavoir le dict seygneur de Blonnay, sus ung roucin grison bien bardé, et ses bardes couvertes de damas moitié rouge, et l'autre moitié rouge et noir, à grands bandes, et dessus l'harnois, accoustré de mesme: et Corsant monté sus ung roucin de poil de pie, bien bardé aussy, et ses bardes couvertes moitié satin, et moitié damas tout gris bordé de velours cramoysi et son accoustrement de mesme avec borrelet semblable. — Auxqueuls furent présenté lances, desquelles à la première corse s'attaquèrent bien adroit: c'est assavoir, le champion des mariés fut atteint au bord de sa cuirasse, tellement qu'il ployat en derrière, et le champion des non mariés fut atteint un petit soubs la petite pièce, et de ce coup leurs lances voullarent en plusieurs pièces. Puis reprindrent lances nouvelles, desquelles coururent pour la seconde fois, dont messyre de Blonnay rompit la sienne bien gaillardement, laquelle rompue rencontra sa partie au choq, de teulle sorte que le peytral, sangle, selle et cropière du dict cheval de sa dicte partie rompirent et fust pourté par terre tout estendu et désarmé de plusieurs pièces, en fasson que plusieurs cuydoient qu'il fust follé. Mais incontinent fut relevé sus pié, et fist bien son debvoir de vouloir combattre à l'espée, en parachevant les choses dessus dictes.

Et nonobstant que le bon droit vouloit, veu qu'il avait esté porté par terre, qu'il ne remontât plus à cheval sans avoir parfaict son combat, le dict messyre de Blonnay, de sa grace plein de noblesse, permit qu'il reprint autre cheval à son appétit, pour parfaire leur entreprinse comme il fist; et estant remonté se combattirent ausdictes espées bien gaillard et gentement, et perfirent bien leurs coups et davantaige, et est-il à croire que si mon très redoubté seygneur n'eust commandé les despartir, qu'ils fussent bien plus avant procédé; et pour celle fois moyennant le bon et hault vouloir du dit seygneur de Blonnay, et à la bonne diligence et vaillance de son corps, l'honneur de l'entreprinse demoura aux seigneurs et dames mariés; non obstant que le champion des non-mariés fisse bravement son debvoir.

Adoncques suyvant le droict du combat, Corsant s'estant un petit reposé, s'en fust crier mercy à deux genouils devant ma très redoubtée dame de Savoye, puis fist de mesme un genouil en terre à toustes les aultres dames mariées de son hostel: finalement estant retourné devers messyre de Blonnay, lui demanda en quel lieu estoit pour lors sa noble dame, à celle fin d'aller par devers elle, payer sa debte et crier mercy selon son debvoir. Lors lui respondit en grande courtoisie: loyal et preux champion, trop ne saurois bonnement vous dire, où est pour le présent ma dame et amie, laquelle ai laissée en couche d'enfant par delà les Monts, pour venir céans, près la personne de mon très redoubté seygneur: ores est ès Chablays en mon Chastel de Sainct Pol de Melleria, ores en mon Chastel de Blonnay en Vaulx.

Adoncques bien que long et dangereulx fust le chemin, toust incessamment Corsant monta sur un bon roucin, et avecques son Escuyer passa à grand presse les monts: et s'en vint au Chastel de Saint Pol de Melleria: mais la dame n'y estoit, de quoy fust moult marri; soudain monta sur un basteau de pescheur, et non obstant que la nuict tomba, se fist mener devers Vivey: si que le vent estant hault et le lac mauvais et en tourmente, ne pust gaigner terre à Vivey qu'avecques l'aulbe; et bien que las et recreu, monta droict au Chastel de Blonnay en Vaulx. Or la première personne qu'il advisa fust la noble dame Catherine, qu'estoit sur le préau, allaictant son beau petit poupon: s'estant approsché, mit vistement genouil en terrre, et par trois fois cria mercy bien pilteusement. Qui fust esbahie et en grand esmoy, ce fust certes la dame de Blonnay. Icelle le fist relever prestement et asseoir à son costé; puis toust esmerveuillée, s'enquist que cela vouloit à dire. Lors Corsant lui remembra par le menu la *querelle* et le *combat des mariés et des non mariés*; comme quoy avait esté vaincu par son benyn mari Messyre Symon, et comme quoy ayant accomply à son endroict la loy du combat, il en requerroit dehue quittance, pour son honneur et descharge.

A quoy la noble dame lui fist d'une voix bien doucette: « Seygneur Champion des non-mariés: loyal et « franc chevalier estes au demeurant, et certes nul n'y « contredira: toutesfois ne convient auculnement à dame

« discrette et saige, qui comme moy reste seulette en
« son manoir, avecques ses chambryeres et son chape-
« lain, de vous héberger, estant absent son benin sei-
« gneur et mari. Retornès vous en à Vivey : prenès y bon
« repos et longue nuictée, et reviendrez céans, si ainsi
« vous plait, demain sur la mi-jour, quérir vostre quit-
« tance et congyé: » ainsy dist-elle, ainsy fist-il.

Le landemain ne manqua mye d'arriver sur la mi-jour
et trouva-t-il beau banquest toust dressé à la grand salle
du Chastel, voire plusieurs parens et voysins de la noble
dame, qu'icelle avoit fait convyer en grand haste durant nuict; assavoir, monseigneur Antoyne, fils de monseigneur Rodolph comte de Gruyères, lequel venoit de
son Chastel d'Orons avecques pages et escuyers, Messyre Humbert d'Aulbonne son parrein, Hugonnet du
Chastelard, Nicod de Gumoëns, Amédée de Puisdoz,
Bertrand de Duing chastelain de Chyllion et le vieil
chapelain Nantelme de Tavel. Lequel banquest fust long
et allaigre selon la bonne coustume de la terre de
Vaulx, et festinèrent gaillardement jusqu'au soleil couchant et moult s'esbattirent en gentils propos et joyeux
dévis. Or Corsant qui ja estoit cogneu d'aulcuns de la
noble compaignie, gaigna estime et loz d'ung chascun,
par sa bonne mine, doux langaige et courtoisye, et chascun, ores de l'escouter, ores de s'enquérir du combat
et aultres choses de là les mons. Finissant le banquest,
Corsant porta la santé de la noble dame, estant debout, et lui dit gentiment: « Ce n'est pas à mon dam,
ains plustost est-ce pour mon bien et proufit, qu'ay
esté vaincu par messyre Symon vostre bényn mary et

seygneur : car oncques n'ai eu pareil honneur et lyesse teulle qu'en ce jourd'hui, séant à ceste table avec tant vertueuse et honorable compaignie et de si hault lignaige : par ainsi va s'accomplissant la devise de mon escu *plus hault* (*altius*). Partant m'est advis qu'il me fauldroit prendre femme, et qu'à doncques soubstiendrais-je mieux la cause des mariés, que n'ay faict celle des non mariés, au combat de Thurin, » et ce disant, se tournoit tout bellement devers Yolande de Villette, laquelle estoit assise jouxte la dame de Blonnay sa cousine. Belle jouvencelle estoit-ce et issue de bon lieu : mais las ! orpheline, n'ayant ne dot ne chevance en cetui bas monde, estoit venue prendre congyé, pour entrer en religion au cloistre des filles d'Orbe. Soubdain que le chevalyer l'eut ung petit regardée, la pauvrette vint rouge comme escarlatte, et ne dict rien que faire ung long souspir. Puis sortirent de table, pour ung chacun se despartir, et retourner en son manoir, et Corsant restant le dernier, comme pour faire ses grammercys à la dame de Blonnay, lui alla dire : « Cour-« toisye est votre lot, aultant que vertu et beaulté : guer-« don et louange vous en sont dehu par les aultres et « amour par vostre mari : aurois une requeste à vous « faire, octroyés la moy, si me voles quelque bien. — « parlés hardiment, franc chevalier ! reprist la noble « dame : si mon debvoir et mon pouvoir n'oultrepasse, je « cuide qu'amènerons votre desir à bonne fin : — c'est, « dit Corsant, de gaigner mon procès avecques la belle « cousine, à celle fin que de sa grce je puisse doresena-« vant soubstenir la cause des mariés, pour ce que in-

« continent que je l'ai vue , en ay faict la dame de mes
« pensées, et le sera certes, jusques à mon tréspasse-
« ment. » Toust aussitost la cousine baissa de honte ses
grands yeux bleus ; surquoi la noble dame lui prenant
la main , respondit avec ung doux souris : « si ay bien
« comprins, voudriès estre mon cousin : n'est-ce pas,
« beau syre ! si la jeunette est de mon advis , elle vous
« relesvera de blasme et fera tost de vous un bon mari
« de méchant garçon que vous estes. »

Oyant semblable propos, la pauvre Yolande ne savait bonnement en quel coing se musser, tant se ren-
doit vergogneuse ; mais cognaissance estoit faicte et occasion favorable, d'autant que mère nature avait jà se-
coué flammeches d'amour sur ces deux tendres cueurs
au prime abord. Si bien qu'à la parfin Yolande sans
plus songer au cloistre, que si oncques cloistre n'eust
esté en ce bas monde, dict tout bas : oui, si mon cousin en cetuy bas monde messyre de Blonnay, qu'est
mon bon parrein et tuteur, n'y trouve à redire : — doibt
bientost revenir par deça, fist Corsant toust ravy d'aise,
iray l'attendre à Vivey en grande impatience.

Messyre Symon arriva quatre jours après : il ne des-
dit point la gente cousine ; mesmement leur fist-il belles
et honorables nopces en son bon Chastel de Blonnay.
Et Corsant lui disoit : « noble cousin, n'ai rien perdu
d'estre vaincu par vous, et d'estre venu cryer mercy
céans ; ains ai gaigné pour lot belle et bonne femme,
et si quelcun veut maintenant dire quelquechose contre
les mariés, c'est qu'il aura affaire à moy et lui ferai-je
toust ainsi que m'avés faict au combat de Thurin. »

Le combat des mariés et des non mariés eut lieu en 1504. A trente-deux ans de là, en 1536, avait lieu dans le pays de Vaud un autre tournoi, dont les tenants s'appelaient, d'un côté, le médecin Blancherose, le jacobin Montbouson, et de l'autre, Farel, Viret et Jehan Calvin. Le résultat n'en était point un doux mariage, mais la conversion du pays de Vaud à cette religion nouvelle qui condamnait les danses, les festins, les atours et tous les beaux exploits de galanterie et de chevalerie. Mœurs nouvelles, anciennes mœurs!

CHAPITRE X.

Montreux sous les Bernois.

Les Bernois ont été les maîtres du pays de Vaud de 1536 à 1798. Pendant cette longue période, l'ordre et la tranquillité ne cessèrent d'y régner. Les prétentions de la Savoie, la haine que nourrissaient les puissances catholiques contre Berne et contre Genève, surtout contre Genève, leurs conjurations et leurs coalitions, menacèrent de plus d'un danger les frontières de l'Helvétie romande; mais l'orage se dissipa toujours avant d'éclater.

La jeunesse du pays ne s'endormit point dans les délices de cette longue paix. Jamais, peut-être, les exercices militaires ne furent plus en honneur. Berne y prit peine. Elle voulait trouver chez ses Welches de fidèles sujets et de bons soldats. Elle réussit à l'un et à l'autre. L'organisation militaire bernoise était un chef-d'œuvre, pour l'époque. Il n'y avait nulle part en Suisse, ni ailleurs, milices mieux exercées, plus promptes à répondre à l'appel. Le goût des armes était général. La plupart des jeunes gens s'engageaient pour trois ou quatre ans aux régiments capitulés. C'était leur manière d'achever leur éducation. Au retour, ils apportaient et entretenaient dans nos milices l'exactitude de l'esprit militaire et de sa discipline. Les fils de bonne famille suivaient en grand nombre la carrière des armes, et, malgré les passe-droit dont ils étaient souvent victimes, grâce à la jalousie des patriciens bernois, on en vit plusieurs parvenir aux grades les plus élevés. Dans toutes les villes, presque dans tous les villages, il y avait des sociétés de tir. Berne les favorisait. Comme du temps de Pierre de Savoie, le « roi du papegay » jouissait pendant un an de franchises particulières. Mais cette protection n'était pas sans quelque surveillance, soit pour empêcher la politique de pénétrer dans ces associations, soit pour qu'elles ne dégénérassent pas en simples sociétés de plaisir. Leurs Excellences veulent qu'on tire sérieusement. Un des derniers actes de leur administration (18 mars 1789) maintient les franchises du roi des arquebusiers, à condition toutefois qu'on ne tire plus « au papegay, mais à la *schibe* ». Montreux eut aussi sa société militaire, connue sous le nom d'abbaye des écharpes blanches. Ce n'est plus aujourd'hui qu'une société de tir comme il y en a beaucoup ; c'était jadis une sorte de confrérie d'honneur, ainsi qu'on le voit par l'acte de sa fondation (1626) et par la sévérité de ses règlements, qui frappent d'amendes graduées péchés et peccadilles.

Berne eut plus d'une fois l'occasion d'éprouver ses milices vaudoises. Elle leur dut son salut dans la guerre des paysans, en 1653, et sur le champ de bataille de Villmergen, en 1712. En cette seconde et plus capitale rencontre, les gens de Montreux ne furent pas les derniers à faire leur devoir. Il est telle famille de la paroisse où, les jours de noce et de baptême, on boit encore à la ronde dans une coupe donnée à quelque

ancêtre, en témoignage de sa belle conduite. « Plusieurs
de Montreuz sont blessés dangereusement, » écrit à ses
parents le sergent Abram Viaud, de Vevey, qui leur
donne des nouvelles de la bataille.

Les Bernois, à tout prendre, ne furent pas si mauvais maîtres. On eût pu, sans sortir de Suisse, en trouver de pires. Ils se donnèrent peu de peine pour deve-
lopper le génie original du peuple conquis; mais il faut
leur savoir gré déjà de n'avoir rien fait pour le germani-
ser. Ils nous imposèrent la réformation dans la mesure où
ils la voulaient, et brisèrent la résistance de ceux qui
en auraient désiré plus ou moins; ils forcèrent par là
et détrempèrent le ressort de la volonté nationale : on
remarque encore aujourd'hui chez nombre de Vaudois
je ne sais quel effacement de caractère, dont il faut
chercher l'origine dans la longue pression morale subie
par nos pères. Un pli nous vient de là. Mais le remède
était dans le mal lui-même, car cette religion qu'on
nous imposait avait pour principe et devait avoir pour
effet l'affranchissement des consciences : les Bernois
nous menaient à la liberté par la servitude. Ils dotèrent
chichement l'Académie de Lausanne et la maintinrent
systématiquement dans la médiocrité; mais c'est quelque chose déjà que de l'avoir fondée, et les écoles qu'on
vit bientôt fleurir dans tout le pays, quoique insuffi-
santes, valaient mieux que ce qu'on avait auparavant:
ce fut sous les Bernois que le paysan apprit à lire. Ils
ne développèrent point les libertés et franchises des
villes et des communes; souvent, dans la pratique, ils
cherchèrent à les contester ou à les diminuer; mais

ils les reconnurent et en laissèrent subsister la tradition vivante. Ils tirèrent énormément d'argent du pays de Vaud; mais ils ne tarirent point les sources de sa richesse. Ils eurent parfois de détestables agents, baillis ou autres, mais ils ne prirent pas toujours leur parti aveuglément, et quand la mesure des abus était comble, on pouvait, à la rigueur, si l'on savait s'y prendre, obtenir justice: Montreux en fit l'expérience plus d'une fois.

On a comparé le pays de Vaud gouverné par les Bernois à une vaste ferme qui enrichit son propriétaire, mais où le fermier trouve aussi de quoi vivre et même de quoi faire des épargnes, à condition qu'il obéisse, car le maître n'entend pas raillerie sur l'article de la discipline et fait de la police des mœurs sa plus constante préoccupation.

L'histoire de Montreux offre des exemples intéressants des rapports, bons ou mauvais, qui pouvaient s'établir entre MM. de Berne, leurs agents et leurs sujets. Nous en choisissons un entre plusieurs. C'était en 1597. Gabriel de Blonay venait d'acquérir la baronnie du Châtelard. Or il était d'habitude, à l'avènement d'un nouveau seigneur, qu'il y eut échange de serments entre lui et ses sujets. Le seigneur jurait d'observer et maintenir toutes les franchises qui leur avaient été précédemment accordées, et eux, de leur côté, lui juraient fidélité et obéissance. Au jour fixé pour cette double cérémonie, les représentants de la communauté du Châtelard, syndics et simples bourgeois, se réunirent dans la cour du château et se déclarèrent dis-

posés à prêter le serment d'usage , moyennant que le
nouveau seigneur en fît autant. Mais Gabriel de Blonay
s'y refusa, donnant pour raison que la formule du serment portait atteinte aux droits souverains de Leurs
Excellences. A ce refus, les syndics en opposèrent un
autre, et, malgré la présence du bailli de Chillon, il y
eut tumulte et propos violents. Dans le feu de la querelle, le sieur Moratel, commissaire général de Leurs
Excellences, se permit de grossiers propos. « Ce sont
tous des bêtes et des animaux, s'écria-t-il, en parlant
des paysans ; ils ont tous mérité d'avoir la tête tran-
chée de dessus les épaules. » Aussitôt les syndics demandèrent réparation de l'insulte ; mais le bailli traîna
les choses en longueur, alléguant divers prétextes.
Sur ces entrefaites, le sieur Moratel vint à mourir. Les
paysans n'en continuèrent pas moins à demander justice, « désirant se purger d'une telle imposture. » Ils
s'adressèrent à Berne, qui, le cas examiné, leur fit réparation par lettres patentes, en date du 9 décembre
1597. « Sur ce, disaient Leurs Excellences, considérant le mérite de ce fait, et spécialement que le dit feu
notre général commissaire Moratel pourrait avoir proféré tels ou semblables propos à l'endroit des dits sup-
pliants, pour l'amour du dit Seigneur du Châtelard, duquel il fut aucunement parent, et étant maintenant tré-
passé de vie à mort ; et partant ne pouvant plus dé-
clarer les motifs et occasions qu'alors l'avaient incité,
nous avons à ces causes et pour tous autres bons res-
pects, déclaré, connu et jugé : que n'ayant jamais tenu
les dits sujets de la juridiction du Châtelard pour autres

sinon gens de bien et d'honneur, et que le dit feu sieur Moratel par aventure pourrait avoir proféré les dites paroles en ire et courroux, qu'icelles ne puissent ni doivent être réprochables ou préjudiables à l'honneur, bonne fame et réputation de nom de nos dits sujets, ni de même aussi à la bonne mémoire de notre dit feu général commissaire Moratel, et à ses héritiers: lesquels d'une part et d'autre avons bien voulu pourvoir de cette provision et remède, contre tous et chacun qui, à cet effet, les voudraient calomnier et leur reprocher les dites affaires. » Dès le mois de mars de la même année (1597), Gabriel de Blonay, mieux informé, rassuré, sans doute, par MM. de Berne, s'était désisté de son opposition, avait prêté le serment d'usage et reçu celui de la communauté.

La baronnie du Châtelard n'appartenait donc plus à l'antique famille de Gingins. Vendue en 1549 pour le prix de 7500 écus d'or, elle passa de mains en mains, offrant un singulier contraste avec celle de Blonay, qui, pendant tant de siècles, reste dans la même famille. On remarque, parmi ses propriétaires successifs, la *ville de Vevey*, qui détacha et vendit la plus grande partie du domaine rural autour du château; puis un gentilhomme grison, Jean Baptiste Rotta, réfugié à Genève pour cause de religion; puis la famille de Blonay, qui en fit plus d'une fois l'apanage de ses cadets et la conserva pendant près d'un siècle, puis les Tavel, à qui elle fut portée en dot par une demoiselle de Blonay, enfin les Bondely, qui l'acquirent des Tavel et la conservèrent jusqu'à la révolution.

Quant aux communautés des Planches et de Vevey, elles continuèrent à jouir de leurs franchises et à dépendre directement de Chillon, devenu la résidence des seigneurs baillis; du moins en fut-il ainsi jusqu'en 1733, où le siége du bailliage fut transporté à Vevey. Les baillis s'ennuyaient dans ces murs solitaires. Ce n'était plus le temps de la vieille noblesse renfermée dans ses vieux châteaux. Le goût de la vie de société s'était répandu. Même à Berne, dès la fin du XVIIe siècle, on ne savait plus vivre sans les plaisirs de l'esprit et la société des femmes. Le séjour de Chillon épouvantait ces patriciens devenus délicats. Les jours y étaient longs, les soirées plus longues encore. « C'était à peine, dit M. Vulliemin, si l'on réussissait à composer la partie de cartes de Sa Seigneurie.»

Berne eut pitié de ses baillis, et acheta la maison des Tavel, à Vevey, pour leur en faire une résidence. Le premier bailli qui y entra fut justement un Tavel. Toute la ville vint au devant de lui. La joie y fut grande, mais la tristesse fut encore plus grande à Chillon. Que faire de ces murs dépossédés ? Il fut question de les raser. Mais on fit le compte de ce qu'il faudrait de poudre et de journées d'ouvrier, et l'on trouva plus expédient de les utiliser pour des caves et des greniers. Tout un plan de restauration fut proposé : la salle de justice allait devenir celle du moulin; un pressoir allait s'installer immédiatement sous la chambre du comte Pierre; une tourelle destinée à monter les blés allait s'ajouter aux autres, du côté du lac; les tonneliers allaient utiliser le vionnet de Bonivard, lorsque survint la révolution française. La chute de Berne sauva Chillon.

Malgré la déchéance de Chillon, Montreux ne s'appauvrit point sous la domination bernoise. On peut encore aujourd'hui, en considérant les villages de la paroisse, y trouver la preuve de l'aisance dont jouissaient alors nombre de familles. Il y a deux styles dans leur architecture. L'un, antérieur au régime bernois, trahit le voisinage du Valais et de l'Italie. Ce sont de vieilles constructions en pierre, aux murs noircis, aux formes carrées, compliquées d'appendices divers. Elles ont souvent une apparence de maisons fortes. Les jours sont ménagés parcimonieusement; les fenêtres sont petites, parfois doubles, irrégulièrement distribuées; les portes sont haut percées; on y arrive par un escalier extérieur, qui peut avoir, dans sa rusticité, un certain cachet monumental. D'autres constructions, en grand nombre, sont évidemment imitées du style bernois, devenu populaire dans la plus grande partie du pays de Vaud. On les reconnaît aussitôt soit au grand toit dont elles enveloppent leurs flancs, et qui abrite de vastes greniers, soit à leur façade blanchie, dont le pignon est tronqué vers le haut, par un pan de toit transversal.

Ces maisons bernoises, plus nombreuses et plus cossues dans les villages du bas, témoignent de leur prospérité croissante pendant la période bernoise. En passant devant elles, on se dit qu'elles sont faites pour se remplir des biens de Dieu. Elles témoignent aussi des cultures variées auxquelles continuait à se livrer le paysan de Montreux: elles ont place pour tout. Voici le pressoir, puis la grande cave, avec ses rangées de vases, ronds ou ovales, et ses bouteliers dans les encognures, pour le kirsch et les vins vieux; voici la cave au lait et aux fromages; voici quelque autre réduit, obscur et sec, où l'on ne sera pas surpris de trouver des sarments chargés encore de leurs raisins, qu'on laisse flétrir comme ceux de Corinthe ou de Malaga; voici le cellier, où sont les dépouilles des vergers, les pommes, les poires, avec de grands bahuts pour les graines et les fruits secs; voici les châtaignes, qui gogent à la grange; voici les noix étendues sur l'aire du grenier, où les chats, dans leurs sabbats nocturnes, les font rouler avec un bruit de chariots; voici la grande cheminée, aussi large par le bas que la cuisine elle-même, et où, d'étage en étage, à mesure qu'elle s'élève et s'amincit, se prolonge la perspective des jambons, des saucissons et des quartiers de lard; voici, sur les galeries, les bottes de lin et de chanvre rangées en longues files, avec les chaînes d'ognons; voici les perches de maïs, aux épis dorés ou pourpres, suspendues le long des fenêtres de la grande façade; ne craignez point qu'on les dissimule, car d'après un dicton du pays, la dot des filles de la maison est en proportion de leur longueur et de leur chargement: on dirait enseigne d'abondance; le maïs, d'ailleurs, ne nuit ni aux pommes de terre, ni même au blé, qu'on cultive soit pour la graine, soit pour la paille, et qu'on coupe avec la faucille, pincée après pincée. C'est à la grange que les gerbes s'entassent.

Nul doute que pendant toute la période bernoise les moissons n'aient encore doré de leurs épis les coteaux de Montreux: on part toujours du principe que chaque famille doit récolter sur ses terres tout ce dont elle a besoin pour vivre. On vend ce qu'on peut ; mais on a beau vendre, l'argent est rare, et l'essentiel est de ne rien acheter. Cependant la culture de la vigne prend un développement nouveau. Les Bernois la favorisent en interdisant à leurs sujets du Simmenthal et du Gessenay de tirer des vins du Valais, comme ils faisaient auparavant. Il y a une curieuse supplique des gens du bailliage de Chillon (1680), qui exposent à Leurs Excellences « que la plus grande partie de leur subsistance consiste au peu de vin qu'ils recueillent, dont cependant il y a suffisance chez eux, Dieu soit loué, notamment rière Montreux, lequel court risque de se perdre, car les vins du dit lieu ne sont pas de longue garde, surtout quand ils demeurent dans leurs quartiers, où les chaleurs abondent excessivement et où ils n'ont des caves propres à le pouvoir garder ».

MM. les aubergistes du Gessenay et du Simmenthal vinrent donc se pourvoir de vin vaudois ; mais bientôt ils apprirent à ne pas s'arrêter uniquement rière Montreux ; Montreux était sur le chemin de Vevey, qui conduisait à Lavaux, et ainsi de suite jusqu'à La Côte. Il arriva même que des vins de La Côte, achetés par des marchands de la montagne, furent revendus à Montreux, au grand détriment des vignerons du lieu. Aussitôt nouvelles pétitions et réclamations. Mais Berne maintint pour ses ressortissants du Gessenay et du Simmenthal le droit d'aller acheter leur vin où ils le jugeaient à propos, conformément au grand principe de la liberté du commerce. Le Valais, toutefois, continua à faire exception, la liberté du commerce ne devant point dépasser les limites des états de Leurs Excellences; en outre, il fut interdit aux aubergistes de vendre à Montreux du vin acheté ailleurs. Ils avaient liberté d'acheter partout, mais ils devaient vendre chez eux. Les gens de Montreux subirent un nouvel échec, lorsqu'ils demandèrent à pouvoir vendre aussi leur vin à Vevey. Leurs Excellences maintinrent les deux principes combinés de la liberté de l'acheteur et de la vente chacun chez soi. « Vendez aux *bottiers*,» répondirent-elles. En revanche, les Veveysans reçurent l'ordre d'ouvrir leur marché à la même heure pour tout le monde, au lieu de se réserver, comme ils faisaient, une première heure, où ils avaient seuls le droit d'acheter.

Ces *bottiers*, auxquels les gens de Montreux devaient vendre leur vin, étaient ceux qui faisaient métier de le transporter par la montagne à dos de cheval ou de mulet, car Jaman était la route commerciale du pays. Celle des bords du lac, mal tracée et par endroits peu praticable, n'eût offert aucun avantage. On voyait donc les bottiers, après la vendange ou le transvasage, descendre en longues files sur le flanc de la montagne. Charnex était, pour eux, le village par excellence; c'était le centre commercial de la paroisse. Là se négociaient la plupart des affaires. Quand on achetait dans le bas, Charnex était encore l'étape inévitable. Le plus difficile était d'y arriver, les chemins du vignoble étant pires que ceux de la montagne. On y passait la nuit, profitant pour les chevaux d'une écurie banale; puis, le lendemain, de bonne heure, on poussait jusqu'aux Avants, où l'on reprenait des forces pour franchir la montagne. Chaque cheval portait deux petits tonneaux, en forme de barils, d'un setier chacun. Dans la saison, précoce ou tardive, où se faisaient ces transports, les chutes de neige n'étaient point rares, les accidents non plus, malgré les réparations coûteuses que les communes des Planches et du Châtelard firent plus d'une fois au chemin.

Cependant la grande extension donnée à la culture de la vigne date de la seconde moitié du XVIIIe siècle, et coïncide avec l'établissement de la route des bords du lac. Ce fut alors que disparurent les barrières du défilé de Chillon. D'autres améliorations, non moins urgentes, se firent sur d'autres points, et en 1751 l'on put, pour la première fois, faire rouler un char de Villeneuve à Vevey. Le char était auparavant un objet presque inconnu dans la paroisse de Montreux ; les transports se faisaient à dos d'homme ou de bête, ou bien au moyen de ces *luges*, dont le paysan se sert encore pour aller chercher son foin à la montagne, et qui polissent les pavés des chemins. D'ailleurs, on allait à pied ou à cheval, à moins qu'on n'eût une chaise et qu'on ne se fît porter, comme les dames du Châtelard. L'usage du cheval était infiniment plus répandu qu'il ne l'est maintenant ; les paysannes mêmes étaient bonnes cavalières. A la fin du siècle dernier, les cortéges de noce paradaient souvent à cheval. M. le colonel de la Rottaz, dans un mémoire manuscrit que j'ai sous les yeux, et auquel je fais de nombreux emprunts, en mentionne un qui descendit de Charnex, où était le domicile de l'épouse, et qui comptait vingt couples, tous à cheval. Les fiancées de Charnex seraient fort empruntées aujourd'hui si elles devaient aller à l'autel en pareil équipage.

Cette route du lac ne s'exécuta point sans soulever plus d'une difficulté et plus d'une réclamation, tant de la part des communes que de celle des propriétaires bordiers. Berne, il faut le dire, s'arrangeait de façon à en rejeter sur eux toute la charge, pesant sur les uns ou sur les autres, selon les cas. Près de Chillon, par exemple, le rélargissement eut lieu aux dépens des fonds situés en amont, et sans indemnité aux propriétaires. Ceux-ci réclamèrent. Sur quoi le bailli décida que, pour les dédommager, l'entretien de la route serait à la charge des propriétaires en aval, dont plusieurs, probablement, étaient les mêmes que ceux d'en amont. A Vernex, la route fut longtemps battue par les vagues du lac, et il fallut faire un grand mur pour la soutenir : on le mit à la charge de la commune, qui adressa au bailli ses humbles supplications pour en être dispensée, et les porta même jusqu'à Berne. On venait justement de réparer le chemin qui monte de Vernex à Sales, par Etombes, et l'on avait espéré qu'il tiendrait lieu de la route, amenant ainsi tout le mouvement au village même de Montreux. Mais Leurs Excellences ne répondirent que par de sévères censures aux prières de leurs sujets, et la commune s'exécuta.

Cette route laissait encore beaucoup à désirer. Elle suivait les caprices de l'ancien sentier, longeant ou délaissant la plage, montant ou descendant, avec des pentes de 8 et 10 pour cent; en certains endroits elle était assez étroite pour que deux chars eussent peine

à se croiser ; elle ne comptait qu'un pont , celui de la
Veraye ; les autres torrents, moins encaissés , se pas-
saient à gué. Quand la Baye de Clarens , le plus mauvais, commençait à grossir, on retirait la planche qui
servait aux piétons , et on les faisait passer par le
lac ; les chars attendaient qu'il plût au torrent de s'a-
paiser, et que les hommes de corvée eussent déblayé
le passage. Les chemins qui mettaient la route en communication avec la plupart des villages échelonnés sur
la pente étaient bien plus défectueux encore. De Veytaux,
par exemple , descendait un *châble.* Quand on voulut
le remplacer par un chemin , il se forma deux partis :
l'un en faveur d'un tracé tendant à Chillon, par le
They, l'autre en faveur d'une voie plus directe, sous
le village. Les deux partis se trouvèrent d'égale force,
et il fallut s'adresser au bailli. Les partisans du chemin
du They reprochaient au tracé de leurs adversaires de
mettre le village trop en vue, de trop attirer les
étrangers. L'argument parut très-fort au bailli ; il donna
gain de cause à ceux qui le faisaient valoir. C'est toujours le même sentiment de peur : on dirait l'ombre du
moyen-âge projetée jusqu'à nous.

Les autres villages n'étaient guère mieux partagés,
non plus que les contrées voisines. A Vevey, par
exemple, se détachait la route de Châtel St-Denis, cons-
truite depuis environ trente ans, et à laquelle celle du
lac était surtout destinée à se relier. Mais cette route,
qu'on suit encore , pour abréger , pavée comme les
chemins de la montagne, avait des pentes formidables,
allant au 12 et 15 pour cent. Néanmoins, dès que celle

du lac fut achevée, elles dépossédèrent, à elles deux, le vieux chemin de Jaman, et firent, dans la paroisse de Montreux, une rapide révolution. La culture de la vigne prit une extension considérable; ce qui restait de côtes incultes fut défriché; le prix des vins monta, celui des terrains dans le bas monta bien plus encore, et les villages des bords du lac prirent le pas sur leurs aînés de la montagne. Ils attirèrent la vie, le mouvement, la richesse, et se peuplèrent de ces belles maisons bernoises, de cossue apparence, aux caves profondes et aux amples greniers. Auparavant déjà, ils avaient dû à leur position quelques avantages. Sales, par exemple, avait depuis longtemps supplanté Chaulin, et le commerce du lac n'avait pas été pour Clarens une source de richesse sans importance; mais le triomphe définitif des villages du bas date du moment où la route fut établie. On voit par d'anciens comptes que, vers la fin du XVIIe siècle, le rapport de la vigne et celui des prés était presque le même. Ils ont l'un et l'autre augmenté. On ne paie plus le pot de lait, non écrémé, ou le pot de vin, au choix, à raison de deux kreutzer et demi, comme en 1667 et 1668; mais l'augmentation a été beaucoup plus rapide pour la vigne et ses produits, en sorte que les villages du haut, surtout riches en prés, se sont appauvris relativement à ceux du bas.

Buri u. Jeker in Bern.

JEAN JAQUES ROUSSEAU.

CHAPITRE XI.

Jean-Jacques Rousseau.

Le plus grand événement de l'histoire de Montreux sous la domination bernoise, fut le passage d'un homme qui n'avait pas encore de nom, et qu'une vie aventureuse recommandait assez peu, mais qui devait s'éprendre de ce lac et de ces rivages, et, devant le monde entier, suspendu à ses paroles, en proclamer la beauté avec une irrésistible éloquence.

On a beaucoup dit, et l'on répète encore souvent, que les hommes d'autrefois n'avaient pas le sentiment de la nature; on en cite pour preuve le nombre si grand d'anciennes maisons qui tournent le dos à la vue. La preuve n'est peut-être pas tout-à-fait concluante. Ce sentiment est de ceux qui dorment, parfois, ignorés, et qu'éveille l'éducation; mais on peut être certain qu'il n'attendit pas Rousseau pour s'éveiller dans nombre d'âmes. Le riche propriétaire de Baugy, du temps des Romains, était connaisseur, sans doute, en fait de beaux points de vue. Ceux qui ont créé la terrasse de l'église de Montreux et celle du Châtelard n'avaient probablement rien à apprendre de Rousseau. Et le comte Pierre, en son châtel de Chillon, croit-on qu'il ait fallu lui dire combien était beau le pays de sa prédilection? Et les compagnons de St-Bernard? Le saint apôtre, dans un de ses nombreux voyages, s'arrêta à Lausanne, ville d'église, qui n'avait pas, pour lors, trop bonne réputation. L'évêque, Gui de Marlanie, auquel St-Bernard avait fait entendre déjà le sévère langage de la vérité, croyait racheter les désordres de sa vie en fondant des abbayes. Nombre de prêtres et de moines suivaient son exemple, adonnés au vin et aux femmes. St-Bernard quitta, navré, la ville épiscopale. Un jour entier, il voyagea avec ses compagnons, ne songeant qu'à la honte de l'église. La caravane suivait les bords du lac, et le saint, monté sur un âne, cheminait au milieu. Le soir venu, comme ils devisaient du lac qu'ils venaient de longer : « Ou était-il, ce lac? » demanda St-Bernard. Il ne l'avait pas vu, mais ses compagnons n'avaient cessé de l'admirer ; il est vrai que le saint, aveugle en sa contemplation, leur parut plus admirable encore.

Cependant, il en faut bien convenir, pour tout un public, et un vaste public, Rousseau fut un révélateur. Il dit ce que tous sentaient, ce que lui seul savait dire. Il fit ce que fait toujours le vrai poëte, il exprima clairement des impressions confuses, et le monde, ravi, crut qu'un *voyant* venait de lui dessiller les yeux.

Il y a deux hommes chez J.-J. Rousseau : l'un faible, timide, honteux, devenant hardi par fausse honte, sujet à de bizarres engouements, peu scrupuleux et mal élevé, enclin au vol, capable de mensonge, même de bassesse, et parfois grossièrement sensuel ; l'autre, sensible, passionné, enthousiaste, fidèle en amitié, délicat en amour, tendre adorateur de la belle nature, et incapable de se sentir heureux sans en remercier le ciel par des larmes de reconnaissance. L'étrange destinée de

Jean-Jacques et sa renommée, toujours contestée, ont été le fait de ces deux hommes et de leur mariage mal assorti. Le premier sans le second n'eût été qu'un vulgaire mauvais sujet; le second sans le premier n'eût pas été probablement le grand écrivain qui a passionné les âmes, car ce sont ses fautes qui lui ont inspiré ce culte fiévreux de la vertu. Qu'on ne se laisse point prendre aux apostrophes déclamatoires, aux défis à la Providence: il y a un profond dégoût de soi-même dans ce délire d'orgueil. Vaincu, souillé de boue, Rousseau prend sa revanche dans le secret de la vie intérieure, à laquelle il finit par croire comme à la seule réelle, le reste n'étant qu'apparence, illusion, duperie.

Le premier des deux hommes qui ont formé J.-J. Rousseau a longtemps couru le vaste monde, laissant sur son passage d'équivoques souvenirs; le second s'est fait du pays de Vaud et des rivages de Clarens une patrie pour ses rêves. « L'aspect du lac de Genève, dit-il, et de ses admirables côtes eut toujours à mes yeux un attrait particulier que je ne saurais expliquer et qui ne tient pas seulement à la beauté du spectacle, mais à je ne sais quoi de plus intéressant qui m'affecte et m'attendrit. Toutes les fois que j'approche du pays de Vaud, j'éprouve une impression composée du souvenir de Madame de Warens, qui y est née, de mon père qui y vivait, de Mademoiselle de Vulson, qui y eut les prémices de mon cœur, de plusieurs voyages de plaisir que j'y fis dans mon enfance, et, ce me semble, de quelque autre cause encore plus secrète et plus forte que tout cela. Quand l'ardent désir de cette vie heureuse et

7

douce qui me fuit et pour laquelle j'étais né vient enflammer mon imagination , c'est toujours au pays de Vaud , près du lac, dans des campagnes charmantes, qu'elle se fixe. Il me faut absolument un verger au bord de ce lac, et non pas d'un autre; il me faut un ami sûr, une femme aimable et un petit bateau. Je ne jouirai d'un bonheur parfait sur la terre que quand j'aurai tout cela. »

Cette femme aimable, cette vache, ce petit bateau sont d'un Rousseau dont les cheveux commencent à grisonner et dont le rêve s'est calmé. Mais ces bords avaient été le théâtre des rêves , plus ardents , de sa première et de sa seconde jeunesse, surtout de la seconde. Pour ces natures insatiables, le moment dangereux est celui de cette floraison tardive qui annonce et dissimule les premières atteintes de l'âge. Quand au lieu des roses naissent les colchiques, on se dit que l'automne est là, et l'on veut à tout prix s'en faire un dernier printemps. Aucune saison de la vie n'est plus propice aux surprises de la passion. Rousseau en fit l'expérience. Ce fut alors que s'enflamma sa rêverie: «Dévoré du besoin d'aimer, s'écrie-t-il, sans l'avoir jamais bien pu satisfaire, je me voyais atteindre aux portes de la vieillesse et mourir sans avoir vécu . . : Que fis-je en cette occasion? L'impossibilité d'atteindre aux êtres réels me jeta dans le pays des chimères ; et ne voyant rien d'existant qui fût digne de mon délire, je le nourris dans un monde idéal, que mon imagination créatrice eut bientôt peuplé d'êtres selon mon cœur. Jamais cette ressource ne vint plus à propos et ne se trouva si féconde. Dans mes continuelles extases, je m'enivrais à torrents des plus délicieux sentiments qui jamais soient entrés dans un cœur d'homme. Oubliant tout à fait la race humaine, je me fis des sociétés de créatures parfaites, aussi célestes par leurs vertus que par leurs beautés, d'amis sûrs, tendres, fidèles, tels que je n'en trouvai jamais ici bas. Je pris un tel goût à planer ainsi dans l'empyrée, au milieu des objets charmants dont je m'étais entouré, que j'y passais les heures, les jours sans compter : et perdant le souvenir de toute autre chose, à peine avais-je mangé un morceau à la hâte, que je brûlais de m'échapper pour courir retrouver mes bosquets. »

Ces bosquets sont ceux de Julie, que l'imagination de Jean-Jacques plaçait non loin de Clarens. On a voulu les y retrouver. On a voulu reconnaître les arbres qu'il avait en vue. L'enseigne d'une auberge, au bas du village, les a fait supposer dans le voisinage immédiat. On a aussi parlé de la gracieuse oasis, ombragée de beaux noyers, qui porte le nom de Belmont et qui rompt, à mi-côte, la monotonie des vignes; aujourd'hui, c'est sous les châtaigniers des Crêtes, devenus la propriété de M. Vincent Dubochet, que l'imagination se plaît à évoquer le souvenir de Julie et de St-Preux. Le fait est que la fantaisie a libre jeu, et qu'elle peut, à son gré, décorer tous les bosquets de la contrée du titre de bosquets de Julie. Rien n'indique chez J.-J. Rousseau une intention spéciale, la vue distincte d'un lieu plutôt que d'un autre. Ce qu'il lui fallait, c'était le lac, ses eaux et ses bords; c'était, en particulier, le golfe de

Château des Crêtes.

Clarens, au gracieux contour. Pour le reste, il n'y regarde pas de si près. On ne se piquait point alors de la minutieuse exactitude chère à quelques écrivains modernes. La photographie littéraire n'était point encore inventée, et lorsqu'on avait besoin de bosquets dans un paysage trop nu, on y en mettait.

Le roman qui est né de ces rêveries, auxquelles s'associa bientôt l'image de Mme d'Houdetot, la seule femme que Rousseau ait aimée avec passion — encore la seconde jeunesse, — est le plus exalté, le plus romanesque des romans. Rien n'y est vu, tout y est rêvé ; rien n'y est réel, tout y est factice. C'est une ivresse, un délire, une extase, un flot perpétuel de sentimentale éloquence. L'auteur a vécu dans une atmosphère vaporeuse, et il a pris pour des personnages son ombre dessinée sur le nuage coloré. Ce n'est plus ainsi que nous entendons le roman. Nous voulons des personnages qui en soient, et notre goût, de plus en plus positif, s'accommode mal de ces fictions à travers lesquelles on ne distingue aucune réalité. Aussi la *Nouvelle Héloïse*, à la prendre comme œuvre d'art, est-elle bien tombée. Et cependant le souvenir en est demeuré, comme celui d'un événement considérable, et l'émotion qu'elle a produite a retenti jusqu'à nous.

Ceci tient au génie même de Rousseau, et l'on pourrait en dire autant de chacun de ses autres ouvrages. Il n'en est pas un qui ait résisté au travail de la critique. Nous savons aujourd'hui, et les hommes clairvoyants ont toujours su combien est grande la part du sophisme dans le *Contrat social* et dans l'*Emile*. Mais c'est à peine si la gloire de Rousseau en a été diminuée. Il est toujours Rousseau, c'est-à-dire l'homme qui a le mieux compris tout ce qu'il y avait de desséchant dans l'ancienne société française — pas rien que française, — de puéril et de pédant dans la philosophie qui y était à la mode, de contradictoire dans ses institutions et de funeste dans ses mœurs. Rousseau a été l'homme de la protestation, et malgré les excès et les chimères où il s'est complu, on lui saura éternellement gré de nous avoir arrachés à l'épicuréisme dédaigneux de Voltaire et à l'esprit de froide et stérile moquerie. Jamais société plus spirituelle ne trouva le temps plus long que celle où tomba Rousseau, quand il vint à Paris, avec sa musique chiffrée. Point de poésie, point de naïveté, point de religion. Rien que l'esprit et l'ennui. Les physionomies du temps les plus originales, les seules dramatiques, sont celles des martyrs de l'ennui, depuis Mme de Maintenon jusqu'à Mme du Deffand. De ces hauteurs, l'ennui coule à pleins bords, ou filtre, goutte à goutte, à travers toutes les couches de la société. Il gagne les simples bourgeois et le peuple lui-même. Il est dans les conversations, dans les livres, dans la rue, dans les salons; peu s'en faut qu'il ne s'installe au foyer même de la famille. L'œuvre de Rousseau est d'avoir ramené le monde aux sources éternelles de la poésie, aux jouissances simples et vraies. Qu'il ait été atteint lui-même par les vices de la société qu'il morigénait, qu'il y ait ajouté d'autres vices encore, tenant à son origine ou à son caractère, qu'il ait poussé la réaction jusqu'à l'exccs, qu'il n'ait été à la hauteur de son œuvre que par moments, dans ces heures trop rares où l'âme s'appartient à elle-même : tout cela lui était pardonné d'avance et lui est encore pardonné aujourd'hui. A son nom s'attache l'idée d'un rafraîchissement, d'un rajeunissement de l'imagination. Sans lui, les prés nous paraîtraient moins verts, le ciel moins bleu. Sans lui, les mères auraient moins de plaisir à allaiter leurs enfants, et les noms les plus sacrés, celui de citoyen, celui de liberté, ceux de patrie, de religion, de conscience, n'auraient plus la même puissance d'enchantement. Sans lui, nous serions plus vieux. Ce sont les grands rêveurs qui opèrent de ces prodiges. Ils vivent de leur rêve, et l'humanité en vit après eux.

Telle est la gloire durable de Rousseau, et c'est à

elle que les noms de Montreux et de Clarens sont indissolublement associés. En vain les souvenirs de Claude Anet et de Mme de Warens, qu'éveillent aussi les échos de la contrée, rappellent-ils les erreurs de l'homme et les relations équivoques au milieu desquelles il n'a cessé de vivre ; on ne se souvient, dans le voisinage des bosquets de Julie, que du songeur enthousiaste. Nous lui passons volontiers, nous autres, enfants de Montreux, ce qu'il lui est échappé de dire de ce peuple qui ne semble pas fait pour le pays qu'il habite ; nous le lui passerions encore si, dépouillant certains préjugés qui trahissent son origine genevoise, il eût pris le temps et la peine de nous connaître, car enfin il faudrait un peuple de choix, un peuple d'une singulière finesse de sang et de mœurs pour ne point paraître déplacé au milieu d'une si belle nature ; nous lui passons tout en faveur de cette terre qui est la nôtre, que nous ne savons pas non plus considérer sans attendrissement, et que, le premier, il a dignement célébrée. Rousseau n'eût-il jamais paru sur ces rivages, Montreux serait encore un des plus beaux séjours du monde ; mais il lui manquerait une auréole de gloire qui ajoute à l'éclat de sa beauté. Ces lieux sont une des patries de la poésie. Il n'y a plus une ride sur ce lac, plus un cap sur ces rivages, plus un bosquet dans les plis du terrain sur la côte, qui ne parle à l'humanité de cet idéal d'amour et de vertu que depuis le commencement des siècles elle poursuit sans l'atteindre.

CHAPITRE XII.

L'émancipation.

Il eût été facile à Berne de s'assurer pour longtemps le dévouement de ses sujets du pays de Vaud. Ils étaient pleins de bonne volonté, et l'entreprise du major Davel ne leur inspira, au premier moment, qu'une surprise mêlée d'effroi. Mais il arriva au patriciat bernois ce qui arrive à toutes les aristocraties trop étroitement fermées ; la race, abâtardie, ne comprit ni ses intérêts ni les exigences d'un siècle nouveau. L'administration devint tracassière, jalouse, et toutes les manifestations spontanées de l'esprit public furent interdites. Un régime de compression systématique succéda à la surveillance active, méticuleuse, mais paternelle, des premiers temps. La police eut moins en vue la morale, davantage la politique ; et les Vaudois s'attachèrent d'autant plus à leurs libertés et franchises qu'ils virent Berne plus décidée à leur enlever ce qu'ils en avaient conservé.

Le joug de Berne ne pesait pas seul sur le pays. Nombreux étaient ceux qui avaient deux maîtres: Leurs Excellences et le baron du château voisin. C'était le cas entre autres des ressortissants du Châtelard. Les derniers barons, les Bondeli, Bernois d'origine, firent tout ce qui était en leur pouvoir pour semer le mécontentement et préparer les voies à l'esprit de révolution. Ils le firent moins, semble-t-il, par goût de la tyrannie que par orgueil de race et infatuation. Il suffit de voir l'inscription par laquelle la baronne de Bondeli, née Couvreu de Deckersberg, a voulu conserver pour les siècles futurs le souvenir de la construction de la nouvelle route du Châtelard, pour comprendre que ces gens-là ne croyaient pas être faits du même limon que les autres. Le règne de cette dame, ainsi que celui de son fils, ne fut qu'un long procès entre le château et la communauté. Un jour, la communauté se plaint de la « tyrannie des corvées », à quoi la baronne répond qu'elle espère bien que « cette tyrannie ira plus outre », ce qui ne l'empêche pas de menacer ses sujets d'un procès en diffamation. Un autre jour, elle découvre que le lit de la Baye, avec tout ce qu'il contient de pierres, de gravier et de sable, est sa propriété particulière. Or, il était d'usage immémorial, ainsi du moins l'affirment les syndics, que tous les bourgeois ou habitants, lorsqu'ils avaient un mur à réparer ou une maison à construire, vinssent à la Baye chercher des matériaux. Il s'en faisait même un commerce assez profitable à quelques pauvres bateliers. On ne pensait pas empiéter ainsi sur les droits de personne, et l'on se persuadait que la communauté toute entière devait y trouver son profit, puisque les entassements du torrent, sans cesse renouvelés, obstruaient son cours et faisaient le principal danger des crues d'eau. Tout à coup un mandement de la baronne interdit à tous et à chacun d'aller prendre du sable et des pierres à la Baye, sans en avoir au préalable obtenu, c'est-à-dire payé l'autorisation. Il y a pour les contrevenants cinquante florins d'amende par bateau. Aussitôt grande rumeur. La communauté proteste; la cause est portée devant Leurs Excellences, et les bateliers de Clarens — des Rambert — n'en continuent pas moins le commerce dont ils vivaient. Nouvelle en arrive au château, où la baronne faisait sa partie de cartes. L'instant d'après part un message pour un officier. C'était un *six de cœur*, sur le dos duquel l'homme d'affaires des Bondeli, nommé Rosset, avait écrit l'ordre suivant : « L'officier Dubochet, « d'ordre de Madame la Baronne, avertira les Ram- « bert de ne plus charger de sable, sans sa permission et « lui payer ses droits pour le passé, sous peine de « châtiment, confiscation de Battaux etc. rière sa Juris- « diction. Le tout à forme des publications à ce sujet. » Ce six de cœur existe encore dans les archives de la commune du Châtelard.

Ce procès, dit des pierres et sable, ne dura pas moins de vingt ans, pour le plus grand dommage de la communauté, qui voyait échouer toutes les entreprises d'utilité publique pour lesquelles l'appui du château eût été utile ou nécessaire. La baronne a de bons moments, néanmoins, des moments où elle cherche à regagner le cœur de ses vassaux. Elle fait cadeau à la communauté d'une coupe en argent, qui porte cette inscription : « Nous, Suzanne Bernardine Bondeli, née Couvreu de « Deckersberg, ancienne commandante d'Aarbourg, fai- « sons présent de ce vase d'oré (sic) à l'H^ble commu- « nauté du dit lieu par une suite de notre affection. « Anno 1779. » Mais peu d'années après, son fils, devenu baron du Châtelard, refuse de prêter le serment d'usage, et il faut que la communauté l'en somme par exploit baillival. Cependant les communiers ont besoin de la protection du baron pour un projet qui leur tient à cœur. Ils ont décidé d'établir un pont à Tavel. Dans ce but, ils envoient deux députés à Berne, pour obtenir l'autorisation nécessaire. Le baron y était justement. Les députés se présentent à sa porte. Ils sont refusés. Alors ils prennent le parti d'écrire et demandent humblement conseil et protection. Dans le même temps, une « civilité » est offerte à la baronne, en son château. Mais « la noble et généreuse dame baronne » renvoie la civilité par ses grangers, et le baron répond à MM. les députés qu'il est décidé « à ne recevoir de leur part que des mandats ». — « Pour ce qui est de ce Chemin et de ce Pont, ajoute-t-il, projetté de vous et des Sages qui vous conseillent ; comme j'ai tout lieu de me défier de ce projet fait sans ma Direction, comme je le prétends, Je ne manquerai pas de mettre en Usage tout le faible crédit et bonnes raisons que Je pourrai avoir chez les illustres Seigneurs de la Chambre des Péages pour le faire échouer. » Le pont et le chemin furent faits néanmoins, mais avec excès d'épargne, car douze ans après, en 1794, la métralie de Chailly expose au Conseil de la paroisse que ce chemin, qui est la grande route de Villeneuve par Blonay à Châtel St-Denis, est tellement dégradé que depuis longtemps ce n'est plus un chemin, mais un vrai précipice, où il est impossible de passer avec les chars sans exposer bêtes et gens à périr.

Ces exemples, qu'il serait facile de multiplier, disent assez quels étaient, pendant les vingt ou trente dernières années du siècle passé, les rapports des barons avec la communauté du Châtelard. Ils expliquent et justifient le langage que la commune devait tenir, aussitôt après la révolution, lorsque dans une requête adressée aux représentants du peuple, elle résumait ainsi son histoire : « L'on a observé que rarement l'Europe entière *ait* joui d'une paix de sept années. L'on doute que jamais il y eut entre les barons du Châtelard et leur commune une paix de sept mois. Il leur est arrivé même d'avoir tantôt dix, tantôt douze procès à la fois. Les frais qu'ils ont occasionnés auraient payé quatre fois le prix de la seigneurie entière. » Dans leur ferveur révolutionnaire, les nouveaux *citoyens* du Châtelard sont assurément injustes. Mais il est vrai qu'ils avaient eu fort à souffrir des derniers barons.

Les choses en vinrent au point que les membres de la communauté n'eurent plus qu'une pensée, celle de se racheter à tout prix. Le Laron, fatigué d'une lutte incessante, ne repoussa point les ouvertures qui lui furent faites, et, le 21 novembre 1795, la commune acquit, par convention, le droit d'affranchir tout son territoire de fiefs et de cens, moyennant la somme assez ronde de cent seize mille quatre cent huit francs (environ cent soixante-dix mille francs de France), dont le paiement devait s'effectuer par acomptes successifs.

D'autres ferments révolutionnaires s'ajoutaient encore à ceux-là. On ne comptait pas moins, dans la paroisse, de quatre classes privilégiées : les Bernois représentés par leurs baillis, l'ancienne noblesse du pays, les bourgeois et les riches propriétaires de bétail. Le sol

était censé aux bourgeois, qui n'en partageaient la jouissance ou la propriété avec l'habitant qu'en lui faisant
sentir et acheter cette faveur. L'habitant payait d'abord
le droit d'habitation, puis un droit de jouissance pour
les fonds qu'il acquérait dans la commune; puis il devait des corvées spéciales pour l'entretien des chemins
vicinaux; enfin, dans les occasions où il fallait recourir
à quelque impôt extraordinaire, on cherchait toujours
à en faire peser sur lui la plus grande partie. Les
riches propriétaires constituaient aussi une aristocratie
privilégiée. Chacun, en effet, avait le droit de mettre
sur les pâturages communs autant de pièces de bétail
qu'il en possédait, ni plus ni moins, de sorte que le
pauvre, n'ayant ni vache ni écurie, n'en retirait aucun
profit, tandis que le propriétaire d'un riche troupeau
le nourrissait en été aux dépens de la commune. Cette
injustice subsistait encore en 1780 et par delà. La commune de Veytaux, la première, y mit un terme, et
l'honorable citoyen qui prit l'initiative de cette réforme,
M. de la Rottaz, père du colonel, en fut récompensé
par une accusation de jacobinisme devant le Sénat de
Berne.

On le voit, les causes de division ne manquaient pas,
et il eût été facile à Berne d'en profiter pour mettre
aux prises tant d'intérêts divers et régner en les op-
posant. Elle eut l'instinct de cette politique. Elle pro-
tégea les bourgeois contre l'ancienne noblesse du pays,
et souvent aussi les habitants contre les bourgeois.
L'histoire de Montreux offre plus d'un exemple de ce
jeu de bascule, qui répondait, d'ailleurs, à un sen-

timent de justice; mais les temps vinrent où aucune politique, aucun groupement d'intérêts ne put tenir contre le flot montant des idées libérales.

Le domaine de la politique étant sévèrement interdit, l'esprit d'initiative s'était porté ailleurs. De nombreuses sociétés économiques, sur tous les points du canton, cherchaient à répandre les idées de progrès, à réveiller les esprits endormis. Vevey avait la sienne, dont plus d'un membre résidait dans la paroisse de Montreux. Mais lorsque la révolution française éclate, la fermentation devient générale. Une sorte d'ivresse s'empare du pays. Partout ont lieu des banquets nationaux; on y arbore le chapeau de Guillaume Tell, on porte des toasts, on boit dans dans la coupe de la fraternité, on entonne des chansons patriotiques, même le *Ça ira*. Cependant Berne prend des mesures, et deux citoyens qui ont joué dans ces fêtes un rôle marquant, MM. Rosset et Muller de la Mothe, sont jetés dans les souterrains de Chillon, puis condamnés à 25 ans de forteresse dans la citadelle d'Aarbourg. Un autre, Amédée Emmanuel de la Harpe, seigneur de Yens et des Uttins, est condamné « à être exécuté de la vie à la mort par le glaive », et deux mille écus de récompense sont promis à qui le livrera. Des peines moins fortes frappent de plus humbles coupables. L'effervescence populaire ne fait que grandir, et peu s'en faut que dès ce moment la révolution ne soit accomplie. Cependant les conseils de la prudence ont encore le dessus, et les événements traînent en longueur, avec des fluctuations diverses, jusqu'en 1798, année mémorable, où le pays de Vaud, se sentant assuré de l'appui de la France, secoue enfin le joug de ses anciens maîtres. Nulle part l'enthousiasme ne déborde en protestations plus solennelles qu'à Montreux: « Soir et matin, lit-on dans un document officiel, les habitants de Montreux, prosternés devant l'Etre suprême, le supplient de protéger un peuple simple qui ne veut qu'être libre. Soir et matin, ils font vœu de sacrifier au salut de leur pays tout ce qu'ils ont de fortune, de temps et de vie. » A ce langage répondent des actes. Dès le 7 janvier 1798, ils délibèrent unanimement de se réunir aux communes disposées à réclamer les droits du pays usurpés par Berne. « Ils le délibèrent, disent-ils eux-mêmes, à la barbe d'un Bernois, fils d'un bailli et aspirant à l'être, à la barbe, en un mot, de leur baron, siégeant dans l'assemblée, la haranguant et la haranguant en vain. » Ils refusent avec la même unanimité de prêter le serment exigé par Berne; avec l'aide de quelques jeunes gens de Vevey, ils s'emparent par surprise du château de Chillon; ils occupent le col de Jaman, et envoient un détachement renforcer les milices qui prennent le chemin de la frontière. Malgré les avertissements de quelques timides, l'enthousiasme est unanime; les femmes demandent des armes, et un arbre de liberté, le premier, je crois, qu'on ait planté dans le canton, salue l'affranchissement du pays de Vaud.

Cependant la commune du Châtelard ne peut s'empêcher de trouver qu'elle s'est bien pressée de racheter les redevances féodales. Si elle eût attendu, elle s'en fût tirée à meilleur compte. Mais la convention est positive, irrévocable; il reste soixante mille francs à payer, et le baron, qui a sur le cœur ses harangues perdues, fait saisie juridique de tous les biens de la dite commune, avec interdiction d'en distraire aucun jusqu'à paiement complet. Alors la commune adresse à l'Assemblée des représentants du peuple une supplique désespérée : « Comment donc acquittera-t-elle les impositions que l'état de crise dans lequel la Patrie se trouve sollicite tous les citoyens d'acquitter? Et tandis que toute la jeunesse est volée à la défense de nos frontières, faudra-t-il que leurs pères quittent leurs travaux rustiques pour combattre encore le monstre de la féodalité? » Les événements se chargent de prêcher la modération au terrible baron. On lui réprésente qu'à force de vouloir tout obtenir, il s'expose à tout perdre ; il consent à une transaction, et la commune s'acquitte moyennant quarante mille francs. Cet incident n'est pas le seul qui assombrisse l'aurore de la liberté naissante. Les Français ont occupé le pays de Vaud et la Suisse. Malgré leur appui, le gouvernement helvétique ne peut s'établir qu'au milieu des horreurs d'une guerre civile. Cet appui, d'ailleurs, se paie au poids de l'or. Le commissaire Rapinat s'illustre par ses exactions, qui lui valent une épigramme demeurée célèbre du futur pasteur de Montreux, le doyen Bridel :

> La pauvre Suisse qu'on ruine
> Voudrait bien qu'on lui expliquât
> Si Rapinat vient de rapine
> Ou rapine de Rapinat.

D'énormes impôts pèsent sur les populations, principalement sur les propriétaires de fonds. Bientôt une

nouvelle armée française longe les bords du Léman ;
elle est commandée par le premier Consul en personne,
en route pour Marengo. Malgré la discipline qu'elle observe, l'honneur de la voir passer n'est pas non plus
gratuit. Nombreux sont les grenadiers au bonnet à poil,
qu'attire l'enseigne des *Bosquets de Julie*, à Clarens.
Quand ils se sont largement désaltérés, ils s'adressent
à la pauvre aubergiste. « Madame, nous paierons en
repassant. » Et un coup de crosse sur les carreaux
de la cuisine accompagne cette peu réjouissante pro-
messe. Plus tard, ce sont les paysans qui se lèvent
et parcourent le pays en colonnes nombreuses, pillant
les archives des châteaux et des communes. « Paix aux
hommes, disent-ils, mort aux papiers ! » et ils brûlent
impitoyablement tout parchemin suspect. Ils veulent
anéantir les titres des droits féodaux, et du même coup
ils anéantissent, en grand nombre, ceux de l'histoire de
leur pays. Aux Planches de Montreux, ils en chauffent
deux fois le four communal, et peu s'en faut que, dans
leur ardeur, ils n'incendient le village. Enfin, la guerre
civile, un instant suspendue, recommence plus mena-
çante que jamais, et dans la déconfiture du gouvernement helvétique, il ne reste d'autre ressource à la Suisse
que de se jeter entre les bras du premier Consul, dont
la médiation rétablit la paix pour un temps. Dès lors,
le canton de Vaud est définitivement constitué, et la
paroisse de Montreux, toujours composée de ses trois
communes, en forme un des soixante cercles.

CHAPITRE XIII.

Le doyen Bridel et Byron.

Le pays de Vaud commençait à s'appeler le canton de Vaud, lorsque, au printemps 1805, Philippe Cyriaque Bridel, l'auteur du *Conservateur suisse*, fut installé à Montreux, en qualité de pasteur. Agé de 48 ans, il avait rempli des fonctions pastorales à Bâle d'abord, dans l'église française, puis à Château d'Oex, où il s'était réfugié, pour échapper à la politique. Il n'en fût jamais sorti, probablement, si l'éducation de ses enfants ne lui en eût fait un devoir. Ce poste de montagne semblait créé pour lui; il y était le berger aimé du troupeau. En serait-il de même dans sa nouvelle paroisse? Il en doutait. Ses craintes ne tardèrent pas à être justifiées. Personne, au fond, n'était plus bienveillant que le doyen Bridel; mais il avait cette sorte de malice qui a l'air de n'y pas toucher, et qui sait placer à propos un mot d'autant plus piquant qu'il est moins attendu. C'est la malice vaudoise. Il avait aussi, par moments, l'esprit tout en saillies. Tant qu'il fut au pays d'Enhaut, dans cette pastorale et patriarcale Gruyère vaudoise, le sel dont il assaisonnait ses discours ne fut qu'une grâce de plus. Mais à Montreux, la rencontre journalière d'idées et de prétentions qui l'affligeaient et l'irritaient, transforma les saillies malicieuses en mordantes épigrammes. « Savez-vous ce qu'a écrit Jean de Muller,

DOYEN·BRIDEL.

disait-il à ses paysans, quand il les voyait se griser de
la démocratique éloquence des journaux ou des tribuns.
Il a écrit cette phrase : « Personne ne parle autant de
« la santé que le malade, de la religion que l'hypocrite,
« de la vertu que le vicieux, et les peuples qui font un
« grand bruit de la liberté sont ceux qui sont le plus
« près de la perdre. » Un beau jour, jour d'élection probablement, il décocha sur le passage d'une bande avinée
l'épigramme suivante :

> Je te salue, auguste souveraine !
> Car où le peuple est roi, la populace est reine.

Mille traits semblables lui échappèrent. Chacun fut
relevé. Bref, les rapports se tendirent assez pour que
Bridel songeât à quitter Montreux, et il n'y fut retenu
que par une disposition légale, qui interdisait à un pasteur
de desservir plus de trois postes dans tout le cours de
sa carrière. Néanmoins, lorsqu'il mourut, après avoir
été pendant 40 ans le pasteur de Montreux, le deuil fut
grand. Il avait reconquis le cœur de ses paroissiens
par sa bonté, par son exactitude à remplir ses devoirs,
par les soins qu'il donnait aux pauvres, aux malades,
surtout à la jeunesse des écoles, et aussi par le prestige
de sa réputation croissante et la supériorité de son
esprit. Cet homme, qu'on avait pu prendre pour un
ennemi de la patrie vaudoise, en était devenu l'un des
ornements. On ne parlait de lui qu'avec le respect
dû à un bon citoyen, et l'on avait raison. En travaillant
à l'émancipation morale de son pays, il avait travaillé à
son émancipation politique.

Bridel est le premier écrivain de talent qui ait été et voulu être vaudois. Son nom ouvre la série de nos écrivains nationaux, et marque le moment où s'éveille la conscience littéraire de notre peuple. Un de ses plus anciens écrits, composé pour la société littéraire que Deyverdun avait fondée à Lausanne, en 1772, a pour sujet la poésie nationale de la Suisse française, dont il cherche à saisir les traits distinctifs. Un autre répond à cette question: Pourquoi le pays de Vaud n'a-t-il pas de poëtes? Cette lacune lui paraît d'autant plus remarquable que le pays est plus inspirateur. Son ambition serait de la combler. D'ailleurs, il ne sépare point la patrie vaudoise de la patrie suisse. Pour être bon Vaudois, il faut d'abord être bon Suisse. Tout ce qui, dans l'histoire du pays de Vaud, est antérieur ou contraire au courant suisse, n'existe pour lui qu'à titre d'accident; au fond, le Vaudois est Suisse, rien que Suisse, et, d'emblée, Bridel va chercher nos origines à Sempach, à Morgarten, au Grutli. De l'Helvétie, il ne veut rien savoir non plus. Ce n'est qu'un nom pour la poésie. L'histoire nationale commence pour lui à la sainte alliance des ancêtres. Nul plus que Bridel n'a contribué à nous inculquer, à nous assimiler, comme notre propre histoire, l'histoire héroïque de la Suisse primitive.

Le génie vaudois n'apparaît point tout entier dans l'œuvre de Bridel. Vinet, Olivier, Vulliemin en réfléchiront d'autres traits; mais la veine gauloise qui lui est propre, ne se rencontre chez nul autre plus marquée. Quand je dis *gauloise*, il ne faut pas songer uniquement à certain esprit de malice familier à nos pères, mais encore à ce bon sens, à cette verve libre, à cette droiture de jugement qui distinguaient parmi eux plus d'un franc compagnon. Le doyen Bridel est un homme de la vieille roche. Il ne faut, d'ailleurs, jamais oublier chez lui la préoccupation religieuse, qui épure ce que sa jovialité pourrait avoir de trop accentué, et qui, dans les moments sérieux, jaillit en haute éloquence. Ce Gaulois, qui sait être si gai, est une sorte de patriarche égaré sur le seuil de notre siècle; il a la bonhomie et la sainte gravité de ceux dont la bible avait coutume d'entretenir ses veilles. On ne sait si le doyen Bridel est plus lui-même lorsqu'il raconte, en s'y délectant, l'histoire de Girard Chalama, le fou du comte de Gruyère, qui légua à son maître ses dettes, ses chansons, son masque et sa marotte, ou bien lorsqu'il retrace les exploits des ancêtres, et nous propose l'exemple de leur vaillance et de leur piété, ou bien encore lorsque, debout au milieu des ruines fumantes de Château d'Oex, et s'inclinant avec son peuple devant le mystère des châtiments divins, il exhorte ses paroissiens à ne pas croire qu'ils ont tout perdu, quand il leur reste un Père et un héritage éternels !

« Vous avez, sans doute, trouvé ces histoires dans des parchemins bien poudreux ? » demandait un jour au doyen celui qui devait être son biographe, et dont nous rencontrons à chaque pas, dans cette rapide esquisse, le nom et la plume, M. L. Vulliemin. En lui faisant cette question d'historien critique et curieux, M. Vulliemin songeait a quelques uns des récits les plus pittoresques du *Conservateur suisse*. — « Silence là dessus ! » interrompit brusquement le doyen. Puis, avec sa bonhomie toujours malicieuse : « Quand j'étais plus jeune, j'avais deux Muses : l'une était, je crois, celle de la poésie, et l'autre celle de l'histoire ; toutes deux me parlaient à la fois à l'oreille, en sorte qu'écrivant, je n'ai jamais pu distinguer nettement ce qui me venait de l'une et ce qui m'arrivait de l'autre. » C'est bien cela : *Dichtung und Wahrheit !* Les récits du doyen, entremêlés de bons mots, d'anecdotes, de charles, de fragments purement historiques, ne sont parfois que de gracieux mensonges, plus vrais souvent que n'est l'histoire. Ainsi les juge M. Vulliemin. Là en est le charme, surtout pour un certain âge. Le *Conservateur suisse* devrait être entre les mains de tous nos enfants ; tous devraient apprendre de Bridel à aimer leur pays, à le parcourir comme il faisait, à pied et le sac au dos, afin de pouvoir en observer de plus près les lieux et les hommes et en respirer plus librement la poésie. Son style, animé de verve et de saillies, est un peu lâche, surtout en vers, et l'on ne saurait le proposer comme modèle ; mais pour l'éducation du cœur et du patriotisme, il n'est pas d'auteur qui puisse rivaliser avec lui. Avec la richesse et la variété de ses souvenirs, avec ce mélange de vérité et de fiction, de prose et de vers, d'anecdotes et de morceaux graves, de malice et de bonté, il mériterait d'être le *Plutarque* de notre jeunesse, un Plutarque qui aurait cet avantage sur celui d'autrefois que les imperfections de son talent tiennent à l'enfance de cette patrie de Vaud dont s'ébauchait l'éducation littéraire, en sorte qu'elles

LORD BYRON.

ont la grâce des choses qui commencent, au lieu du faux éclat de celles qui finissent.

Pendant que ce modeste écrivain travaillait dans le silence de son presbytère, un poëte, Byron, attirait de nouveau sur Montreux et Chillon les regards de l'Europe. Lorsque, pour la première fois, Byron découvrit des hauteurs de Jaman les horizons du lac, il ne fit point comme ce vacher de la Gruyère, qui rebroussa chemin brusquement, pour ne pas descendre, disait-il, en un pays où le cïel était tombé. Ce ciel tombé sur la terre fit à Byron l'effet d'un paradis, et ce pays, beau comme un rêve — le mot est de lui, — fut dès lors une des patries de sa muse errante. Il s'y sentait attiré par un charme particulier, et si quelque chose le gâtait à ses yeux, ce n'en étaient pas les habitants, qu'il aimait, contrairement à Rousseau, mais plutôt ses compatriotes, quand il les voyait passer en chaise de poste fermée, bâillant et dormant à l'envi. Dans ses promenades, il se faisait souvent accompagner par quelque enfant qui lui servait de guide, et qu'il se plaisait à faire jaser. Il était très-connu et très-aimé des enfants, à cause de sa bonté toute familière et de ses libéralités. On montre encore chez M. Dufour, à Clarens, une chambre qu'il a habitée, celle où plus tard est mort Vinet. Il a aussi logé dans une autre maison, où demeurait une dame Pauly, qui l'estimait fort, pour ses belles manières, pour ses guinées et pour le bruit que faisait son nom dans le monde ; peut-être lui semblait-il que quelque chose dût en rejaillir jusqu'à elle. D'ailleurs, elle le tenait pour un grand original, une espèce de fou, « qui marchait toute la nuit dans sa chambre ». J'ai recueilli ce propos de sa bouche. Un jour, accroupie dans son jardin, dans un costume fort simple, et *raclonnant* ses choux, en jardinière qui ne ménage pas le fumier, elle s'entend appeler avec un grand éclat de rire; c'était Byron, qui arrivait sans s'être fait annoncer, et qui la regardait, par dessus la haie. Elle veut fuir, mais on lui coupe la retraite, et on l'oblige à s'accroupir de nouveau devant ses choux, jusqu'à ce qu'un des compagnons du poëte, Hobhouse, je crois, l'eût croquée dans son album. « Jamais, me disait-elle, je ne fus tant vergogneuse. »

Il aimait aussi à se promener sur le lac, en guidant lui-même le bateau. « Limpide Léman, lit-on dans *Child-Harold*, le contraste que m'offre ton miroir paisible avec le monde orageux dans lequel j'ai vécu, m'avertit d'abandonner les vagues de la terre pour une onde plus pure. La voile de la nacelle sur laquelle je glisse à la surface de ton miroir, me semble une aile silencieuse qui me détache d'une vie bruyante. J'aimai jadis les mugissements de l'océan furieux; mais ton doux murmure m'attendrit, comme la voix d'une sœur qui me reprocherait d'avoir trop aimé de sombres plaisirs. » Et, en effet, dans tous les vers que lui a inspirés cette belle et paisible nature, il y a une note plus douce. Elle est dans cette apostrophe au Clarens de Julie : « Clarens, aimable Clarens, berceau du véritable amour! l'air qu'on respire autour de tes vergers est le tendre souffle de ce dieu lui-même. » Elle se fait entendre jusque dans ces vers plus sombres, où reparaît le sauvage Byron: « Tandis que le bruit des villes m'est un

supplice, les hautes montagnes m'inspirent de l'attendrissement. La chose qui seule ici me paraisse odieuse
est de former, malgré moi, un anneau dans la chaîne
des êtres, et de me voir classé dans les créatures, alors
que mon âme pourrait prendre l'essor, et se confondre
avec les cieux, la cime des monts, la plaine mouvante
des eaux et les étoiles de la voûte azurée. »

Un jour, Byron et Hobhouse dirigèrent leur petite
barque vers Chillon, et furent visiter l'antique château.
En pénétrant dans les souterrains, en considérant ces
sombres arceaux, le rayon furtif des meurtrières, les
anneaux aux colonnes, et le vionnet de Bonivard, le
génie de Byron fut saisi : « Liberté, souffle éternel de
l'âme indépendante, s'écrie-t-il dans un sonnet où il
a conservé le souvenir de cette soudaine émotion,
tu ne brilles nulle part d'un plus vif éclat que dans
l'obscurité d'un cachot. » Il entrevit, il vit sur l'heure le
poème qui devait en naître. Les vers déjà jaillissaient à
torrents. Il sortit illuminé ! « Je me sens, disait-il, sous
le charme du génie de la contrée. Mon âme se peuple
de nature. Des lieux comme ceux-ci ne sont pas faits
pour être foulés par les hommes. » Et dans son ravisse-
ment, il semait l'or autour de lui : « Voilà, disait-il aux
enfants qu'il rencontrait, voilà, mes jolis garçons suisses,
pour votre grâce et votre beauté. »

Peu de jours après, le mauvais temps le retenait
dans une hôtellerie, à Ouchy. Le lendemain, le *Prisonnier
de Chillon* était achevé. Byron, sans doute, avait encore
marché dans sa chambre toute la nuit.

Ce poème n'a rien d'historique. Byron ne savait pas, ou ne savait que trop en gros l'histoire de Bonivard, pour que sa fantaisie en pût être gênée. Dans ce temps-là, on ne se piquait guère d'exactitude, du moins en vers, et l'idée de dégager la poésie de l'histoire, à force de fidélité, n'était montée à l'esprit de personne. Il vit ce sombre séjour, et songea aux innombrables victimes de l'intolérance des hommes. Aussitôt la prison se peupla sous son regard créateur. Trois piliers ont chacun leur prisonnier. Ce sont les restes d'une famille de frères, déjà décimée par la persécution : ils se voient, ils s'entendent et ne peuvent se porter secours ; les vagues se brisent contre les murs, parfois l'écume en jaillit à travers l'étroite lucarne; parfois un rayon s'y égare, parfois un oiseau. Mais la vie peu à peu se retire de leurs membres glacés, et l'aîné, le plus fort, voit s'affaisser ses deux frères ; ils meurent, on les ensevelit dans les murailles mêmes du souterrain, et il reste seul. Cependant il a brisé sa chaîne, et ses gardiens, devenus compatissants, lui laissent la liberté de jouir de tout son cachot; il va d'un pilier à l'autre, il rend visite aux tombeaux de ses frères, il taille des marches dans le mur pour monter jusqu'à la lucarne : ainsi s'écoulent les jours, les mois, les années, et quand on le rend à la liberté, il quitte à regret ces ténèbres : il était devenu, comme Bonivard, l'enfant de la nuit et de la solitude. « J'avais appris, dit-il, à aimer le désespoir. Aussi lorsqu'on vint me délivrer, ces murs étaient-ils pour moi un ermitage que je regardais comme ma propriété. Je fus près de verser des larmes, comme si l'on m'eût une seconde fois arraché du toit paternel. Je m'étais lié d'amitié avec les araignées de ma prison ; je suivais dans l'obscurité leur travail silencieux. J'aimais à voir les souris timides jouer au clair de lune.... Mes chaînes elles-mêmes m'étaient devenues chères, tant l'habitude contribue à faire de nous ce que nous sommes. Je reçus en soupirant ma liberté. »

Nous avons beau savoir qu'il n'y a rien d'historique dans cette fiction mélancolique, elle nous intéresse toujours comme si elle n'était que vérité. Ce prisonnier n'est personne, et pourtant c'est quelqu'un ; c'est un type de la souffrance humaine et des maux que l'homme fait à l'homme. Ce n'est pas un prisonnier, c'est le prisonnier ; le prisonnier tel qu'on le conçoit sous ses voûtes à la fois sombres et poétiques. En lui, vit éternellement le génie du lieu. Byron a écrit des œuvres plus considérables, aucune qui ait à ce point le charme pénétrant de la simplicité, aucune où la note attendrie tempère plus doucement l'orageuse inspiration.

Pont de Montreux.

CHAPITRE XIV.

Temps actuels. — Les affaires.

Au point où nous sommes parvenus, l'histoire de Montreux se lie de plus en plus étroitement à celle du canton de Vaud. Il n'y a ni résidence, ni forteresse, ni baronnie qui lui donne une physionomie particulière. Montreux prend sa part de tous les événements qui intéressent ou qui agitent le canton. Chillon n'est plus qu'un arsenal, et, comme dans l'origine, une prison d'Etat. Il reçoit peu de prisonniers marquants. Sous le gouvernement helvétique, on y avait encore envoyé un certain nombre d'*aristocrates* fribourgeois, réputés suspects, entre autres l'avoyer de Diesbach. Ils y avaient eu pour gardien M. Muller de la Mothe, qui, après avoir été l'un des prisonniers de Chillon, en était devenu le capitaine. Plus tard, en 1848, l'évêque de Fribourg, Mgr. Marilley, y fut aussi détenu. Inutile de dire que ni lui, ni personne, ne fit connaissance avec les souterrains. Les prisonniers de Chillon sont bien logés.

Un an avant la captivité de Mgr. Marilley, Montreux avait vu de nombreux bataillons défiler sur les bords du lac et se masser de Villeneuve à Bex. La guerre dite du Sonderbund avait éclaté, et l'une des divisions de l'armée fédérale devait bloquer le Valais. Un corps de volontaires, posté au col de Jaman, tenait en respect les montagnards de la Gruyère. Ce fut la dernière fois que la guerre faillit porter ses ravages sur cette terre favorisée. Heureusement que la chute de Fribourg rendit bientôt inutile la garde du col de Jaman, et que le Valais, ayant vu tomber Lucerne, jugea prudent de capituler.

Mais nous n'avons pas à retracer ici l'histoire du Canton de Vaud à propos de celle de Montreux. Bornons-nous à ce qui regarde particulièrement Montreux.

Pendant les 73 ans qui se sont écoulés depuis le 14 avril 1803, Montreux s'est fort agrandi. Le recensement de 1803 accuse 2520 habitants : 1914 au Châtelard, 442 aux Planches et 164 à Veytaux. A partir de 1830, il a été fait sept recensements, qui donnent :

	1831.	1837.	1841.	1849.	1850.	1860.	1870.
Châtelard	2055	2066	2185	2244	2278	2970	4647
Les Planches	572	664	658	753	728	1122	1526
Veytaux	206	211	183	214	175	287	486
Total	2833	2941	3026	3211	3181	4379	6659

On voit très-bien, par ce tableau, la lenteur régulière du mouvement progressif jusqu'en 1850, et sa soudaine rapidité, à partir de 1850. En 20 ans, la population a plus que doublé. Quant au chiffre actuel, on ne peut le déterminer que par approximation. Il serait d'environ 8000 habitants, si l'augmentation avait continué de la même manière. Ce doit être un minimum. Sur ce nombre, 1442 seulement sont bourgeois de l'une des trois communes.

La population des *passants*, promeneurs ou en séjour, a subi une augmentation plus remarquable encore, en rapport avec les nouveaux moyens de communication dont ils disposent.

Aux voiles latines des petits bateaux et des grandes barques, s'est ajoutée la navigation à vapeur, qui a commencé en 1823, par un bâtiment des plus modestes, le Guillaume Tell, et qui se fait aujourd'hui par une flottille de douze vapeurs à un ou à deux ponts. Pendant longtemps, ils ont été en ligne directe de Vevey à Villeneuve, et vice-versa : ils n'avaient point de débarcadère sur la côte de Montreux ; aujourd'hui, ils en ont trois : Clarens, la Rouvenaz et Territet.

Les bateliers du pays ouvrirent de grands yeux quand, pour la première fois, ils virent passer un de ces bateaux, sans rames ni voiles, vomissant de la fumée et de la vapeur, et sillonnant de ses vagues le lac tout entier. Ils en avaient entendu parler, mais sans y croire. « Je te savais déjà bien menteur, mais je n'aurais jamais cru que tu le fusses autant, » disait un des notables de la paroisse à un sien voisin qui revenait d'Amérique et qui assurait en avoir vu. Plus tard, l'idée d'établir une voie ferrée, faisant concurrence aux bateaux, parut à peine moins extraordinaire. La voie existe cependant, depuis 1861, et dessert aussi trois stations : Clarens, Vernex-Montreux, Veytaux-Chillon, où les foules se pressent si nombreuses qu'on a peine à se figurer comment on a pu, dans ce pays, se passer de chemin de fer. Que serait-ce pour le mouvement actuel que les moyens d'autrefois : deux voitures de poste par jour et un omnibus ?

Aussi ce mouvement n'existait-il point autrefois. C'est un fait tout moderne. En 1865, le mouvement annuel des passagers, partant ou arrivant, était au débarcadère de la Rouvenaz de 11,511, environ 32 par jour, en moyenne ; en 1875, il a été de 47,706, 131 par jour. Celui du débarcadère de Clarens s'est élevé de 11,394 en 1870, à 25,979 en 1875 ; enfin celui de Veytaux-Territet, établi récemment, montait à 20,912 en 1873, et 22,709 en 1875. Cela fait, pour cette dernière année, 96,494 passagers, embarqués ou débarqués, aux trois stations, 264 par jour. Le chemin de fer donne des résultats analogues. La section Vevey-Villeneuve a été ouverte le 10 avril 1861. De là à la fin de l'année, les trois gares réunies ont délivré 7250 billets par mois, en moyenne ; en 1875, la moyenne mensuelle s'élève à 14,338.

A ces changements en correspondent de considérables dans la physionomie des villages, dans les routes et chemins, dans les us et coutumes du pays, et dans l'exploitation de ses ressources. Un fait domine la situation. Montreux n'avait qu'une ressource autrefois, la richesse de son sol : il en a deux aujourd'hui, son sol et une industrie, celle des hôtels et pensions. Il y a cinquante ans, il n'existait aucun hôtel dans la localité, mais seulement une ou deux auberges, des logis, comme on disait, pour les passants et les marchands de vin. Les premiers commencements de pension, encore très-timides, sont de 1815 à 1820. Le premier hôtel fut l'hôtel Visinand, à Sales. Le Cygne, à Vernex, suivit d'assez près, en 1840, bien modeste en comparaison de ce qu'il est aujourd'hui. On croyait faire beaucoup alors, dans les pensions les plus huppées, en achetant le sucre ou la bougie par dix livres. Enfin, cette industrie prit un essor plus rapide, et, depuis l'établissement du chemin de fer, l'on a vu les hôtels pousser et grandir comme les champignons dans la forêt après une chaude pluie d'été. Aujourd'hui, l'on en compte une soixantaine, et Montreux peut offrir à ses hôtes environ 3000 lits.

On distingue six catégories principales dans cette multitude d'étrangers en séjour ou en passage.

Les uns sont de simples promeneurs. Nombreux en tout temps, ils affluent le dimanche. Quand il fait beau, ce jour-là, Vevey se jette sur Montreux. Dès le samedi soir, et pendant toute la nuit, défilent les caravanes sur le chemin qui tend aux Avants, par la grande forêt du mont Cubly. Ils vont chantant, riant, iodlant. Plusieurs ont des flambeaux. Les uns prennent aux Avants quelques heures d'un repos souvent troublé; d'autres cherchent un gîte aux chalets supérieurs, à Chamosallaz, au Gresaley, à Liboson; d'autres, partis plus tard, ne cessent de cheminer, et tous ensemble se trouvent

à l'aube sur les cimes de Naye ou de Jaman. Quelques
uns, plus hardis, escaladent les pics des Verraux. Vers
le soir, on les voit arriver à la débandade, ou par
groupes joyeux : les chapeaux sont couronnés de rho-
dodendron, et les bâtons des Alpes en sont panachés ;
boîtes à botanique, panières, mouchoirs : tout est plein.
En même temps, arrivent les promeneurs plus modestes, qui ne se sont hasardés que sur les collines, ou
qui ont fait, vers quelque cave aimée, une ascension en
sens inverse, et la cohue chamarrée assiége les wagons, qui s'emplissent à regorger ; souvent il faut attendre quelque train de secours, que, de Vevey, on
lance à toute vapeur. Il n'est pas à craindre que cette
catégorie de voyageurs diminue. La limite où atteint
l'attraction de Montreux, comme but de promenade,
recule avec la facilité des communications.

Une seconde classe comprend les touristes proprement dits. Ils n'accourent pas en foule aussi considérable que dans l'Oberland, par exemple. Cependant on
les voit défiler, nombreux aussi, avec leur livre rouge.
Ils font leur apparition d'assez bonne heure au printemps ; souvent, vers l'automne, ils nous visitent encore
quand on n'en voit plus ailleurs. Quelques-uns se
bornent à donner un jour à l'église de Montreux et au
château de Chillon ; d'autres se font des Avants ou de
Glyon un centre d'excursions variées.

Quelques étrangers viennent aussi, en été, chercher
aux environs de Montreux un asile où se reposer.
Ceux-ci fuient les villages du bas, réputés trop bruyants
ou trop chaudement exposés. Ce qu'ils demandent,

c'est de la tranquillité et de la verdure , et ils trouvent l'un et l'autre soit sous les larges noyers qui décorent les collines de Baugy ou de Chailly, soit du côté de Chillon, à l'ombre des châtaigniers. A Brent , à Charnex, à Sonzier, à Glyon, un souffle déjà plus vif ajoute sa fraîcheur à celle des plus riches vergers; et dans les stations supérieures, aux Villars, à l'Alliaz, aux Avants, on a tout ce que peut donner la montagne : l'air léger et tonique, les forêts, les ruisseaux et les fleurs des Alpes.

Mais la grande ressource du pays, sa grande attraction, est dans son ciel plus doux et dans ses abris plus chauds. Montreux est avant tout une station médicale, et la facilité des communications n'aurait point fait sa fortune si la médecine n'y eût aidé, en recommandant de plus en plus les changements de climat, le repos et l'air de la campagne. La vraie saison commence en automne, avec les raisins mûrs, et va jusqu'au printemps. Une homme compétent dira, plus loin, ce que Montreux peut offrir aux santés altérées.

La cinquième catégorie comprend les étrangers, tous les jours plus nombreux, qui, attirés par la beauté des lieux, deviennent propriétaires, et se font bâtir une villa. L'exemple en a été donné, il n'y a guère plus de quarante ans, par M. Mirabeau, de Genève, qui a construit les trois premières villas qu'on rencontre à l'orient de Clarens. Aujourd'hui, une partie déjà notable du sol de la paroisse , surtout dans les endroits les mieux situés, n'appartient plus aux enfants du pays. Les vieux bourgeois de Montreux ne voient pas de très-bon œil cette invasion à titre permanent. Peut-être n'ont-ils pas entièrement dépouillé l'ancien préjugé contre les *habitants*. Quelques-uns cependant pourraient donner de leurs répugnances d'autres et meilleures raisons. C'était le cas de ce M. de la Rottaz, homme éclairé et vraiment libéral, qui fut accusé de jacobinisme sous les Bernois pour avoir protesté contre la manière dont les paysans riches tournaient à leur profit la jouissance des pâturages communs. Comme sa femme se plaignait de l'extrême division de la propriété : « C'est à cette extrême division, répondit-il, que nous devons de cultiver des fonds qui nous appartiennent ; lorsqu'il s'en vend, ils ne sont pas assez grands pour tenter des étrangers, et ils sont assez petits pour être accessibles aux plus petites bourses. S'il en avait été autrement, ce ne serait que comme fermiers ou vignerons que nous les cultiverions. » Son fils, le colonel, tout jeune alors, fut frappé de cette réponse, et aujourd'hui encore il la croit juste.

Enfin, Montreux attire du dehors un nombre croissant de maîtres de métier, d'industriels et de commerçants. Le bourgeois de Montreux est essentiellement propriétaire, et il n'a point assez les traditions de l'industrie pour suffire aux besoins actuels. Quelques-unes des meilleures pensions, soit anciennes, soit nouvelles, sont indigènes. Néanmoins, l'industrie des hôtels et pensions est exploitée, en grande partie, par des Allemands. La plupart des cafetiers sont aussi Allemands, de même que l'immense majorité des sommeliers et gens de service. Parmi les maîtres de métier, les enfants du pays sont en minorité ; et quant au commerce

Maison Dubochet.

que développe la présence des étrangers, les enseignes des magasins disent assez que les bourgeois de Montreux y ont une faible part.

Telles sont les principales catégories d'étrangers dont l'affluence a triplé la population de Montreux, et accru le mouvement des affaires privées et publiques dans une proportion tout à fait exceptionnelle. En 1850, les budgets des trois communes s'élevaient ensemble à 60,000 fr. environ; aujourd'hui, ils atteignent à 336,538 fr. En 1860, il n'y avait pas une seule banque à Montreux. Le premier qui ait osé en fonder une, en 1861, est M. Julien Dubochet, qui vient aussi de faire construire une des belles maisons de la contrée. Aujourd'hui, M. Dubochet n'a pas moins de cinq concurrents. Jusqu'en 1854, le respectable docteur Buenzod, dont la commune du Châtelard a reconnu les services en lui accordant la bourgeoisie d'honneur, suffisait à tout; il était à la fois médecin et pharmacien, et trouvait encore le temps de soigner lui-même un jardin où abondent les plantes rares; aujourd'hui, Montreux est desservi par sept médecins, trois pharmaciens et un vétérinaire, sans parler des docteurs de Vevey, qui y pratiquent beaucoup. Il y a trente ans, la paroisse tout entière se fournissait à l'antique et unique boucherie de Montreux; aujourd'hui, on compte presque autant de boucheries que de villages, et dans plusieurs deux au lieu d'une. Il y a quarante ans, on ne connaissait dans toute la paroisse que deux petites boutiques, à Montreux même, fournies de quelques épiceries indispensables, de cigares, de clous, et d'un bocal de caramels ou de sucre d'orge pour les enfants. Aujourd'hui, Clarens, Vernex et Montreux ont des bazars qui rivalisent avec les plus beaux magasins de Vevey, de Lausanne, même de Genève, et l'on peut y satisfaire toutes les fantaisies du luxe et toutes les exigences du confort.

Les postes et télégraphes fournissent des indications plus remarquables encore. Jusqu'en 1867, Montreux n'a eu qu'un seul bureau de poste, qui, en 1856, n'était desservi que par un fonctionnaire et un facteur; il en a quatre aujourd'hui — Clarens, Vernex, Montreux et Veytaux, — avec sept fonctionnaires, une demi-douzaine d'aides et neuf facteurs. Ils ont expédié, pendant l'année 1875, à destination de la Suisse, 200,000 lettres, chiffre rond, et près de 100,000 à destination de l'étranger. Le chiffre des lettres reçues est encore plus élevé, de même que celui des journaux distribués, et le mouvement de la caisse des quatre bureaux réunis monte à 1,800,000 fr. approximativement. Quant au télégraphe, il alimente aujourd'hui six bureaux, savoir: les Avants, Clarens, Glyon, Vernex, Montreux et Veytaux, et le nombre des dépêches expédiées ou reçues a été, en 1875, de 45,282. En 1867, il n'existait encore que le bureau de Montreux, avec un chiffre de 5650 dépêches, et celui de Clarens, qui, ouvert au mois de juillet seulement, en expédiait ou recevait 882. La correspondance télégraphique du cercle de Montreux a donc septuplé en huit ans. Notons en passant que, de Vevey à Villeneuve inclusivement, on compte 12 bureaux télégraphiques. Dans aucune contrée de la Suisse, il n'y en a autant sur un espace aussi restreint.

Le mouvement d'affaires que ces chiffres laissent supposer a fini par modifier sensiblement les conditions mêmes de la culture. Le principe de tout produire soi-même, autrefois dominant, a perdu tout crédit depuis que la circulation est devenue facile, que les relations et les transactions se sont multipliées, et que l'argent afflue. Le cultivateur se voue aujourd'hui aux spécialités dont le sol et le climat favorisent la production. Plus de lin, ni de chanvre: on achète la toile. Plus de céréales: on achète le pain. Il y a trente ans, nombre de familles récoltaient encore du blé pour leur usage. On doute aujourd'hui s'il s'en récolte 30 mesures par an dans toute la paroisse. On achète aussi beaucoup de pommes de terre. Le maïs disparaît rapidement. Tous les soins se concentrent sur deux produits: le vin, qui a toujours pour débouché les cantons de Fribourg, Berne,

Soleure et Lucerne ; et le fourrage, dont la consomma- tion sur les lieux est de plus en plus considérable. N'oublions pas les forêts, cependant, qui appartiennent en grande partie aux communes, et dont une exploitation meilleure augmente chaque année le revenu. N'oublions pas non plus les jardins potagers, riches en légumes de prix. Depuis longtemps, les potagers de Montreux alimentaient le grand marché de Vevey ; maintenant ils alimentent en outre le marché de la Rouvenaz, beaucoup plus rapproché, qui menace de rivaliser avec celui de Vevey.

Les terres, ainsi cultivées, n'ont point diminué de valeur, comme le prouvent les estimations cadastrales, qui, en 1862, portaient à trois millions la valeur des fonds de terre dans la paroisse de Montreux, les immeubles non compris, et qui la portent aujourd'hui à sept millions. Ces estimations sont fort au-dessous du prix de vente ; mais elles montrent dans quelle proportion les terres ont augmenté de valeur.

En même temps que la culture du sol se concentre sur deux ou trois spécialités, la vie du paysan devient plus sédentaire. Autrefois, il passait l'hiver à aller de grange en grange, avec son bétail. Cela s'appelait *gouverner*. On faisait ainsi de l'engrais pour les prés. Aujourd'hui, les paysans qui vont gouverner à la montagne sont beaucoup moins nombreux. Le temps est trop précieux, le lait trop cher, et l'on préfère aller chercher le foin, pour le manger à l'écurie du village ; c'est aussi pour le bas qu'on utilise les fumiers, et l'on entretient la montagne au moyen d'engrais artificiels.

Il va sans dire que beaucoup de choses qui ne se faisaient autrefois qu'en petit, se font aujourd'hui très en grand, entre autres le commerce des vins. Les plus grands vases qu'il y eût dans les caves de Montreux au commencement du siècle contenaient 3 chars (le char a 480 pots, environ 650 litres); aujourd'hui, les vases de 20, 25 et même 30 chars n'y sont pas rares. M. Pillivet, à Vernex, en possède un de 37 chars. Si l'on passe du vin à l'eau, la différence est plus frappante encore. Les villages n'avaient autrefois que de vulgaires fontaines, plus ou moins abondantes; plusieurs étaient fort mal pourvus. L'eau est aujourd'hui un de leurs luxes. Une société a acheté la plus belle source de la paroisse, celle des Avants, et l'a distribuée entre Vevey et les villages de la commune du Châtelard. Il y a des bouches à eau partout; au bord du lac, on peut lancer de magnifiques jets d'eau; les fontaines coulent avec abondance, et nombre de paysans ont leur robinet chez eux, à la cuisine. Le débit de la source varie de 4000 à 15,000 litres, et la température en est, en toute saison, de 7° $\frac{1}{2}$ C. La vente d'eau, qui était, en 1870, de 729 litres à la minute, s'est élevée, en 1875, à 1491 litres, dont près d'un tiers pour la commune du Châtelard. Quel luxe! diraient les anciens. Mais le luxe de l'eau est un luxe de propreté. Au milieu de tant d'autres qui sont discutables, réjouissons-nous d'en rencontrer un dont le bon goût n'ait jamais à s'offenser.

Hôtel de ville des Planches.

CHAPITRE XV.

Temps actuels. — La contrée et les villages.

La partie du pays qui a le moins changé est celle qui s'étend de la Baye de Clarens au ruisseau de la Maladeire, limite occidentale de la paroisse. C'est la zone des promenades. On y a rarement la grande vue, à moins qu'on ne gagne le haut des collines, mais partout des échappées sur le lac ou sur les montagnes, des groupes d'arbres variés, des nids de fraîche verdure et des sentiers furtifs qui se glissent sous les ombrages. Les noyers y abondent, les châtaigniers aussi. De jolies campagnes témoignent du goût de ceux qui les ont créées. Le plus grand village de cette partie de la paroisse, Chailly, a conservé son air rustique, malgré la belle route qui y conduit, et qu'on voit, au sortir, serpenter sur la pente, pour atteindre les hauteurs.

En se rapprochant de la Baye, on entre dans le courant moderne. Cependant Baugy, toujours gracieux, assis au bord d'un pli de terrain, n'a rien de plus remarquable qu'une maison ancienne, la maison Cochard, qui offre le type de l'architecture bernoise nettement caractérisé. A quelque distance, sur la colline des Crêtes, des toits d'un style moderne, dominés par une tour, dépassent le faîte des châtaigniers. Nous voici en pleine et grandissante civilisation. Des jardiniers de Paris sont venus, et ont planté de nouveaux bosquets au milieu des bosquets de Julie. Mille espèces exotiques, groupées en massifs sous les arbres séculaires, annoncent une demeure princière. Tout a été calculé, tout assorti: formes et nuances. Çà et là, on a poussé le raffinement jusqu'à laisser la nature à elle-même. Pauvre et grande nature, sans tant de calculs, tu n'avais pas si mal rencontré! Le propriétaire de ces lieux est un enfant du pays, M. Vincent Dubochet, financier bien connu, et qui peut être fier de son immense fortune, car il la doit à son intelligence et à son travail. Ceux qui visiteront le château admireront sûrement la vue de la terrasse. Ils admireront aussi un chef-d'œuvre de Gleyre, ornement du salon, *Minerve jouant de la flûte*.

Non content de sa colline, M. V. Dubochet a acquis toute la plaine au dessous, jusqu'au lac, et il en a déjà transformé une partie en une cité de villas, entre la route et la grève. Ces villas reposent sur les alluvions de la Baye, qu'on envisage comme domptée. Il y a fallu du temps et de la peine. Jadis, elle menaçait Clarens, et c'est pour le protéger que les Bernois avaient fait construire, au XVIIIe siècle, une digue qui existe encore et prouve qu'ils savaient travailler. Mais cette digue, n'allant pas jusqu'au lac, laissait, vers le bas, le jeu libre au torrent. Sur l'autre rive, rien ne le gênait. Aussi n'était-ce qu'un désert de pierres, de galets et de ronces. Une première tentative d'endiguement complet fut faite par les soins de M. l'ingénieur Venetz, celui qui a révélé à Charpentier le secret des blocs erratiques. Il avait adopté un système, qui lui avait réussi ailleurs, consistant à créer tout le long du torrent une série de bassins, qui devaient, en se remplissant, briser la violence du flot: on opposait l'eau à l'eau. Pendant dix ou douze ans, bassins et digues tinrent bon, et un vignoble se créa sous leur protection. Mais un jour, en 1846, le torrent renversa tout. Un nouvel endiguement fut entrepris en 1847 et exécuté aux frais de l'état, sous la direction du colonel de la Rottaz, alors membre de la Commission des travaux publics. M. de la Rottaz adopta un système plus simple ; mais il s'appliqua à ne faire que de bon ouvrage, comme au temps des Bernois. De distance en distance, le torrent, resserré entre deux fortes digues, coule sur un pavé maçonné, avec une rapidité qui ne permet pas le dépôt des matériaux; dans les intervalles, les digues lui laissent plus de place, mais pas assez pour qu'il puisse vaguer au hasard. La pente est calculée de manière à ce qu'il tombe en cascade dans le lac, ce qui permettra de prolonger les constructions actuelles, .à mesure que l'exigera l'avancement du cône de déjection. Voici 24 ans que ces digues sont achevées, et qu'elles ont résisté à tous les assauts du torrent.

La Baye franchie, nous saluons deux villages qui ont conservé leur ancienne physionomie, Tavel et Planchamp; nous saluons aussi ce pittoresque Châtelard, résidence hospitalière, appartenant aujourd'hui à la famille Marquis: c'était pour les jours de repos la retraite favorite de Vinet.

En descendant du Châtelard, nous arrivons à la *Fin de Tavel*, terrasse verdoyante, puis au cimetière de Clarens. On a choisi pour la cité des morts la plus belle des esplanades de la contrée. Ce cimetière, récemment agrandi, compte quelques tombes intéressantes, entre autres celles du doyen Bridel et de Vinet.

A Clarens, nous abordons le Montreux classique, celui des chauds abris et des paysages connus, celui où les pensions affluent, ainsi que les magasins de luxe, celui où se pressent les étrangers et où, dans la saison favorable, on peut se croire sur le boulevard de quelque grande ville.

Ici ont eu lieu les grands changements.

Autrefois, il y avait Clarens; puis, dix minutes plus loin, Vernex; puis, cinq minutes plus loin, Sales; enfin, par delà le pont, les Planches. Aujourd'hui, tous ces villages se touchent et semblent n'en former qu'un.

Autrefois, la grève était ininterrompue de Clarens à Vernex ; maintenant, les terrasses des villas ont fait disparaître jusqu'à la dernière trace de grève et empiété sur le lac lui-même.

Autrefois, il n'y avait à la Rouvenaz, de l'autre côté de Vernex, que deux pauvres maisons, deux baraques. C'est aujourd'hui un vaste quartier, le quartier du mouvement. C'est là qu'est la place du marché, qui sert aussi de place de tir, en face du débarcadère des bateaux à vapeur.

Autrefois, il n'y avait pas une seule maison sur le mauvais chemin qui, de Vernex, montait à Sales ; aujourd'hui, c'est un boulevard, où l'on trouve la gare, la chapelle presbytérienne, et le bâtiment du collège, sans compter le grand bazar de Montreux et la maison de M. Julien Dubochet.

Autrefois, à Sales, la rue principale était serrée d'un côté par les maisons d'habitation, de l'autre par des granges, des écuries, des hangars ; on l'a aujourd'hui considérablement élargie, en abattant granges, écuries, hangars, et les maisons, dégagées, commandent une fort belle vue.

Autrefois, le pont de Montreux était un pont à deux pans, dont la voûte séculaire se rétrécissait au sommet, un pont d'artiste ; aujourd'hui, c'est un pont neuf, large et plat, un pont de voiturier.

Autrefois, la principale rue des Planches, entre le pont et la place, n'était qu'une ruelle. Il y arrivait aux chars de foin ce qui leur arrive encore à Charnex; savoir qu'ils restaient pris, et que les chevaux, si on les fouettait, partaient avec le char vide, laissant leur charge serrée entre les murs; deux omnibus peuvent aujourd'hui s'y croiser sans difficulté, et l'on poursuit une réparation analogue plus loin, entre la place et l'église.

Autrefois, le village des Planches n'avait point de maison communale ; aujourd'hui, l'on vient d'en construire une pour laquelle on n'a pu trouver un emplacement qu'à grand'peine, à cause de la déclivité du sol, mais qui n'en est pas moins belle et spacieuse, et qui doit, en même temps, servir de maison d'école.

Et cependant, au milieu de tous ces changements, le vieux Montreux subsiste. Il est moins détruit qu'enveloppé et enclavé. L'antique rue de Vernex est encore à sa place, étroite et pavée, montant directement du côté des Vuarennes et de Pertit ; elle se distingue toujours par ses bonnes maisons vigneronnes, qui regardent les unes par dessus les autres, et n'ont point délaissé l'habitude des perches de maïs — il y en a de terriblement chargées. Et Palens, l'antique hameau ! Il n'a pas cessé de surveiller le pays, comme une fidèle vigie, du haut de sa colline aux pampres dorés. Et à Montreux même, que de recoins encore, de débris, de vieilles petites ruelles, de maisons vénérables, les unes noircies et branlantes, les autres en fort bon état, et soutenant la comparaison avec tout ce qui peut s'élever auprès d'elles. Ce serait grand dommage, par exemple, si cette maison Visinand, le plus beau type d'architecture bernoise qu'il y ait dans la paroisse, venait jamais à disparaître. Et l'église, la vieille église, qui abrite sous le Scex de Glyon son vieux clocher et sa vieille nef ! Ce site-là, classique entre les plus classiques, n'a du moins rien perdu. Le rocher sur lequel l'église repose a toujours sa grotte et son ruisseau ; la terrasse toujours sa magnificence et le mystère de ses ombrages, et c'est

toujours avec la même émotion religieuse qu'on lit en
y entrant l'inscription du doyen Bridel :

> Toi qui viens admirer ces riants paysages,
> En passant, jette ici ta pite aux malheureux,
> Et le Dieu dont la main dessina ces rivages
> Te bénira des cieux.

Des Planches nous arrivons à Collonges, puis à Territet, autrefois le plus pauvre des hameaux de la paroisse, tout fier aujourd'hui de ses brillants hôtels et
de son église anglaise. Enfin, nous passons la Veraye,
et nous sommes à Veytaux, qui est aussi le centre d'une
zone de promenades, comme Baugy et Chailly, mais
de promenades déjà plus alpestres, où l'on rencontre
dès le printemps les fleurettes de la montagne, et où
l'on a à peine besoin de s'élever pour en respirer l'air
fortifiant. Le paysage a ici des beautés d'un ordre particulier. Ce n'est plus ce golfe de Clarens au suave contour, ce ne sont plus ces lignes simples et majestueuses;
mais ce qui se perd en harmonieuse ampleur se regagne
en pittoresque. La nature, livrée à son seul génie, y a
plus de cachet dans sa grâce toujours rustique. Clarens
et Veytaux sont les deux types extrêmes d'une série
de paysages admirables; entre les deux, on passe par
toutes les transitions possibles, et l'on peut à son gré
s'approcher de l'un ou de l'autre, selon qu'on préfère les horizons plus larges et les lignes plus reposées,
ou des scènes plus pittoresques dans un cadre plus
resserré. Le privilége du pays est d'offrir toute la série.

Veytaux nous conduit à Chillon. Lorsqu'on a établi
le chemin de fer de Vevey à Villeneuve, il n'a pas

manqué de prophètes de malheur pour dire que c'en était fini de la poésie de cet heureux coin de terre. Le temps a fait son œuvre, une verdure nouvelle a revêtu les terrains écorchés qui bordaient la voie et en accusaient la ligne rigide, les yeux se sont habitués à la locomotive, et le pays a conservé sa poésie. Cependant il est des brèches qui ne sont pas encore réparées. Ceux qui ont connu le Chillon d'autrefois ne voient pas sans regret le Chillon moderne. Le château est toujours le même. Il n'a plus à craindre des injures semblables à celle dont le menaçait l'administration bernoise : les souterrains ne deviendront point une cave, et la salle des chevaliers ne s'emplira pas de sacs de farine. L'on peut attendre aussi de l'intelligence de nos magistrats actuels et futurs, qu'ils mettront dans le badigeonnage de ces murs sacrés plus de discernement et de mesure que n'en ont mis parfois leurs devanciers. Mais ce sont les environs immédiats qui ont souffert. Un lierre immense couvrait tout le rocher par lequel s'annonce le défilé de Chillon. On s'est dit que ce rocher, le plus solide du monde, pourrait tomber, et qu'il fallait le surveiller; on a donc brûlé le beau lierre, aujourd'hui remplacé par d'informes constructions, qui ne redoutent plus, apparemment, la chute du rocher. Mais le grand mal est plus loin. Autrefois, la montagne descendait, couverte de beaux arbres, jusqu'au château, et la route se faufilait sous les ombrages. Il a fallu ouvrir un passage au chemin de fer, qui a eu, selon son habitude constante, la prétention de passer droit. S'il s'était fait un trou, le mal n'eût pas été grand; mais, au lieu du tunnel qui semblait indiqué, on a pratiqué une écorchure profonde, et il est resté entre elle et l'ancienne route des terrains vagues, qu'on a utilisés pour une nouvelle route, parallèle au chemin de fer, et pour un jardin forestier. Les carreaux de plantons de sapin alternent avec ceux de plantons de mélèze. Au point où en sont les choses, il n'y a plus qu'une restauration possible: il faut semer ailleurs sapins et mélèzes — le forestier, M. Daval, est bien trop habile pour ne pas leur trouver quelque emplacement favorable; — puis il faut que la forêt, la grande forêt, reconquière tout le terrain perdu, ombrage l'ancienne et la nouvelle route, dissimule la coupure du chemin de fer et reconstitue les masses verdoyantes au pied desquelles le château baignait dans l'eau bleue les assises de ses vieux murs.

Par delà Chillon, voici Grandchamp et ses fours à chaux; voici les cascades du ruisseau de Céphise, comme l'a nommé le doyen Bridel; voici enfin l'Hôtel Byron, qui est hors du territoire de la paroisse, mais qui mérite bien que nous donnions un regard à ses belles terrasses. Ce n'est plus du tout la vue de Montreux; c'est le lac pris dans le sens de sa plus grande longueur, fermé par la ligne vaporeuse du Jura, qui se confond avec les brumes de l'atmosphère, en sorte que le lac devient un mer. Ceux à qui Clarens même paraîtrait trop resserré, n'ont qu'à venir ici pour jouir de perspectives sans bornes et rêver de l'infini.

Nous avons côtoyé la rive. Revenons sur nos pas en suivant le chemin des hauteurs. La commune de Veytaux n'ayant plus de village sur l'esplanade de

Chambabaud, nous allons droit à Glyon. Il y a vingt-cinq ans, on y arrivait par un casse-cou, et l'on y trouvait une seule petite auberge, à l'enseigne du *Chamois*, au haut du village : les festins les plus considérables qu'on pût y faire consistaient en pain, fromage, omelette, et, dans les jours de bonne fortune, saucisson du pays. C'était un coin tranquille, retiré, où ne se hasardaient que des botanistes, des peintres, des amants insatiables de la belle nature. Les gens du pays y vivaient entre eux, solitaires, et si quelqu'un dans le nombre pensait au reste des humains, ce ne pouvait être qu'un original, comme ce chasseur de chamois, nommé Mamin, qui, n'ayant pas d'enfants, légua sa fortune à tous les pauvres de l'univers. La fondation existe encore, et chaque pauvre peut aller toucher sa part de revenu. Aujourd'hui, à Glyon, on ne lègue plus sa fortune à tous les pauvres de l'univers, mais on la fait en donnant l'hospitalité à tous les riches des deux mondes. Une fort bonne route, très-pittoresque, qui, de l'église de Montreux, fait un long circuit jusque sous le joli Scex de la Toveyre, est sans cesse parcourue par les berlines qui amènent ou emmènent les étrangers, et Glyon a pris le nom pompeux de Rigi vaudois, nom faux, comme tous ceux que fabrique la réclame : c'est Naye qui est le Rigi vaudois ; mais pour n'avoir aucun rapport avec celle du Rigi, la vue de Glyon n'en est pas moins remarquable. C'est celle de la terrasse de l'église de Montreux prise de mille pieds plus haut, dominant les accidents inférieurs, plongeant sur le miroir des eaux, et embellie par des premiers plans qui ont déjà la grâce hardie des paysages de la montagne.

Quelques coups d'aile transportent les hirondelles de Glyon à Sonzier, par dessus la gorge du Chauderon. Le génie moderne n'a pas encore transformé ce rustique village, malgré sa belle situation. De Sonzier, une route nouvelle nous conduit à Charnex, d'où la vue plonge sur le lac par une cascade de verdure. C'est ici qu'on peut se faire une idée des changements qu'ont subis les chemins. Le vieux *châble* qui tombe sur Clarens, a été la première voie de communication entre Charnex et le lac : ainsi étaient les routes, sur ces pentes, il y a cinq ou six siècles. Le chemin des *bottiers*, qui tend de Charnex au Châtelard, ou le grand chemin pavé, qui descend à Vernex par Pertit et les Vuarennes, marque un degré nouveau de civilisation. C'était l'idéal du temps des Bernois. Aujourd'hui, une route splendide multiplie ss lacets sur la pente qui regarde Chailly, et va gagner Clarens par Baugy et Tavel. Cette route est le commencement de tout un réseau, qui se développera au-dessus de Charnex, du côté de la montagne, et se combinera avec un élargissement de la principale artère du village, celle où les chars de foin restent pris. Prolongée déjà jusqu'à Sonzier et Chaulin, elle le sera jusqu'à Glyon, jusqu'aux Avants et jusqu'aux Villars. Charnex sera alors un centre unique de promenades. Néanmoins, les petits chemins tenteront encore plus d'un passant. Jamais route à lacets et à garde-fous, si bien soit-elle entretenue, n'aura la grâce de ces chemins d'autrefois, qui ont des caprices comme la nature, et semblent nés avec le pays. Je recommande celui qui va à Brent, le bon vieux village, en filant à plat sous les noyers.

Au-dessus de la ligne que nous venons de parcourir, il n'y a plus que les monts. Ceux de l'ouest, d'où descend la Baye de Clarens, n'ont guère changé. Les Pléiades, ou la Pleïau, comme on l'appelait avant le doyen Bridel, ont toujours leur antique chalet, propriété de M. Grand d'Hauteville, et leur vue enchantéresse, admirable entre toutes par l'harmonie des lignes. Les Villars sont, comme autrefois, ce vallon retiré, aux prairies semées de granges, par delà lesquelles apparaît, tout au fond, le bâtiment des bains de l'Alliaz, jaune entre les sapins noirs. Les ravins de Saumont, à l'entrée, n'ont rien perdu de leur sauvage beauté. Le seul changement notable dans cette partie de la contrée est la route de dévestiture, pour les forêts, que la commune a fait établir jusqu'au col de Sonloup, entre le vallon des Villars et celui des Avants, et qui doit se relier avec le réseau dont nous avons parlé. Il n'y a guère de changement, non plus, à l'autre extrémité de la zone montagneuse, au-dessus de Veytaux. Le vallon de la Veraye est toujours rapide, encaissé, et le mont de Sonchaux continue à étaler la riche draperie de ses flancs. Ce qui a changé ou menace de changer, c'est la partie centrale : les monts de Cubly et de Caux, et les Avants. Les piquets des ingénieurs permettent de suivre le tracé des routes nouvelles sur le mont de Cubly. Au mont de Caux, le changement ne consiste encore qu'en un chalet, un simple chalet, sur la croupe arrondie, qui s'est transformé en une modeste auberge. C'est un commencement. Quant aux Avants, le pas décisif est franchi. Depuis longtemps déjà, la vieille

DENT DE JAMAN. — ROUTE DES AVANTS.

petite auberge ne suffisait plus, malgré les quatre ou cinq chalets qui lui servaient de succursales. Enfin, les MM. Dufour, qui la tenaient, ont pris courage et ont bâti un grand hôtel, qui, à peine ouvert, semble déjà trop petit. On conçoit l'attrait de ce vallon, si arrondi, si vert, si reposant, si bien abrité, et jouissant sur le lac d'une si heureuse échappée.

Si j'osais donner un conseil aux étrangers, non malades, qui passent l'hiver à Montreux, ce serait de monter aux Avants par un beau jour de janvier. Ils seront surpris de trouver le vallon aussi habité, aussi animé que dans la belle saison. De promeneurs pas trace, mais des paysans en grand nombre, la moitié de la population. Celui-ci traîne une *lugée* de foin, celui-là des billes de sapin, ou un chargement de fagots. Les uns ont un cheval, d'autres une vache; plusieurs s'attellent eux-mêmes, et, se raidissant contre la luge qui se précipite sur eux, la dirigent en faisant mordre dans la glace les fers de leurs talons.

Mais le moment où il faut surtout aller aux Avants est celui de la floraison des Narcisses, à la fin de mai ou dans la première quinzaine de juin, selon les années. Le spectacle est unique. Dans ce qu'on appelle les prés gras, il serait impossible de laisser tomber un grain de sable ailleurs que sur une fleur de Narcisse. Les corolles recouvrent les corolles. On les voit blanchir de plusieurs lieues à la ronde, comme une neige de printemps. Nous avons essayé dans un autre ouvrage de décrire ces moissons éblouissantes, aux parfums voluptueux.[1] Mais

[1] *Alpes suisses*, Ire série: *Plantes alpines*.

que peuvent des descriptions? Il faut voir. Le spectacle dépassé ce que rêve l'imagination. C'est une ivresse. On voudrait se rouler dans ces fleurs, et l'on est jaloux du bétail qui s'en nourrit.

Depuis que les Avants ont un hôtel, ils sont devenus de plus en plus ce qu'ils étaient déjà, le centre des excursions et ascensions alpestres. On part des Avants pour les frêtes d'Azot, le vallon de Solaguy, le Crêt de Molard, Chamosalles, le Noirmont, et les cimes des Véraux, de Jaman, de Merdasson et de Naye, également accessibles, du moins ces dernières, par Glyon et le mont de Caux, ou par les arêtes hardies du mont de Sonchaux. On n'a pas encore établi quelque auberge sur ces hauteurs; la nature seule en fait les honneurs, et l'on ne s'en trouve pas plus mal, car c'est elle qu'on y va chercher. Je ne crois point exagérer en disant que des sommets qui dominent tout le bassin du Léman, qui ont vue directe sur la Dent du Midi et le Mont-Blanc, ont à redouter peu de comparaisons. On y retrouve encore la vue de la terrasse de l'église; mais à mesure qu'on s'est élevé, de Glyon à Caux, de Caux à Chamosalle, et ainsi de suite, elle a été grandissant et se dégageant, jusqu'à ce que, le sommet atteint, elle se range à sa place dans un vaste panorama, qui embrasse les Alpes et le Jura, et dont elle fait encore la principale beauté.

Eglise anglaise.

CHAPITRE XVI.

Temps actuels. — Les habitants.

Les habitants aussi ont changé.

Pour quiconque a connu l'ancien Montreux, le changement le plus frappant est dans le costume. C'était un plaisir que de voir, le dimanche, les longues files de paysans et de paysannes suivre tous les sentiers qui mènent à l'église. Les paysans portaient un habit à coupe rustique, un veston à pans étroits. Quelques vieillards en étaient encore à la culotte et aux souliers à boucles. Toutes les femmes, sans exception, avaient ce qu'on appelle le costume de Montreux. Il s'en est allé pièce à pièce. Les manches et le corsage, avec le mouchoir, ont disparu tout d'abord. La coiffe, aux larges dentelles tombantes, si flatteuses, a fait place à de vulgaires bonnets. Le chapeau a résisté plus longtemps; puis on l'a vu tomber à son tour. Il ne reste aujourd'hui qu'un très-petit nombre de personnes, appartenant aux familles où l'esprit local s'est conservé le plus intact, qui n'aient pas complétement déposé le costume d'autrefois. La mode moderne et son fade cosmopolitisme ont juré d'exterminer tout ce qu'il y a sur la surface de la terre d'originalité gracieuse et de physionomie locale. Oh! si les jolies filles de Montreux avaient un peu plus de coquetterie ! ...

Avec le costume a disparu le patois. Autrefois, on pouvait traverser Montreux sans entendre un mot de français; on peut le traverser maintenant sans en entendre un de patois. Les vieilles gens le parlent encore de préférence; les enfants ne le savent plus; c'est en français qu'on les entend se quereller dans la rue.

Si pittoresque que soit le patois, on en accepte la disparition plus facilement que celle du costume. On sent que c'est une fatalité. D'ailleurs, il ne meurt pas tout à fait. Il meurt comme langue populaire, et ressuscite comme langue savante. Le doyen Bridel en a fait un dictionnaire. C'était trop tôt, peut-être. La science philologique tâtonnait encore. « J'ai vécu, disait le doyen, au temps où l'on croyait qu'Adam avait parlé bas breton, et je me suis longtemps trompé, en cherchant, à la manière de M. de Cambri, du celte dans tous nos mots patois; maintenant j'avoue de bonne foi que, pour un mot de famille celtique, il en est dans notre romand dix d'origine latine, et je préfère la vérité à un système qui commence à passer de mode; mais je

PAYSANNE DE MONTREUX.

n'ai pas le courage de revenir sur mes pas, et de corriger mes erreurs. » Malgré ses erreurs, le dictionnaire du doyen, publié dans les Mémoires de la Société d'histoire de la Suisse romande, par les soins de M. Favrat, est un monument historique. D'autres dictionnaires le compléteront et le rectifieront. Feu M. Moratel en a laissé un, qu'on dit remarquable. M. Morel-Fatio en prépare un autre, et l'on peut être bien sûr qu'il y apportera toute la précision des méthodes modernes. Quand on ne parlera plus du tout le patois, on aura l'embarras du choix des dictionnaires. On s'amusera à l'écrire; on l'écrit déjà. Il y a toute une littérature en patois qui pousse de terre. Parmi ceux qui l'ont enrichie, il convient de nommer feu M. Visinand, dont on a de fort jolies chansons en patois de Montreux.

Les causes de la mort des patois sont nombreuses; mais il y en a une qui y a contribué autant ou plus que toutes les autres réunies, l'école. Je ne sais jusqu'à quel point on a raison d'apprendre aux enfants à mépriser un idiome qu'ont parlé leurs pères. On ferait mieux de réserver cette sévérité pour un certain français-vaudois, qui n'est ni le français ni le patois, qui n'a ni la grâce rustique de l'un, ni l'heureuse précision de l'autre. L'accent traînard, l'à-peu-près dans le choix des mots, les expressions vicieuses : voilà l'ennemi qu'il faudrait combattre. Quoi qu'il en soit, l'école a donné le coup de grâce au patois.

C'est un besoin de ce siècle d'avoir enfin de bonnes écoles. Il est peu de localités où ce besoin soit plus senti qu'à Montreux, et où l'on ait fait davantage pour

lui donner satisfaction. Au XVIIe siècle, il y avait quatre
écoles dans la paroisse de Montreux. Les régents étaient
rétribués par la bourse de l'hôpital, bien pauvrement.
Plus d'une fois ils se plaignirent. En parcourant les
archives de la commune du Châtelard, j'ai trouvé la
trace d'une augmentation de traitement de cent francs
entre les quatre.

Quand le doyen Bridel vint à Montreux, en 1805,
les écoles étaient fort désorganisées, ce qui n'a rien de
surprenant après la période troublée qu'on venait de
traverser. « Mon soin fut avant tout, dit Bridel, de réorganiser l'instruction publique et d'y rétablir la discipline.
J'y réussis avec de la patience, de la fermeté, et avec
l'appui des autorités locales. Je songeai ensuite à augmenter le nombre des écoles ; il n'y en avait que six,
et c'était trop peu pour une population qui ne cessait
pas de s'accroître. Bientôt je parvins à en ouvrir trois
nouvelles, et c'est à peine si les neuf salles purent contenir tous les enfants en âge d'y recevoir l'instruction.
Une école enfantine fut encore créée et cinq maîtresses
établies pour enseigner aux jeunes filles les ouvrages
de leur sexe. Je fis aussi mettre à exécution un arrêté
du gouvernement ordonnant que, chaque année, après
les examens généraux, on assignât des prix aux élèves
les mieux méritants des deux sexes. Ces prix d'encou-
ragement, qui consistaient en argent ou en livres utiles,
furent distribués avec solennité, un jour de dimanche,
dans le temple ; et l'émulation, qui en fut le fruit, n'a
pas peu contribué à faire prendre à nos écoles leur
rang parmi les meilleures du canton. »

COLLÉGE DE MONTREUX.

De nouveaux progrès ont été accomplis dès lors. Les neuf écoles de la paroisse : Vernex-Montreux, Clarens, Chailly, Brent, Charnex, Planches, Collonge, Glyon, Veytaux, comptent treize classes, avec une population totale de 608 enfants. Chaque classe a son régent; à Vernex - Montreux et à Charnex, les classes inférieures sont dirigées par des régentes. Le maximum d'élèves, qui est de 60, n'est atteint que dans trois.

Nous ne parlons. ici que des écoles primaires, où l'on entre à 7 ans. Il existe d'ailleurs, dans la plupart des villages, des écoles enfantines, dirigées par des comités, et une école de couture, sous la surveillance de dames inspectrices.

Les communes donnent à chaque régent 1400 fr., un logement, un jardin et du bois. L'Etat y ajoute une subvention, qui varie avec les années de servie.

Sur les treize classes dont se composent les écoles de Montreux, trois ont figuré cette année au nombre des 60 — sur 600 environ — que l'autorité a signalées et récompensées comme les meilleures du canton.

Montreux possède, en outre, depuis 1872, un collége et une école supérieure pour les jeunes filles.

Le collége comprend une section classique et une section industrielle. Cette dernière marche fort bien. On y a compté, en 1875, jusqu'à 64 élèves; la première n'en a eu qu'une quinzaine. Ce chiffre est modeste; il le paraîtra moins si l'on songe que presque tous les élèves sont des enfants du pays. Les Suisses non vaudois et les étrangers ne figurent pas pour un tiers dans la population totale des deux établissements. L'école supérieure des jeunes filles paraît avoir aussi quelque peine à réussir. Après avoir brillamment débuté, en 1872, par 54 élèves, elle est tombée, en 1875, à 32. On a attribué ce succès limité à l'absence d'une classe préparatoire. On vient d'en fonder une.

Le directeur et les professeurs, au nombre de 6, sont communs aux deux établissements. 5 perçoivent un traitement de 2800 fr. L'école supérieure a une maîtresse d'études, chargée surtout de la surveillance.

Les écoles primaires et le collége sont soumis à une Commission des Ecoles, composée de délégués des communes et du Département cantonal de l'Instruction publique, lequel exerce sa surveillance soit directement, soit par l'intermédiaire d'inspecteurs.

Le budget du collége est de fr. 35,000, dont fr. 8000 à l'Etat, et fr. 21,000 aux communes, répartis dans la proportion de $^4/_7$ au Châtelard, $^2/_7$ aux Planches et $^1/_7$ à Veytaux. L'écolage donne 6000 fr.

Le budget des communes pour l'instruction publique se chiffre pour l'année 1876 par : Châtelard, fr. 26,280 ; Planches, fr. 10,000 ; Veytaux, fr. 3200.

Mentionnons encore deux institutions pour jeunes gens, deux pour demoiselles, quelques écoles particulières pour les enfants en bas âge, et par dessus tout l'orphelinat de Mlle Chessex, fondé en 1870, en faveur des pauvres Strassbourgeoises. Il se recrute maintenant parmi les enfants du pays, orphelins ou délaissés. Une vingtaine de jeunes filles y ont reçu une excellente éducation aux frais et par les soins de la fondatrice.

On a vu par ce qui précède que les trois communes

se réunissent pour soigner certains intérêts. Leur organisation administrative est assez compliquée.

Chaque village a sa petite administration à part et ses autorités : un Conseil du village et un Gouverneur. L'éclairage, les fontaines, les bouches à eau, les pompes sont du ressort du village, qui reçoit certains subsides de la commune ; en revanche, il prend ordinairement à sa charge le tiers des frais de réparation ou construction de routes et chemins sur son territoire.

Les villages sont groupés en arrondissements (autrefois métralies). Chaque arrondissement a droit à une représentation dans les autorités communales. Celles-ci administrent les biens de la bourgeoisie, assistent les pauvres, s'occupent des écoles primaires dans la limite de leur compétence, établissent et entretiennent les routes et chemins qui ne sont pas à la charge de l'Etat, etc.

Enfin, les trois communes réunies sont représentées par une *Régie centrale* de 7 membres (4 du Châtelard, 2 des Planches, 1 de Veytaux), à laquelle incombe l'entretien de l'église paroissiale et de ses dépendances, ainsi que de la place de la Rouvenaz. Un comité spécial, nommé par les Conseils communaux, administre le Collége et l'Ecole supérieure.

Dans la commune de Veytaux, le village — il n'y en a qu'un —, l'arrondissement et la commune se confondent. Dans celle des Planches — 6 villages —, l'arrondissement et la commune ne font qu'un.

Dans celle du Châtelard, la hiérarchie est complète. On y compte 23 villages et 5 arrondissements.

Une administration pareille exige des rouages compliqués; mais elle fait circuler la vie jusqu'aux dernières extrémités du corps social. « C'est à elle, nous écrit un des bourgeois du Châtelard les mieux informés, que notre commune doit, en grande partie, ce qu'elle a pu faire depuis 20 ans. L'esprit public est toujours tenu en éveil, chacun prend un vif intérêt à la chose publique. Sans nul doute, la commune se serait depuis longtemps divisée si son organisation en confédération ne lui permettait pas de satisfaire les intérêts des divers villages. Il ne faut pas oublier combien ils sont différents : ceux du haut sont restés agricoles, tandis que les localités des bords du lac ont tous les besoins de la ville. »

Cet intérêt que chacun porte à la chose publique se manifeste surtout par l'esprit d'association.

On compte dans la paroisse 7 laiteries, dont une, celle de Clarens, organisée d'après le système Schatzmann, 5 sociétés d'assurance mutuelle pour le bétail, de nombreuses sociétés pour l'exploitation des pâturages, une société de consommation, 2 sociétés pour l'entretien des digues, un corps de pompiers et de sauvetage, une société de bienfaisance, une section de la société des secours mutuels, plusieurs sociétés ouvrières, une société de gymnastique, 3 sociétés de chant, 6 sociétés militaires ou de tir, une société d'embellissement, et enfin une société des amis de l'instruction publique, connue sous le nom de société du musée.

La société d'embellissement a pour but d'établir des sentiers de promenade, de faciliter l'accès des sites intéressants et de multiplier les bancs et stations de repos partout où la beauté de la vue attire les étrangers.

Aussitôt créée, elle s'est distinguée par ses œuvres. On lui doit une foule de jolis arrangements, des bancs bien placés, et quelques sentiers ébauchés ou achevés, parmi lesquels on remarque le ravissant chemin du bois de Chillon. Mais son œuvre capitale a été la promenade de la gorge du Chauderon, qui s'ouvre à quelques pas de Montreux, et qui était inabordable. Aujourd'hui, chacun peut en admirer les cascades, les entonnoirs et la riche végétation, fille de l'ombre et de la montagne.

Malheureusement, la société s'est épuisée dans ce premier effort, et une période d'affaissement a succédé à l'éclat de ses débuts. On nous assure qu'elle ne tardera pas à donner des preuves nouvelles de son existence. Ce serait fort heureux, car il reste beaucoup à faire pour achever l'œuvre commencée.

Oserais-je ajouter ici l'expression d'un vœu? La société d'embellissement ne devrait pas se borner à établir des chemins et des bancs; elle devrait encore se constituer la gardienne de l'une des principales sources de richesse du pays, sa beauté. Quand un pays vit de sa beauté, il faut qu'il la respecte; mais si personne ne s'occupe de la faire respecter, on peut être assuré que les calculs de l'intérêt ou les entreprises de l'ignorance lui feront subir plus d'un échec. Si la société d'embellissement avait existé dans le temps, peut-être eût-elle sauvé Chillon, en obtenant un tunnel au lieu de la triste coupure qui a défiguré le paysage. Ce qui est fait est fait; mais on pourrait encore obtenir que les plantons de mélèze et de sapin fissent place à des arbres

destinés à grandir sans crainte de la hache. La société
pourrait se préoccuper aussi de certains projets dont
il a été question. Dût-elle n'avoir jamais à protester,
il suffirait qu'on lui sût l'œil ouvert pour rendre les
profanations plus difficiles.

La société du musée est de fondation récente. On
l'appelle de ce nom, parce qu'elle a installé un musée
au collége de Montreux. La commune a fourni le local
et les vitrines; des dons en argent et des legs, ont facilité les commencements, et tout annonce que les col-
lections, déjà riches, grandiront avec rapidité.

Mais le musée n'est qu'une des institutions auxquelles s'intéresse la société. Elle a fondé aussi une
bibliothèque, qui ne rendra pas moins de services. Montreux en possédait une déjà, qui date du temps du doyen
Bridel et compte aujourd'hui 3000 volumes. Celle-ci
est ouverte à quiconque y prend un abonnement. Celle
de la société du musée a une destination spéciale. Elle
comprend deux divisions, dont l'une pourrait s'appeler
la bibliothèque des écoles : tous les élèves du collége,
de l'école supérieure et des écoles primaires peuvent
s'y abonner moyennant un franc par an. La seconde
division contient des ouvrages d'un ordre plus relevé;
elle est à la disposition des membres du corps en-
seignant, y compris les régents primaires, et de tous
les membres de la société.

La société du musée fait encore donner chaque
hiver un certain nombre de conférences publiques et
gratuites, sur des sujets variés. Non contente des ressources qu'elle trouve dans la localité, elle fait venir

GORGES DU CHAUDERON.

des professeurs du dehors. Ces conférences ont eu un remarquable succès.

On n'en peut pas dire autant d'autres cours, qui répondent certainement à un besoin très-réel, mais pas encore assez senti : je veux parler des cours du soir, pour adultes, destinés à compléter leur instruction. Le zèle, assez grand au commencement, ne s'est pas soutenu.

La société n'en est pas moins en pleine prospérité : elle comptait à la fin du premier exercice 206 membres, payant une cotisation de 5 francs par an ; elle en compte aujourd'hui 210.

Voilà des chiffres réjouissants. Cependant ils ne sauraient à eux seuls trancher la question qui se pose à propos de toutes les localités en voie d'accroissement et de progrès : y devient-on meilleur en y devenant plus riche ? On y devient plus instruit, cela est évident ; et le zèle que mettent tant de citoyens à propager l'instruction est un symptôme des plus heureux. Mais encore faudrait-il savoir ce qu'on fait de cette instruction, et s'il y a progrès dans les mœurs.

Il n'était point difficile autrefois de se faire une idée générale de la moralité de Montreux, parce que la population, sauf quelques ouvriers ou domestiques, formait un tout assez homogène. Les mauvaises mœurs proprement dites y étaient l'objet d'une réprobation universelle, et chaque naissance illégitime y faisait scandale. Il n'y manquait pas d'esprits forts, pour rire, le soir, au cabaret, et pour se passer, sous main, des tomes dépareillés de Voltaire ou de Rousseau ; néanmoins, la piété

était générale dans les familles, une piété tranquille,
sauf chez quelques natures impressionnables, où elle se
concentrait en un foyer plus ardent. On n'avait qu'une
église ; quelques rares catholiques, en séjour ou en passage, allaient à la messe à Vevey ; d'ailleurs, l'idée qu'il
pût jamais y avoir, à Montreux, une autre maison de
Dieu que celle qu'avaient édifiée les ancêtres et qui,
depuis un temps immémorial, servait de centre à la paroisse, ne fût venue à l'esprit de personne, et rien n'était
plus mal vu que les rares manifestations de l'esprit
sectaire. Les différences d'une famille à l'autre tenaient
à l'éducation à la fortune et à certains traits de caractère que le temps ou de fortes individualités impriment
à toute race humaine. Le vice capital était celui des
localités où il y a trop de caves pleines et de trop bon
vin. On buvait beaucoup. Il est vrai qu'on travaillait
aussi beaucoup. Les diverses espèces de culture ne
laissaient pas de relâché au paysan, qui ne cessait de
courir de la montagne à la plaine, et de la plaine à la
montagne, partout où l'exigeaient les besoins du moment. Il y avait appel incessant d'activité. Les hommes
n'y suffisant pas, les femmes leur venaient en aide. On
les voyait courbées, à l'ombre de leurs grands chapeaux, non seulement dans les jardins ou dans les prés,
mais à la vigne, ne reculant pas devant les travaux les
plus pénibles. On a peine à comprendre comment, à ce
régime, toute beauté n'a pas disparu. Ces robustes tra-
vailleuses étaient d'ailleurs bonnes ménagères et bonnes
mères. Nul doute que Montreux ne leur ait dû une
grande partie de son ancienne prospérité. Combien de

familles, que le mari eût cent fois ruinées, n'ont-elles pas soutenu de leurs mains!

Ce tableau est demeuré vrai pour quelques villages; il ne l'est plus pour l'ensemble. La population a perdu son homogénéité. Nul doute que l'influence des éléments étrangers, combinée avec celle du temps, n'ait relâché les mœurs. Toutefois, les vices qui sont le plus prompts à accompagner ce que plusieurs appellent la civilisation, ne s'y étalent point encore. Pour les croyances religieuses, on est en pleine bigarrure. Il y a chapelle catholique à la Rouvenaz, église presbytérienne à côté du collége, église anglicane à Territet, et les Grecs eux-mêmes n'ont qu'une lieue à faire pour trouver, à Vevey, un temple de leur communiôn. Ces cultes ont été facilement accueillis; ils avaient droit à la même hospitalité que ceux qui les pratiquent et qu'attire le doux ciel de Montreux. Il en a été autrement de l'Eglise libre, dont on peut voir la chapelle au-dessous de Sales. Par elle a été rompu l'antique faisceau; aussi a-t-elle dû combattre pour conquérir le droit à exister. Il en est résulté pour tous un apprentissage de tolérance. C'est ce qu'y ont gagné les adversaires. Aujourd'hui, les deux églises vivent en paix, côte à côte, et leurs pasteurs donnent l'exemple de la bienveillance mutuelle. Les esprits forts, de leur côté, ceux qui ne veulent penser et croire qu'à leur manière, sont plus nombreux que jamais; ils profitent de la liberté du siècle.

Comment, dans ce chaos, prendre la mesure du progrès moral?

Les économistes voudront le mesurer, peut-être, à

la diminution de la mendicité ou de l'assistance offi-
cielle. La mendicité n'a jamais fleuri à Montreux. Aujourd'hui, elle est sévèrement interdite, et nulle, de fait,
ou bien peu s'en faut. Si l'on rencontre un mendiant,
on peut être assuré qu'il vient du dehors. Quant à l'assistance, il y avait en 1800, au Châtelard, 44 assistés
recevant 839 fr. anciens (environ 1200 fr. de France);
en 1845, il y en avait 76, recevant 4215 fr.; en 1870, on
n'en comptait plus que 45, mais qui recevaient 9775 fr.,
soit 217 fr. 20 c. par tête, en moyenne. Enfin, en 1875,
46 assistés ont reçu 13,635 fr., soit 296 fr. 40 c. par
tête. On voit que le nombre des assistés n'a guère augmenté au Châtelard, mais qu'ils sont plus efficacement
assistés. Aux Planches, une quinzaine d'assistés, re-
çoivent, en moyenne, une centaine de francs chacun.
Il en est ainsi depuis 30 ans. A Veytaux, il n'y a jamais
eu d'assisté, de mémoire d'homme.

La bienfaisance particulière répond, de son côté,
avec une générosité progressive à des appels de plus
en plus nombreux. Dans la collecte qui s'est faite der-
nièrement en faveur des inondés de la Suisse orientale,
Montreux a donné plus que Lausanne, et ce n'était point
une saison d'étrangers. Quelque temps auparavant, on
a trouvé sans peine, pour une infirmerie, plus de
90,000 fr. Une vente, à laquelle les étrangers n'ont
presque pris aucune part, en a produit 12,000, en deux
jours.

Le lecteur tirera de ces chiffres les conclusions
qu'il jugera à propos. Pour nous, nous attacherions plus
d'importance encore à un autre indice. Chaque peuple

a son vice favori, cause prochaine de sa ruine, et c'est à la diminution de ce vice caressé qu'on peut le plus sûrement mesurer ses progrès. On connaît celui de Montreux. A-t-il diminué? Si j'en crois des personnes bien placées pour en juger, il est, dans ce moment, en voie de diminution sensible.

N'essayons pas de serrer le problème de plus près, et bornons-nous à une dernière observation. Lorsque, dans un pays, les conditions économiques s'améliorent rapidement, il s'opère toujours, dans le sein de la population, un triage , qui est un jugement. Ce qui est sain en profite, ce qui est corrompu achève de se corrompre. Montreux n'a point échappé à cette fatalité, et les yeux qui observent y distinguent deux courants contraires : l'un monte, l'autre descend. Il y a progrès, si, comme nous en avons la confiance, celui qui monte l'emporte sur celui qui descend.

Quoi qu'il en soit, il est peu de populations plus vivement lancées que celle de Montreux dans le combat et la tourmente de la vie , et s'il est un spectacle intéressant, c'est de l'y suivre de siècle en siècle, en comparant son passé à son avenir, et son avenir à son passé. C'est le drame éternel , le drame humain, qui, à certains moments et en certains lieux, redouble d'intensité. A Montreux , on se sent pris et enveloppé par lui ; de quelque côté qu'on se tourne, on le voit , on le touche. Il est visible dans toutes les œuvres que la main de l'homme a semées sur ces bords ; il est visible dans les lignes mêmes du paysage. Ce pays est un admirable tableau d'histoire. Si l'on veut le bien voir , il faut chercher quelque point d'où on le domine assez pour en saisir l'ensemble, pas assez pour en perdre le détail. Il y en a plus d'un, aucun, peut-être, qui vaille la terrasse de ce joli village de Palens, perché au-dessus de Montreux. De là se déroule une vue qui a souvent tenté les artistes, quoique les perspectives en soient trop vastes pour le pinceau, mais dont ne se lasseront jamais ceux qui aiment les paysages historiques et la poésie de leurs révélations.

Le génie des temps actuels ne se donne-t-il pas assez clairement à connaître dans toutes ces constructions nouvelles qu'on voit blanchir le long du lac ou aux abords des villages ? « Nous sommes le dix-neuvième siècle, crient-elles à l'envi; nous représentons le progrès, le mouvement, l'industrie, les affaires, et aussi le repos dans la richesse acquise; par nous, Montreux n'est plus un hameau; il est un petit monde, miroir du grand, dont le nom est connu et dont l'attraction s'exerce par delà les Alpes et le Jura, par delà les mers elles-mêmes! » Ce Montreux du XIXe siècle pénètre jusque dans l'intérieur des villages, avec ses murs blanchis à la chaux et ses enseignes qui tirent l'œil; toutefois, c'est encore le Montreux du passé qui y domine. Ces vieux toits, sur lesquels plonge le regard, proclament leur âge et leur origine. Les uns, les bernois, semblent ne pouvoir abriter, sous leur ample couvert, que l'ordre, l'honnêteté, l'abondance; ils ont le faste de l'opulence rustique ; d'autres, plus humbles, forment des fouillis obscurs, où se dérobent les témoins d'un âge plus reculé. Tel de ces murs ne peut être que savoyard. Savoyarde aussi, cette tourelle qui signale la maison où résidaient les anciens vidomnes. Plus loin, dans le passé, nous reporte l'église, avec sa nef gothique ; plus loin, le donjon de Chillon, où gémit Wala, et qu'on dit l'œuvre de Charlemagne ; plus loin encore, ce hameau de Baugy, qui a réfléchi la gloire de Rome ; plus loin, cette plaine dont le Rhône continue les terrassements ; plus loin, ces lignes d'anciens rivages, que le regard peut encore suivre ; plus loin, ces berges sur la pente, dont la verdure dissimule mal l'œuvre des glaciers d'autrefois ; plus loin, ces gorges qui coupent en deux les villages et emprisonnent les torrents ; plus loin, ces rochers nus, ces arêtes, ces pics ; plus loin, cette Dent du Midi, qui porte au ciel ses cimes de neige ; plus loin, ce ciel lui-même, qui enveloppe les montagnes, et dont la douce et chaude lumière, charme éternel des rivages de ce pays, prédestinait Montreux à la mission qu'il remplit aujourd'hui dans le monde.

Peut-être, en feuilletant ainsi les pages du livre sans fin, arrivera-t-il à tel voyageur d'être distrait, comme je le fus naguère, par deux petits enfants, sortis de la maison voisine, deux vrais enfants de Montreux, dont l'un, une sœur aînée, menait l'autre par la main et guidait ses pas chancelants. Tout à son affaire, elle ne se doutait pas qu'elle fût, elle aussi, un personnage historique. Et pourtant, elle manquait seule à la magnificence du tableau. Sois la bienvenue, bonne petite mère, car s'il y a quelque bonheur dans cette contrée, c'est à toi qu'elle en est redevable, à toi et à tes pareilles. La femme vigilante, la mère attentive a été depuis une longue suite de siècles le principal ouvrier de la prospérité de Montreux. C'est par elle que s'en est conservée la richesse, par elle que s'en maintient l'honnête réputation. Elle n'ajoute pas seulement aux splendeurs de la nature la grâce de son costume ou de ses traits, elle y ajoute un charme d'un ordre supérieur. C'est à elle que ce beau pays doit d'être aussi un bon pays. Tant qu'elle sera fidèle à son œuvre de dévouement, il n'y a guère à craindre pour l'avenir de Montreux.

P. S. — Des renseignements reçus depuis que ces pages sont imprimées, nous obligent à deux rectifications :

1° Il n'est point nécessaire que le Tauretunum (p. 17) soit tombé dans le lac pour avoir produit la vague monstrueuse qui en a ravagé les bords jusqu'à Genève. Il suffit qu'il soit tombé près du lac. Au lac de Loverz une vague analogue à été produite, lors de la chûte du Rossberg, par la seule violence de la colonne d'air déplacée.

2° Contrairement à ce que nous avons dit p. 52, la peste noire ne paraît pas avoir été la même maladie que la petite vérole, noire. M. le Dr Marc Dufour, qui nous rend attentif à cette erreur, nous signale aussi l'importance du procès intenté aux Juifs, à Chillon, en 1348, comme ayant été le point de départ de persécutions analogues dans d'autres pays de l'Europe. Voir : *Die grossen Volkskrankheiten des Mittelalters,* von J. F. C. Hecker, Berlin 1765, p. 72 et 96 à 100.

TERRASSE DE L'ÉGLISE.

MONTREUX ET SES ENVIRONS

NOTICES SPÉCIALES

I. Prof. Dr. Lebert : Notice médicale.

II. Prof. Ch. Dufour : Notice météorologique.

III. Prof. Dr. F.-A. Forel : Notice sur l'histoire naturelle du lac Léman.

IV. S. Chavannes : Notice géologique.

NOTICE MÉDICALE

PAR LE

Dr LEBERT

ancien professeur de clinique médicale à Zurich et à Bres'au, membre correspondant
de l'Institut de France et de l'Académie de médecine de Paris etc.

Avant d'aborder notre étude médicale et climatologique, nous devons exposer en quelques mots le point de vue médical auquel nous nous plaçons.

La science moderne subordonne de plus en plus la médecine aux sciences naturelles, dont elle fait partie intégrante. Aussi est-on revenu des doctrines ontologiques qui envisageaient les maladies comme des êtres à part, pour ne voir dans l'état morbide qu'un simple changement dans la composition et les fonctions de nos organes, ainsi qu'une modification des lois physico-chimiques et biologiques qui les dominent. Nous savons aussi que ces mêmes lois suffisent souvent pour rétablir l'état normal physiologique et l'équilibre des fonctions.

Moins avides que nos prédécesseurs d'opposer à chaque groupe de symptômes des médicaments spéciaux, nous attendons l'effet des efforts de la nature, et lorsque nous les trouvons insuffisants, nous utilisons toutes les ressources de l'hygiène, de la médecine, de la chirurgie, pour éloigner le danger et ramener les fonctions troublées au jeu régulier et normal des lois biologiques. Ainsi, sobres de médicaments et de méthodes thérapeutiques, nous savons mieux les employer, ce qui, dans bien des occasions, nous permet d'être plus actifs et plus utiles aux malades.

La climatologie a été transformée aussi, à son tour.

Sans dédaigner les données météorologiques exactes, nous n'en faisons plus la base exclusive de notre jugement sur la valeur d'une station climatologique. Nous savons que pour en apprécier la valeur médicale, il faut tenir compte du comfort, de l'abri qu'on y trouve contre l'iufluence du froid et du mauvais temps, et surtout des résultats d'une longue observation clinique et pratique, tout aussi bien que de la température moyenne, des vents dominants et des données hygroscopiques.

Quant à la phthisie, nous avons peu à peu acquis la conviction que ni Madère, ni le Caire, ni Menton, ni Montreux, ni Méran, ni Davos n'ont sur elle une influence curative directe et spécifique, mais que leur action salutaire est essentiellement hygiénique et qu'elle dépend d'indications spéciales. Rien ne peut donc suppléer au choix judicieux et réfléchi d'un climat par le praticien, selon chaque cas spécial.

Nous sommes heureusement revenus aussi de la frayeur que la statistique mortuaire des hôpitaux nous avait inspirée pour les inflammations chroniques et les affections tuberculeuses des voies respiratoires. Sans estimer moins nos maîtres immortels, les Laennec, les Louis, les Andral, les Schoenlein, nous savons aujourd'hui que les maladies tuberculeuses peuvent affecter, dans de bonnes conditions hygiéniques, une marche bien autrement bénigne et favorable que dans les hôpitaux. Forts aussi d'un diagnostic plus rigoureux et de méthodes d'examen bien perfectionnées, nous luttons avec plus de courage que par le passé contre elles; notre tâche est clairement tracée: elle consiste à améliorer la nutrition, par l'hygiène surtout, et à combattre par des moyens actifs les groupes de phénomènes morbides qui peuvent donner à la maladie une marche fâcheuse. Nous pouvons déterminer bien mieux aussi les indications spéciales à chaque station, et à la nôtre en particulier.

Du climat de Montreux au point de vue médical.*

Lorsque je me suis fixé dans le Canton de Vaud comme jeune médecin, le splendide coteau de Montreux et de ses environs

* J'ai publié en 1875 un petit travail sur Vevey et Montreux dans la „Klinische Wochenschrift" de Berlin, article en partie reproduit de divers côtés; toutefois le travail actuel sur Montreux est beaucoup plus étendu et plus complet et renferme bien des détails nouveaux.

n'était parsemé que de quelques villages, rendus plus pittoresques encore par le costume gracieux de la contrée. Aujourd'hui, l'on voit se succéder, presque sans interruption, les villas, les hôtels, les pensions, depuis l'antique manoir de Chillon jusque près de Vevey. Il est tout à fait caractéristique que bon nombre des plus beaux hôtels ont été construits depuis le percement du Mont Cenis, depuis que la multiplication des voies ferrées a rendu le midi de la France et l'Italie d'un accès bien plus facile aux malades que précédemment. C'est une preuve convaincante qu'il ne s'agit point pour notre station d'un caprice de la mode médicale. Bien au contraire, la faveur des médecins est allée en augmentant sans interruption depuis bientôt un demi-siècle, et cela malgré une concurrence qui a atteint des dimensions très considérables.

Le territoire de Montreux s'étend sur les bords du golfe qui porte aussi le nom de Montreux, depuis Clarens, du côté de Vevey, jusqu'à Veytaux, du côté de Villeneuve. Les principales stations situées sur les bords du lac, où à peu de distance, sont: les Bassets, Clarens, Vernex, Montreux, Territet, Veytaux. Quelques malades préfèrent les beaux sites retirés de Chailly et de Baugy.

Notre contrée a d'ailleurs le grand avantage de posséder à des hauteurs diverses toute une série de stations aussi belles que salutaires. Brent, Charnex et Sonzier offrent déjà un refuge tranquille, à air doux et tonique. Mais ce sont surtout Glyon, à plus de 700 m, et les Avants, à près de 1000m d'altitude, que recherchent de préférence les malades et les touristes. Glyon et les Avants, tout en étant très abrités, jouissent d'un air plus vif que celui de la plaine; d'excellents hôtels y procurent non seulement du comfort, mais aussi tout ce que réclame l'hygiène médicale. Aussi le moment viendra-t-il où ces ravissantes oasis de montagne ne seront pas moins recherchées en hiver que dans d'autres saisons. En été, elles sont déjà le véritable complément médical des localités des bords du lac, avec lesquelles elles peuvent rivaliser dès que le printemps est un peu avancé et jusqu'au commencement de l'automne. Et pour l'hiver, qui ne préférerait ces stations montagneuses à celles des Grisons ou de l'Oberland, dont elles se distinguent, entre autres, par le fait qu'on n'y a pas à subir cette longue fonte des neiges, si fâcheuse aux malades dans les hautes stations des Alpes?

Après ces remarques préliminaires, nous allons passer en

revue le climat de Montreux, la cure de raisins, la cure climatologique et leurs indications thérapeutiques, tant au point de vue des saisons qu'à celui des principales maladies qui peuvent y être combattues d'une manière efficace.

Le climat de notre station, qui est abritée contre les vents, surtout contre les vents froids, est à la fois doux et fortifiant; il doit à la proximité des montagnes un fonds de fraîcheur agréable et salutaire, ce qui constitue un de ses plus grands avantages. Les étrangers qui se le figurent toujours chaud et méridional et ne quittent qu'à regret cette illusion, ne tiennent pas assez compte des inconvénients attachés souvent aux climats très doux. Nous voyons revenir au printemps, avec bonheur, nombre de malades qui, en automne, ne pouvaient attendre le moment de partir pour un climat plus méridional. La qualité fortifiante de celui de Montreux les ranime et leur permet de jouir des beautés de la saison... Loin de moi, du reste, la pensée que ces climats plus doux ne puissent aussi être très salutaires! Toutefois, les indications médicales ne sont pas les mêmes.

La baie de Montreux est abritée contre les vents du nord et de l'est, et, en grande partie, contre ceux du nord-ouest; les vents du sud n'y sont pas de longue durée, et rarement violents. Le Foehn, qu'on croit être le Sirocco qui a traversé les Alpes Pennines, parfois violent à Bex, même à Aigle, se calme souvent à partir de Roche ou de Chillon. A Clarens, il y a un peu plus de vent qu'à Montreux même; en revanche, les montagnes sont un peu plus éloignées, et le soleil y luit plus longtemps. Lorsque le vent est très fort tout autour, on le ressent à un faible degré jusqu'à la hauteur de Montreux, mais sans en être bien incommodé. Et à ce propos, l'on peut se demander si l'absence complète de vent a vraiment tous les avantages qu'on lui attribue parfois. Un peu de vent n'a point d'inconvénient pour les malades, et la brise qui dans le milieu du jour vient du lac leur est souvent agréable et salutaire; elle rappelle la brise raffraîchissante des bords de la mer. Au reste, la baie de Montreux compte parmi les localités les plus abritées. Bex seul dans la Suisse française, peut l'egaler sous ce rapport.

On pourrait croire notre climat très humide; il n'en est rien, témoin non seulement l'hygromètre, mais aussi la sécheresse des maisons, même les plus voisines du lac. Le courant de l'air se dirige bien plus de la montagne vers le lac, qu'en sens inverse. Aussi, dans les années ordinaires, les brouillards sont-ils rares et de courte durée à Montreux; l'hiver de 1875 à 1876 a fait exception; mais il a été partout le plus brumeux et le plus mauvais dont les vieillards aient gardé le souvenir.

Sans attacher une trop grande valeur médicale aux observations de pure météorologie, il est bon d'avoir quelques données précises. Selon M. le professeur Charles Dufour, auquel nous empruntons les détails qui suivent (voir plus loin *Notice météorologique*), Montreux a une température moyenne annuelle de 10,58° [1], une des plus élevées de la Suisse, de beaucoup.

Pour les malades, la température moyenne de 7 heures du matin, ainsi que celle de 9 heures du soir, n'a pas de valeur médicale directe. La moyenne de 1 heure après-midi est, pour eux, la plus importante. Voici cette moyenne pour chaque mois:

Janvier	. . 4,3°		Juillet	. . 23,6°
Février	. . 6,7°		Août	. . 21,6°
Mars	. . 7,5°		Septembre	. 20,0°
Avril	. . 14,2°		Octobre	. . 13,8°
Mai	. . 19,0°		Novembre	. 8,6°
Juin	. . 21,6°		Décembre	. . 5,3°

Nous avons donc pour les mois les plus froids de l'année, pour les trois premiers et les deux derniers une moyenne qui oscille entre 4,3° et 8,6°. Quelle différence avec l'hiver du Nord! Voyez aussi les moyennes d'avril 14,2°, de mai 19,0°, de septembre 20,0° et d'octobre 13,8°: elles prouvent que le printemps et l'automne sont à Montreux de délicieuses saisons. Au printemps, il est vrai, le temps est quelquefois très variable: mais quand il fait beau, c'est un séjour enchanteur. La douceur de la température invite à des promenades où l'on jouit du spectacle de la campagne toute émaillée de fleurs. L'automne est plus stable que le printemps. Au reste, la proximité de la grande nappe d'eau du lac Léman rend le climat beaucoup plus égal que dans d'autres localités éloignées des grands lacs ou de la mer.

La quantité moyenne de pluie qui tombe annuellement à Montreux s'élève à 1278mm. Ce chiffre, quoique fort, place Mon-

---

[1] Toutes les températures sont indiquées dans cette *Notice* en degrés centigrades.

treux au 10° rang parmi les stations météorologiques de la Suisse. Le maximum, 1722mm, est à Schwyz, et le minimum, 495mm, à Grächen, en Valais.

A ces moyennes correspondent d'assez grandes variations d'une année à l'autre; mais elles sont bonnes à considérer pour éviter les excès d'éloge ou de dénigrement qui sont presque toujours le résultat des impressions d'un moment, de quelques semaines, d'une saison tout au plus.

Un hiver tout à fait doux, exempt de neige et de froid, est-il d'ailleurs aussi utile à la santé, surtout des poitrinaires, que le préjugé public tendrait à le faire croire? Ce préjugé est réfuté aujourd'hui. On n'a qu'à voir, entre autres, l'effet salutaire qu'exerce sur les maladies de poitrine pas trop avancées le séjour de Davos en hiver.

A Breslau et dans toute la Silésie, ainsi que dans la Posnanie, j'ai pu observer comparativement les malades de la poitrine que j'ai gardés dans le pays, et ceux que j'ai envoyés dans le Midi. Or, j'ai toujours vu que par un froid sec, sans vent, de 5° à 6° au-dessous de zéro, mes malades pouvaient sortir tous les jours et s'en trouvaient bien. J'ai observé les mêmes faits en Suisse: les malades se trouvaient mieux dans ces conditions athmosphériques que lorsque le temps se radoucissait de nouveau considérablement; j'ai surtout fait cette remarque pour décembre et janvier. En matière de climats, il existe encore beaucoup de préjugés à combattre.

L'essentiel pour l'hiver à Montreux est que les malades trouvent en rentrant chez eux une chambre convenablement chauffée et qu'ils fassent attention, ainsi que les maîtres des hôtels et des pensions, à ce que le froid de l'hiver ne se fasse pas sentir dans les appartements et dans l'intérieur des maisons.

Le printemps, splendide en 1875, variable et pluvieux en 1876, est en moyenne beau et doux au bord du golfe de Montreux; c'est souvent la plus belle saison, après l'automne. Même lorsqu'il est exceptionnellement variable, nombre de jours sont magnifiques; le paysage est beau au-delà de toute description, et la flore est d'une fraîcheur et d'une élégance qui fait autant de plaisir au simple promeneur qu'au botaniste. Mais les retours imprévus de froid, de neige même, exigent une grande prudence. Toutefois, si l'on veut prendre les précautions nécessaires, ces mois de printemps sont les plus agréables, et souvent les plus utiles pour les malades qui ont passé l'hiver à Montreux. Ils sont aussi très salutaires à tous ceux qui reviennent du Midi, chassés par le mistral de la Méditerranée. Aussi nos stations sont-elles d'année en année plus fréquentées au printemps.

Quelques malades recherchent, dès le printemps, Baugy, Chailly et les stations situées un peu au-dessus du lac; bientôt Charnex et Glyon, ce beau Rigi vaudois, se peuplent d'étrangers. Ce dernier séjour, ainsi que les Avants, constituent, comme nous l'avons déjà dit, des stations sanitaires délicieuses pour le printemps et l'automne, de même que pour l'été, lorsque les malades ont l'intention de redescendre en hiver. Nous croyons même qu'elles peuvent devenir et qu'elles deviendront tôt ou tard d'excellentes stations d'hiver. Grâce au comfort des hôtels et à la bonne organisation des moyens de chauffage, les malades y trouvent en toute saison toutes les conditions essentielles pour un séjour salutaire.

L'été, avec ses 18,6°, n'est pas absolument insupportable dans la plaine; cependant la chaleur devient souvent incommode, sans compter que c'est la saison que les malades utilisent pour les cures d'eaux minérales, pour le séjour à la montagne, souvent aussi pour rentrer dans le sein de leur famille.

L'automne est la plus belle saison de Montreux. Septembre, avec ses 16,2° en moyenne (20,0°, à 1 heure après-midi), est suivi d'un mois d'octobre qui a encore des jours très doux, avec une moyenne de 10,6° (13,8°, à 1 heure après-midi). Mais déjà, vers la seconde moitié du mois, quelques rafales de pluie ou une neige passagère montrent que l'hiver approche. On jouira alors d'autant plus des beaux jours qu'on sera plus prudent les jours de mauvais temps. La moyenne des trois derniers mois, environ 6̄4°, prouve à quel point la saison médicale diffère de la saison météorologique. Ils offrent, en effet, les chiffres disparates de 10,6,° 5,6° et 2,9°. Ce qui gâte novembre, malgré sa moyenne encore belle, (5,6°) ce sont les alternances trop fréquentes de belles journées et de journées froides, humides, désagréables. Toutefois, dans les années ordinaires, novembre n'est point mauvais encore, et les malades peuvent faire des promenades fréquentes, surtout pendant le milieu de jour, dont la température moyenne s'élève à 8,6°. Décembre avec ses 2,9° (en 1863, 5,91° d'après Carrard), est décidément le commencement de l'hiver médical, et tout ce que nous avons dit et que nous dirons encore à ce sujet lui est applicable. N'oublions pas toutefois que la moyenne de 1 heure après-midi y est encore 5,3°.

En résumé, le climat de Montreux est doux, à l'abri des vents, mais, grâce à la proximité des montagnes, il a, pendant les mois d'hiver, ce degré de fraîcheur tonique qui rend l'air fortifiant, en même temps que le lac et les montagnes lui fournissent la quantité moyenne d'humidité nécessaire aux voies respiratoires malades. En outre, la contrée de Montreux, depuis le bord du lac (375ᵐ) jusqu'aux Avants (1000ᵐ), offre une variété de stations dont il y a peu d'exemples ailleurs. Partout, les habitations sont comfortables, faciles à chauffer, au moyen de cheminées et de poêles; les corridors et les escaliers sont chauffés par de grands calorifères; il y a partout des doubles fenêtres, qui ferment parfaitement, ainsi que les portes; les planchers sont couverts de tapis; la nourriture est saine et abondante; il y a toujours possibilité d'avoir du lait fraîchement trait de vache, d'anesse, de chèvre, etc. Tout cela donne à ces localités une richesse de ressources hygiéniques, dont l'influence sur l'utilité du séjour ne saurait être contestée.

Je sais bien que dans quelques stations on préfère le froid à la chaleur de la chambre et du lit, et qu'en hiver même on conseille de coucher avec les fenêtres ouvertes, d'ouvrir les fenêtres pendant le temps passé à la promenade, etc. Mais, tout en ordonnant des lavages à l'eau froide, je n'ai vu que de mauvais effets de cette méthode spartiate, qui serait agréablement complétée par la soupe lacédémonienne, si les partisans des fenêtres ouvertes ne faisaient pas boire à leurs malades des vins forts en quantité assez considérable.

Les meilleurs mois pour la cure de Montreux sont donc les quatre derniers et les cinq premiers de l'année. Pendant l'été, le séjour à Glyon et aux Avants, ou dans une autre station de montagne est préférable. A la fin d'août déjà et au commencement de septembre, le climat est agréable aux bords du lac, et la chaleur n'y dure plus que peu de temps. L'automne est non seulement la vraie saison des cures de raisins, mais aussi un bon commencement de séjour pour ceux qui doivent passer l'hiver. Toutefois le mois d'octobre est encore un moment d'arrivée favorable pour la cure d'hiver.

On ne saurait, du reste, établir de règle fixe. Souvent les maladies qui rendent le séjour de Montreux désirable, ne se déclarent qu'en automne ou en hiver, ou ne prennent qu'alors un caractère plus sérieux. Dans ces circonstances, les malades peuvent être envoyés plus tard, même en plein hiver ou au printemps.

D'autres raisons pour un voyage tardif peuvent naître de la difficulté de s'absenter, ou de trouver les moyens pécuniaires suffisants pour un séjour de 8 à 9 mois en Suisse. Le bien-être relatif que quelques malades éprouvent en automne chez eux leur fait aussi renvoyer quelquefois le voyage de mois en mois.

Or, une longue expérience à Breslau, confirmée depuis à Vevey, m'a démontré qu'il est souvent très bon, de faire une cure de climat à la fin de l'hiver seulement, ou au commencement du printemps et de passer celui-ci tout entier à Montreux. C'est aussi une grande ressource pour ceux qui, trouvant le printemps trop chaud dans le Midi, ne veulent pas encore affronter le printemps rude du Nord.

Il en est de même des malades qui, ayant passé l'hiver à Davos, ou dans la haute Engadine, à la montagne en un mot, au-dessus de 1400 mètres, doivent nécessairement quitter ces stations à l'époque de la fonte des neiges, dès le commencement ou le milieu de mars, pour chercher un climat plus doux. Tous ces malades peuvent rester au bord du Léman jusqu'à la fin de mai ou au commencement de juin, souvent tout le mois de juin.

Il va sans dire que les malades qui viennent passer l'automne ou l'hiver à Montreux, doivent être munis de vêtements chauds. Nous reviendrons plus loin sur les précautions à prendre pendant le séjour, pour les affections des voies respiratoires surtout.

Passons en revue à présent la cure de raisins et la cure climatologique proprement dite.

De la cure de raisins.

La valeur nutritive des raisins n'est pas considérable, malgré leur richesse en sucre et en sels de potasse. Mais leur composition chimique et leur caractère de fruits en font non seulement un aliment agréable, mais aussi un des moyens peu nombreux qui se trouvent sur la limite entre les substances nutritives et les médicamenteuses.

On a comparé, sous ce rapport, les raisins au petit-lait; mais celui-ci n'a pour ainsi dire point de valeur nutritive, ce lait décomposé étant privé de ses deux meilleures substances, savoir de la caséine et de la majeure partie de sa graisse, des globules de lait. L'expérience m'a depuis longtemps démontré aussi le peu de valeur thérapeutique du petit-lait, qui, à dose vraiment active, est bien plus nuisible qu'utile aux voies digestives.

Malgré les qualités réelles et l'utilité reconnues de la cure de raisins, on en a cependant bien souvent exagéré la valeur. Toutefois, cette cure gagne notablement par le site aussi beau que salubre de nos rives du Léman, par la combinaison d'une cure à la fois hygiénique, médicale et climatologique. J'en ai eu la preuve pendant mon professorat en Allemagne. Les cures de raisins que j'ai fait faire à domicile à Breslau et dans les provinces voisines, avec d'excellents raisins de Hongrie, arrivant régulièrement et en bon état, n'ont pas eu à beaucoup près le succès des cures faites par des malades que j'avais envoyés à Méran, aux bords du Rhin, à Montreux, etc.

La cure de raisins est, malgré ses qualités rafraîchissantes et apéritives, une cure essentiellement diététique, dont l'utilité suppose une quantité prescrite modérée, car les excès et l'abus qu'en font souvent les malades, avec ou sans le consentement de leur médecin, peuvent la rendre nuisible. Un bon régime fortifiant doit en aider l'effet.

Dans ma jeunesse, je voyais ordonner des cures de raisins à la dose de 8 à 10 livres par jour, avec réduction de toute autre nourriture à un véritable minimum. Dès le commencement de ma pratique, je me suis révolté contre une cure aussi irrationnelle, surtout lorsqu'il s'agissait de maladies de poitrine. Je suis arrivé de bonne heure à envisager comme maximum 2 à 4 livres par jour, et j'ai été heureux de voir plus tard mon excellent et regretté ami, Curchod, fixer aussi 3 livres comme dose moyenne pour les 24 heures.

J'ajouterai que les poitrinaires supportent encore bien moins que les autres malades de fortes doses de raisins, et que pour eux je ne conseille en moyenne que 1 à 2 livres par jour. Les raisins constituent un élément utile dans la diète et l'hygiène des phthisiques, mais manquant de toute action spéciale. J'ajouterai même que les hémoptysies fréquentes autrefois pendant les cures de raisins à haute dose, sont devenues rares à Méran et à Montreux, depuis que la cure a été soumise à des principes plus rationnels.

Les malades qui ont une affection des voies digestives ont besoin de doses plus fortes que 1 à 2 livres par jour. Toutefois, il vaut mieux, dans les états dyspeptiques, avec catarrhe chronique de l'estomac, ne progresser que lentement, ne pas dépasser 3 livres par jour et régler soigneusement le régime. Le catarrhe gastrique accompagné de douleurs fréquentes, d'une digestion très laborieuse, le soupçon même d'un ulcère gastrique contre-indiquent la cure de raisins.

La constipation, tant celle qui est idiopathique, que celle qui suit les affections gastro-hépatiques, est souvent modifiée avantageusement par 3 à 4 livres de raisins à prendre dans les 24 heures. Mais une constipation opiniâtre qui dure depuis longtemps et à un haut degré, résiste souvent à la cure de raisins, et dans ces cas on peut exceptionnellement dépasser les doses moyennes, selon l'effet et selon la tolérance, et aller jusqu'à 5 et même 6 livres. — Le catarrhe intestinal léger peut être modifié avantageusement par les raisins, tandis que je les ai vus échouer complétement contre la diarrhée des phthisiques. Il en est de même pour le catarrhe intestinal qui accompagne la maladie de Bright ou la dégénération amyloide des reins, du foie, de la rate.

La dose vraiment laxative des raisins, qui peut aller jusqu'à 5 et 6 livres par jour, se montre très salutaire dans les affections hémorrhoïdales sans fortes hémorrhagies et dans les maladies du coeur peu avancées, dans lesquelles la circulation veineuse commence à être gênée et donne lieu aux congestions pulmonaires, rénales, hépatiques et intestinales.

La diathèse calculeuse rénale ou hépatique est quelquefois modifiée très avantageusement par les raisins, tandis que les états inflammatoires chroniques et les dégénérescences du foie ou des reins en sont bien rarement améliorés. Cependant j'ai vu quelques albuminuriques, à néphrite peu avancée, se trouver bien de la cure de raisins.

Je n'ai pas une expérience suffisante sur l'action de la cure de raisins sur les maladies du sexe; mais je pense qu'elle peut être utile dans des états congestifs, compliqués de constipation, lorsque la maladie n'a rien de grave, qu'elle n'est ni cancéreuse, ni concroide, ni polypeuse.

Si le beau climat, l'exercice en plein air, la nourriture substantielle peuvent offrir des avantages réels aux jeunes filles et aux femmes chloro-anémiques, il me paraît d'un autre côté puéril de vouloir attribuer à cette cure une action antichlorotique, à cause du peu de fer que les raisins renferment.

Chaque année le contingent de ceux qui viennent faire une cure de raisins aux bords de notre beau lac Léman se compose, en partie, d'une classe à la quelle la cure est souvent très salutaire. Ce sont ceux qui ne sont ni malades, ni bien portants, qui sont fatigués par une vie trop active ou pas assez sobre, faibles par suite de maladies graves, à convalescence lente, ou qui, menant habituellement une vie trop sédentaire, trop laborieuse, trouvent dans notre contrée, outre les raisins qui règlent leurs fonctions digestives, toutes les conditions hygiéniques qui leur conviennent le mieux. L'effet salutaire du séjour peut même, en pareil cas, prévenir le passage de la faiblesse et de la fatigue à une véritable maladie.

N'oublions pas que pour les raisins chaque cas particulier doit être soigneusement surveillé, et que la cure a souvent besoin d'être modifiée, selon l'effet et la tolérance. De deux malades du même âge atteints de la même maladie, l'un arrivera rapidement à 3 ou 4 livres par jour, tandis que l'autre ne s'habituera que peu à peu au raisin, n'en prenant que de petites quantités pendant une ou plusieurs semaines. Il faut tenir compte aussi des exagérations des hystériques et des hypocondriaques nosophobes, chez lesquels le traitement psychique ne doit jamais être perdu de vue, malgré la simplicité apparente d'une cure avant tout hygiénique. Dans ces cas, trop enrayer la cure par suite de plaintes mal fondées, est une véritable faute.

Je fais commencer ordinairement les raisins par une demi-livre le matin, à jeun, et autant à 5 heures après-midi; quelques malades supportent mal les raisins à jeun; ceux-ci prendront la première portion 1 à 2 heures après le premier déjeuner, qui alors doit être très léger. Il vaut toujours infiniment mieux prendre les raisins chez soi ou dans le jardin de l'hôtel qu'à la vigne. Au bout de 2 jours, je fais prendre une troisième dose, entre 11 et 12 heures. Peu à peu chaque dose est augmentée. en moyenne jusqu'à 1 livre: je reste souvent à $^1/_2$ livre pour les poitrinaires, et je dépasse quelquefois 1 livre pour les malades qui supportent bien les raisins et qui en obtiennent un effet légèrement laxatif. Chez les dyspeptiques on peut remplacer la dose du milieu du jour par une ou deux grappes au dessert, à dîner.

Ordinairement l'effet apéritif des raisins ne se montre qu'au bout de quelques jours, et il n'est pas rare d'observer d'abord de la constipation; mais elle passe presque toujours si l'on s'abstient de purgatif. La plupart des malades ont pendant la cure 1 à 2, quelque fois 3 garderobes normales ou un peu moins consistantes. Chez quelques malades la constipation persiste et cède à 1 ou 2 pilules d'aloès prises le soir avant le coucher; des lavements d'eau fròide peuvent être utiles aussi.

L'exclusion de tous les antres fruits pendant la cure est une exagération; seulement il faut en user sobrement. Si la diète doit être bonne, nourrissante, il faut qu'elle ne soit pas trop exclusivement animalisée et que les boissons excitantes, vin, café, thé, ne soient prises ni trop fortes, ni en grande quantité. Du reste, les détails du régime sont, dans les bons hôtels et pensions, en rapport avec la cure de raisins.

La durée moyenne de la cure de raisins est de 4 semaines: elle est souvent prolongée avec succès pendant 6 semaines, et l'on peut encore continuer à prendre du raisin au dessert lorsque la cure est finie. Je préfère le raisin en substance à la boisson faite de son jus exprimé. Après chaque dose de raisins, je conseille de se rincer la bouche avec de l'eau fraîche, à laquelle on peut ajouter un peu de bicarbonate de soude, s'il y a quelque disposition à l'irritation des gencives, accident qui n'est pas très rare pendant la cure, lorsqu'on ne prend pas ces précautions dès le début. A la fin de la cure, on diminue la quantité, comme on a augmenté au commencement.

Les raisins arrivent ordinairement à maturité aux bords du lac à partir du milieu de septembre; mais dès le commencement de ce mois on peut en avoir de parfaitement mûrs de Sion et du Midi de la France.

Les enfants, surtout pendant la seconde enfance, supportent généralement bien les raisins, qui joints aux bons effets du climat peuvent leur être utiles; mais il n'y a pas d'indications spéciales pour eux, et il est plus qu'exagéré d'attribuer aux raisins une action antiscrofuleuse, antidyscrasique spécifique.

De la cure climatologique.

Nous avons déjà vu que lorsqu'un long séjour était nécessaire, la période de septembre à juin était la plus propice. Toutefois il y a souvent des obstacles pour un séjour aussi prolongé. Si donc la cure de raisins n'est point jugée nécessaire, la seconde moitié d'octobre est encore un bon moment pour le commencement de la cure, et même le mois de novembre, qui est encore en bonne partie doux; seulement, pour arriver du Nord, il faut, en novembre, choisir les jours les plus doux, c'est-à-dire les plus favorables au voyage. Nous avons vu aussi que la cure du printemps nous amenait d'année en année un contingent plus considérable.

En visitant les stations de France et d'Italie, j'ai été frappé de voir combien il y avait là de demi-malades, même sans compter les gens riches qui se donnent le luxe d'éviter l'hiver du Nord. Pour caractériser l'état de santé d'un bon nombre des hôtes de cette saison, il faut dire qu'ils ne sont ni bien portants ni malades. Ce sont des affections nerveuses, rhumatoïdes, dyspeptiques, la disposition aux catarrhes, des maladies peu graves du sexe, des convalescences prolongées, un affaiblissement de tout le corps par des sécrétions ou excrétions trop fortes ou anormales, telles que diarrhée chronique, albuminurie, catarrhe vésical, des suppurations de longue durée. D'autres fois, c'est une fatigue nerveuse générale par suite d'excès de travail, d'autres excès moins avouables, de passions malheureuses, etc., ou bien la fatigue de la voix par suite d'une de ces vocations qui conduisent à la pharyngite granuleuse, etc. Il n'est pas douteux que le calme, le bien-être, le repos, la distraction, l'exercice fréquent en plein air préviennent souvent, dans ces circonstances, par la cure climatologique faite à temps, le développement de maladies chroniques sérieuses.

Il est naturel que le médecin traitant use de cette prophylaxie sage et agréable. En revanche, je ne saurais assez conseiller à mes confrères de ne pas permettre un voyage lointain à ces malades qui font le désespoir des médecins des stations climatologiques, qui arrivent sans espoir d'amélioration, dans un état de débilité extrême, émaciés, avec fièvre hectique, quelquefois avec ulcères épiglottiques conduisant rapidement à l'inanition.

J'ai toujours visité les cimetières des localités célèbres pour leur climat, et j'ai été frappé du grand nombre d'étrangers de toute nation qui y étaient réunis dans le plus parfait cosmopolitisme. Il est vrai qu'il y a des stations mieux avisées dans lesquelles on renvoie les mourants, ou dont les morts sont enterrés ailleurs; mais ce ne sont là que de honteux expédients du moment, vu que bientôt les endroits honorés de cette clientèle de la mort refusent ces funérailles, et que les cimetières de ces stations thanatophobes doivent, par suite de ces refus, redevenir l'expression sincère d'une mortalité assez forte. — Toutefois de pareils malades n'auraient pas, pour la plupart, dû quitter leur domicile, et je regarde comme un devoir élémentaire de tout praticien consciencieux de ne pas permettre de voyage à des malades gravement atteints, qui n'ont aucune chance d'amélioration dans la station climatologique. Il est vrai que souvent l'aggravation de la maladie a eu lieu après le départ de la maison; néanmoins on cède encore aujourd'hui trop facilement aux illusions des malades qui font parfois les projets de voyage les plus hardis, lorsque leur dernier voyage est bien proche. J'ai vu fréquemment que, sans brusquer, sans ôter tout espoir aux malades, il n'était pas difficile d'empêcher ces voyages pour le moins inopportuns.

Il est donc nécessaire de préciser les indications médicales. Mais auparavant je dois dire que les malades, une fois dans notre contrée, doivent aider le médecin par leur docilité à se soumettre à toutes les précautions exigées.

Si la matinée, à partir de 10 heures, est souvent déjà bonne et assez douce pour la promenade, il est bon d'être plus chaudement vêtu pour sortir le matin que dans le milieu du jour, d'être toujours bien muni de vêtements chauds pendant les mois de décembre, janvier, février, mars, et de les reprendre souvent plus tard.

Il vaut mieux avoir des vêtements chauds que de ne pas être assez garanti contre les refroidissements. Toutefois quelques malades se tiennent la poitrine beaucoup trop au chaud en la recouvrant de couches superposées de vêtements inutiles. Un gilet de flanelle pas trop épais, souvent renouvelé, suffit sous une simple chemise, tandis que plusieurs chemises, des morceaux de flanelle au-dessous du gilet de laine, et des peaux de chat ou de lièvre, etc. sont pour le moins inutiles. La chaussure doit être bien sèche et forte, vu que pendant les temps de pluie les chemins peuvent être très humides. En hiver, on peut sortir jusqu'à 3 heures, et à mesure qu'en février, mars et avril, les journées deviennent plus douces et que le soleil reste plus long-temps à l'horizon, on peut prolonger la promenade jusqu'à 4, à 5 heures, et même en mai jusqu'à 6 heures du soir; il n'y a donc point de jour médical fixe, comme les théoriciens l'indiquent. Les jours de pluie, de neige, doivent être passés à la maison, et c'est un fâcheux préjugé que de croire qu'il faille aller à l'air tous les jours. La plus grande précaution est nécessaire aussi pour rester assis en plein air, et j'ai vu bien des catarrhes naître de l'absence de prudence sous ce rapport. Rien de plus mauvais pour les poitrinaires que de veiller tard, de danser même une partie de la nuit: j'ai vu plus d'une fois une hémoptysie en être la suite. Les courses trop fortes, surtout la manie de quelques jeunes gens de ramer sur le lac ou de faire des excursions de montagne fatigantes, m'ont souvent paru être le point de départ d'une ag gravation de la maladie. Il en est de même des excès de table et surtout de boisson. Les étrangers s'y livrent rarement. Mais j'ai vu qu'un seul ou un petit nombre d'excès suffisaient parfois pour aggraver considérablement l'état des malades. Eviter toute fatigue, tout refroidissement, tout excès, est chose indispensable pendant la cure climatologique; l'oubli de cette règle amène tous les jours des accidents qui auraient été faciles à éviter, et dont les suites sont souvent bien plus fâcheuses que l'insouciance des malades ne peut le prévoir.

Les principales indications pour notre cure climatologique sont: 1° Prévenir le développement de maladies de poitrine graves là où la prédisposition existe. 2° La maladie une fois déclarée, il faut examiner d'abord si l'organisme est en état de pouvoir faire espérer l'arrêt, l'amélioration ou la guérison de la maladie. 3° Cette possibilité établie positivement, il s'agit de donner au corps les éléments d'une bonne nutrition par une diète soignée et une hygiène bien ordonnée, afin que ses forces deviennent suffisantes pour soutenir la lutte contre les progès de la maladie et pour en triompher plus tard. 4° Il faut éviter, d'un côté, de fatiguer l'estomac des malades par des remèdes qui ne sont pas de rigueur, mais ne rien négliger, d'un autre côté, pour com-battre par les meilleurs moyens les phénomènes alarmants de la maladie. Outre ce traitement symptomatique, il est nécessaire d'aider la cure hygiénique et climatologique par les médicaments les plus capables d'agir favorablement sur la nutrition en général, sur l'accomplissement de toutes les fonctions physiologiques, et de combattre aussi l'élément dystrophique qui se trouve au fond de beaucoup de maladies chroniques, de celles des voies respiratoires et de la phthisie en particulier.

Si nous commençons par les maladies de poitrine, nous trouverons déjà quelques indications pour le traitement des catarrhes dans les affections laryngo-bronchiques; puis nous aurons à parler de la bronchiectasie, de l'emphysème pulmonaire, pour nous arrêter plus longuement aux inflammations dystrophiques du parenchyme pulmonaire, et aux affections tuberculeuses.

Un premier point important, dans toutes les maladies, est de bien fixer son attention sur la santé générale du malade. Et ici, il y a une distinction pratique d'une grande importance pour établir un pronostic: il faut s'assurer si l'état général est bon, *eutrophique*, ou s'il est peu satisfaisant, *dystrophique*, ou intermédiaire et à quel degré.

Le premier groupe des maladies eutrophiques des voies respiratoires se compose du simple catarrhe chronique, de la bronchiectasie pas trop avancée, de l'emphysème, de la pleurésie primitive pas trop prolongée, à épanchement modéré et séreux, tandis que les maladies tuberculeuses tendent plus ou moins à la dystrophie, qui est même souvent leur point de départ. Des états intermédiaires peuvent se trouver dans toutes ces affections de longue durée; et, d'eutrophiques pendant longtemps, elles peuvent devenir dystrophiques plus tard. D'un autre côté, un enfant chez lequel l'examen ne démontre que le catarrhe comme cause de la toux, peut offrir une apparence délicate, parce qu'il est issu de père ou de mère tuberculeux; il se trouve encore dans un état général satisfaisant; cependant la diathèse catarrhale peut être le prélude d'une diathèse beaucoup plus grave.

Le malade atteint de dilatation des bronches ou d'emphysème, montre pendant longtemps une bonne constitution, un état général satisfaisant, et ce sont même là de bons éléments de diagnostic. Mais peu à peu la maladie progresse, la force de résistance diminue et une longue eutrophie passe insensiblement à la dystrophie. Le malade finit même quelquefois par devenir tuberculeux. Tout le monde connaît également l'effet fâcheux d'une pleurésie prolongée chronique, lors même que l'état général et la constitution paraissaient irréprochables au début. D'un autre côté, l'eutrophie peut coexister jusqu'à un certain point avec un catarrhe pulmonaire borné à un des sommets, avec une infiltration partielle même. Chez ces malades, j'ai vu quelquefois le mal rester local pendant longtemps, avec un bon état général; je l'ai même vu guérir dans certains cas, et, chose curieuse, les rechutes qui surviennent plus tard, offrent ordinairement la même marche bénigne.

La dystrophie n'est donc pas nécessaire dans les inflammations tuberculeuses des voies respiratoires, et l'eutrophie des inflammations chroniques qui ne sont ni broncho-pneumoniques ni tuberculeuses, peut passer à la longue à la dystrophie.

Quoi qu'il en soit, c'est là un point fondamental dans le jugement à porter sur la valeur de la cure climatologique. J'ai la conviction que l'on n'envoie pas assez de malades atteints d'affections eutrophiques des voies respiratoires dans les stations sanitaires, mais un trop grand nombre, par contre, de malades dystrophiques avancés.

En revenant aux catarrhes des voies respiratoires, nous avons à parler en premier lieu des affections chroniques du larynx. La laryngite chronique simple, avec engorgement de la muqueuse, sans ulcérations, et la laryngo-pharyngite chronique, accompagnée ordinairement de granulations pharyngées, offrent de bonnes chances de guérison à Montreux, et il est rationnel de joindre le traitement local, soit par inhalation, soit par applications locales des préparations d'iode, à l'effet salutaire du climat et de l'hygiène, aidé du repos absolu de la voix.

L'usage intérieur des iodures, iodure de potassium d'abord, iodure de fer ensuite, m'a rendu de bons services aussi en cas pareil. Je vois, d'un autre côté, une contre-indication formelle dans les cas de laryngite ulcéreuse avancée, surtout avec altération des cartilages et tout particulièrement avec destruction partielle de l'épiglotte, cas dans lesquels le mauvais état général est considérablement aggravé par la difficulté croissante de la déglutition et où l'on peut craindre toutes les horreurs d'une mort par inanition. D'un autre côté, de simples ulcérations laryngées, avec intégrité de l'épiglotte et des autres cartilages, avec

facilité de la déglutition, ne contre-indiquent nullement la cure.
Plus d'une fois, j'ai constaté le retour de la phonation normale
ou presque normale, du moment où l'état général et celui des
poumons est allé en s'améliorant. Il n'est pas très rare de
trouver, dans des circonstances pareilles, la syphilis comme
cause principale, et c'est alors que le traitement spécifique peut
rendre de grands services. A cette occasion, je dois combattre
le préjugé qui proscrit les iodures et les frictions mercurielles
dans le traitement de la syphilis, du moment qu'il y a affection
tuberculeuse. Lorsque la syphilis en est la cause, ce qui est
moins rare qu'on ne pense, ce traitement m'a fourni, au contraire,
des résultats très heureux, quelquefois même surprenants.

Lorsqu'à l'examen laryngoscopique on trouve des polypes
du larynx, le climat ne suffit pas, et l'opération est nécessaire.
Cependant j'ai constaté aussi que de petites excroissances, avec
peu d'altération de la voix, chez des personnes âgées, pouvaient
être laissées intactes, sans excision ni traitement galvanocaustique,
et qu'alors la cure climatologique, surtout pour les habitants du
Nord, pouvait diminuer les signes de l'irritation laryngée et
améliorer l'ensemble de la santé.

Quant au catarrhe des bronches, il faut distinguer pour la
cure deux états bien différents. L'un est la disposition continuelle
aux refroidissements et aux bronchites, l'autre la véritable bronchite chronique. Le premier état est souvent la suite d'une débilité générale; assez souvent il cache une prédisposition tuberculeuse. Dans d'autres circonstances, ces bronchites fréquentes
peuvent devenir dangereuses par leur extension. Il n'est pas-rare
que ces catarrhes répétés restent plutôt secs et conduisent à
l'emphysème. Dans ces affections une longue cure climatologique, aidée de l'application prudente de l'hydropathie, peut rendre
de vrais services.

Le catarrhe pulmonaire chronique non compliqué, quand il
n'est pas trop invétéré, n'est pas dangereux à cause de la toux et
de l'hypersécrétion bronchique; mais il le devient facilement par
les exacerbations bronchitiques aiguës, fréquentes surtout au printemps et en automne; elles sont le plus souvent la conséquence
d'un refroidissement. Ici encore la cure climatologique est très
indiquée, pourvu que les malades suivent les directions médicales,
évitent par dessus tout les refroidissements et renoncent à ce

funeste préjugé que dans une station climatologique la prudence est moins nécessaire qu'à la maison.

Tout ce que nous avons dit de la bronchite chronique s'applique aussi à la dilatation des bronches, que je rencontre assez souvent dans notre station; je la vois confondue quelquefois avec la phthisie, dont on peut pourtant la distinguer ordinairement, tant par l'anamnèse que par l'examen complet du malade, tandis que l'examen physique de la poitrine seul peut laisser des doutes.

Les emphysémateux proprement dits ne sont pas fréquents dans notre station, on en observe cependant aux divers degrés. Le séjour est favorable, lorsqu'il s'agit de la forme simple, pas trop avancée, avec catarrhe pulmonaire prédominant et dyspnée légère ou modérée.

Si la dyspnée est plus forte et se montre sous forme de paroxysmes asthmatiques intenses, ou idiopathiques, la règle est d'observer de quelle façon le climat est supporté. Si le malade se trouve relativement bien et si ses accès deviennent plus rares, moins forts, nuls peut-être, le malade doit rester. Si, au contraire, l'asthme reste incommode avec de forts accès et une dyspnée habituelle et pénible, il faut d'abord changer de localité sans sortir de Montreux ou de ses environs, et renvoyer ensuite tout à fait le malade, si nulle part dans la contrée il ne trouve un vrai soulagement.

Lorsque les emphysémateux sont dans une période avancée, avec une nutrition détériorée, avec hypertrophie du cœur et tendance prononcée à l'hydropisie, Montreux ne saurait leur faire du bien, tandis que des œdèmes passagers, dans l'emphysème étendu, mais avec un état général passable, peuvent être améliorés. Avec de la prudence, ces malades peuvent aussi éviter les aggravations bronchitiques, qui leur sont si souvent funestes. Dans ces cas, les toniques alternés avec les iodures m'ont quelquefois rendu de grands services.

Nous voici arrivés au groupe principal des affections des voies respiratoires, aux maladies tuberculeuses. Lorsqu'il s'agit d'envoyer ces malades dans une station climatologique, il faut considérer moins la forme qu'affecte la maladie, toute importante qu'elle est, que la période de la maladie et la manière dont le corps la supporte. Que ce soit la pneumonie disséminée chronique à petits foyers, ou la broncho-pneumonie déjà confluente, que l'on soupçonne plus ou moins de granulations: ce n'est pas là le point capital. L'essentiel est de juger à quelle phase morbide on a affaire, si toute altération profonde manque encore, ou s'il y a déjà ramollissement, nécrose moléculaire, tendance aux cavernes, ou cavités déjà formées, etc. Si importante que soit cette détermination de la période, elle est encore dominée par la considération de l'état général de la santé, par l'existence ou l'absence, le degré et la constance de la fièvre, par l'état des forces et de l'embonpoint. L'état des voies digestives n'est pas moins important, car rien n'aggrave le pronostic de ces maladies comme l'absence d'appétit, l'état laborieux de la digestion, la tendance prononcée à la diarrhée. Que de fois n'observons-nous pas des tuberculeux chez lesquels l'examen physique démontre peu d'altérations, et dont l'état général, la fièvre, les mauvaises digestions nous font juger la maladie comme grave. D'un autre côté, nous posons un bien meilleur pronostic pour d'autres malades, qui offrent des altérations physiquement appréciables bien plus manifestes, des cavernes même, mais qui se nourrissent bien et supportent relativement bien leur maladie, n'ayant que peu de fièvre et d'une manière peu continue. Je rappelle ici de nouveau les remarques faites plus haut sur les cas de pneumonie chronique du sommet ou d'un lobe supérieur, qui, pendant bien des années, peuvent n'offrir que les caractères d'un mal local et guérir même complétement. Ces malades sont tuberculeux dans le sens large du mot; ils sont atteints de cette broncho-pneumonie du sommet qui peut devenir si grave, et pourtant ils sont bien loin d'être phthisiques.

Un des plus beaux côtés de la cure climatologique est son utilité dans la prédisposition héréditaire à la phthisie. Plus les enfants sont jeunes, moins l'âge de l'adolescence est passé, plus le succès sera complet. Le jeune homme ou la jeune fille prédisposés ont généralement un air chétif et débile ; toutefois les exceptions à cette règle ne sont pas rares; leur thorax est d'ordinaire peu développé, étroit, plat ou peu profond ; le pourtour supérieur du thorax est relativement rétréci; des catarrhes fréquents, souvent prolongés, la disposition à être facilement essoufflé, la tendance à un certain degré de débilité, dans des cas plus prononcés la diathèse scrofuleuse avec ses diverses localisations : tout cet ensemble démontre la menace d'une maladie grave, et bien plus grave, comme mal héréditaire que comme mal acquis, rendant par cela même la prophylaxie urgente. La seconde enfance, l'époque de la puberté et les années qui lui succèdent, offrent le plus d'occasions de remplir cette indication préventive.

Lorsque les glandes lymphatiques superficielles, surtout celles du cou, sont déjà engorgées et infiltrées du produit inflammatoire granuleux ou plus étendu, sec et compacte, ou ramolli par la suppuration, le pronostic paraît au premier abord bien plus fâcheux ; le mal est déjà localisé, et la cure préventive ne paraît plus applicable. Mais d'un autre côté, une longue et vaste expérience m'a appris, que la diathèse tuberculeuse s'épuisait, dans la majorité de ces cas, dans le système lymphatique superficiel et laissait souvent intacts les organes internes, y compris les poumons.

Il n'est pas moins essentiel de bien saisir le début des maladies tuberculeuses, souvent insidieux ; c'est alors qu'il importe de soustraire les malades, par un changement de climat et d'habitudes, aux influences fâcheuses qui peuvent aggraver rapidement la maladie. Une toux légère, rare, peu incommode, mais résistante aux moyens employés, de temps en temps un peu de fièvre, un peu de dyspnée, surtout en montant, sont pendant quelque temps les seuls symptômes, et même avant les signes positifs fournis par l'examen physique de la poitrine ; bientôt vient s'y joindre une altération, légère encore il est vrai, de la santé générale ; les malades ont moins de forces et d'entrain, ils ont l'air fatigués ou abattus ; un léger amaigrissement, une digestion moins facile et moins régulière indiquent un commencement de perturbation dans l'ensemble de la santé.

Il est d'autant plus essentiel, pour le médecin traitant, de reconnaître de bonne heure le début d'une maladie grave, qu'à cette époque le changement complet de climat, aidé du repos et d'un traitement convenable, peut ramener la constitution à l'état normal. Mais que le praticien n'oublie pas que ces malades n'aiment pas à consulter, qu'un état psychologique particulier, mélange singulier de crainte et d'insouciance, leur fait négliger, cacher même cette altération commençante et progressive de la santé. Le médecin habituel du malade ne saurait donc être trop vigilant, en pareil cas. Les hypocondriaques qui craignent la phthisie, sans en présenter les symptômes, mettent, au contraire, un soin extrême à consulter de bonne heure, à se faire passer pour plus malades qu'ils ne sont, en exagérant surtout les sensations, les quelques douleurs en particulier qu'ils éprouvent dans la poitrine. Ce sont ces malades qui ont fait en partie la gloire de quelques stations sanitaires et balnéaires, en passant pour des merveilles de guérison, parfois avec la complicité de médecins désireux d'étendre la réputation de leur centre d'action. Il en est de même de la pseudophthisie des hystériques qui simulent admirablement, quelquefois involontairement, mais d'instinct pervers, la toux, les douleurs, l'oppression, la langueur, la dyspepsie, même jusqu'au crachement de sang des phthisiques, ce sang provenant ordinairement des gencives.

Le praticien exercé et de bonne foi, et c'est heureusement la grande majorité des nombreux médecins des stations sanitaires que je connais, saura toujours, dans ces cas là, en observant soigneusement les malades, se mettre en garde contre une véritable erreur de diagnostic.

La négligence et l'incurie des tuberculeux, au début de leur maladie, fait que le médecin ne la constate souvent que lorsque déjà la matité et le catarrhe du sommet ont envahi la partie supérieure d'un poumon. C'est alors qu'il ne faut pas tarder d'envoyer le malade à la station sanitaire climatologique. Toutefois, vis-à-vis de la famille, le médecin doit poser alors un pronostic prudent par rapport à l'utilité du changement de climat, car la pneumonie disséminée chronique, surtout avec tendance à devenir confluente, est souvent incalculable dans sa marche, même dans les meilleures conditions extérieures. Il n'en est pas moins bien plus rationnel d'ordonner en pareil cas le repos, une bonne hygiène, et un bon climat, à la fois calmant, doux et tonique comme le nôtre, que de courir les chances bien plus mauvaises que peut entraîner l'abstention de toutes ces mesures médicales préventives. Le changement de climat dans la phthisie peut même, au début, guérir complétement un certain nombre de malades.

Le premier début clinique des foyers pulmonaires disséminés du sommet est quelquefois si complètement latent que le médecin, aussi bien que le malade, est surpris par une hémorrhagie pulmonaire tout à fait inattendue. Après ce premier accès, quelques malades se rétablissent assez vite; mais dès ce moment l'épée de Damoclès reste suspendue sur leur tête. Chez d'autres, cette première hémorrhagie est déjà l'expression d'une tuberculisation pulmonaire générale subaiguë, qui, en peu de mois, conduit à la terminaison fatale. La marche la plus ordinaire cependant est que, l'hémoptysie finie, une toux sèche s'établisse, que l'état général, les forces, l'embonpoint, commencent à s'altérer. Le thermomètre révèle de temps en temps une augmentation de la température, le pouls devient plus fréquent; en un mot, les signes d'une maladie chronique sérieuse se dessinent.

Cependant chez un certain nombre de malades ces signes alarmants ne surviennent point, ou passent, et le malade retrouve une santé en apparence bonne, parfois à un tel point que le médecin, même attentif, ne trouve plus à l'examen de la poitrine que des signes locaux nuls ou peu étendus. De tels malades s'exposent alors volontiers à tout ce qui peut aggraver leur mal, ou amener une rechute après un mieux trompeur. D'autres, rendus attentifs et vigilants, mènent une vie prudente, hygiénique; mais ils s'exposent aux fatigues et aux soucis de leur vocation, sans compter des conditions climatologiques mauvaises et des causes inévitables de refroidissements fréquents. C'est ainsi que les chances d'une aggravation ou d'une marche progressive de la tuberculisation augmentent et rendent le pronostic pour le moins douteux.

C'est dans toutes ces formes et dans ces circonstances variées que notre cure peut rendre de grands services et conduire à l'état stationnaire d'abord, à la guérison de la maladie ensuite, guérison, dont la durée et la solidité cependant ne sauraient être déterminées d'avance. Les jeunes filles ont sous ce rapport les mêmes chances favorables que les jeunes gens; mais il faut les mettre en garde, ainsi que les parents, contre les dangers trop fréquents qu'entraîne en cas pareil le mariage et contre l'influence si souvent fâcheuse des grossesses et des couches.

Une autre série de malades offre un état morbide plus avancé, mais à marche lente, peu fébrile, ou avec des phases prolongées d'apyrexie, avec un état général passable. Les foyers disséminés tendent à confluer et à provoquer des infiltrations, la matité de la partie supérieure d'un côté de la poitrine est évidente, on y entend des râles sous-crépitants, par places, et en arrière et en haut surtout la respiration bronchique; la rétraction commençante de cette partie supérieure, son extension moindre pendant une inspiration profonde indiquent non seulement des adhérences,

mais aussi la tendance prédominante à la formation de tissu
connectif, la tendance, en un mot, à la rétraction de toute la
partie envahie du poumon, phase qui peut se terminer aussi par
une dilatation locale prononcée d'une partie des bronches corres-
pondantes. L'autre sommet montre assez souvent dans ces circonstances des altérations commençantes, mais qui peuvent suivre
la même marche. En même temps que les foyers pulmonaires
se sèchent, se flétrissent, se crétifient, en même temps un tissu
cicatriciel les enserre et leur ôte ce qui reste de vie morbide,
la fièvre cesse, l'état général s'améliore, l'embonpoint reparaît,
les forces se relèvent, et, chez les femmes, les règles, interrompues
depuis des mois, reviennent. En un mot, l'organisme sort victorieux
de la lutte acharnée contre un mal grave.

Ai-je besoin d'ajouter qu'en pareil cas notre climat célèbre
ses plus beaux triomphes? Chacun de nous, observateurs sur
place, n'en a-t-il point été le témoin joyeux et satisfait un certain nombre de fois chaque année? Si dans ces circonstances
les phases régressives de la maladie peuvent conduire à la guérison,
à une guérison durable même, le médecin expérimenté exhortera
cependant ces malades, bien plus encore que d'autres, à une
vie excessivement prudente; il les entourera de sollicitude et de
bons conseils, parce que l'expérience a appris au praticien que
la maladie en question est insidieuse, que de légères imprudences
se payent parfois fort cher, que, sans imprudence même, les rechutes souvent ne peuvent pas être évitées.

Les théoriciens en climatologie mettent les médecins en garde
contre la phase des maladies tuberculeuses dans lesquelles le
ramollissement et la fonte des foyers ont conduit à l'existence
de cavernes bien manifestes. Mais ici, il faut encore distinguer
les cas à marche hectique et ceux dans lesquels de profondes
altérations locales sont relativement bien supportées et com-
portent un état général passable.

J'aime à citer le passage suivant d'une notice que M. Carrard,
ce médecin si consciencieux, si expérimenté, m'a transmise sur
Montreux: „Chez les personnes qui, n'étant plus jeunes, portent
„des cavernes plus ou moins étendues, qui se cicatriseraient,
„si leur constitution se fortifiait et si de nouveaux dépôts tuber-
„culeux ne se formaient pas, quand la maladie est simple et sans
„complications, Montreux peut devenir fort utile. Ce sont les

„vrais habitués de Montreux et ceux aussi chez qui les résultats „sont les plus favorables. J'en connais bon nombre qui nous „reviennent depuis 8, et même 10 ans, et qui ont acquis sinon „une guérison, du moins un état de santé relatif bien plus satis-„faisant que dans les premières années de leur séjour."

Nous avons déjà indiqué, à l'occasion de chaque forme, les contre-indications de notre cure, toutefois il est bon de les résumer:

1° Phthisie bien déclarée à marche aiguë ou subaiguë.

2° Maladie moins avancée, mais fébrile d'une manière intense et continue, avec diminution rapide des forces et de l'embompoint.

3° Maladie à marche lente, mais à une période avancée, avec ramollissement, fonte tuberculeuse, cavernes, en même temps que fièvre hectique, dérangement des fonctions digestives, amaigrissement et diminution des forces.

4° Une diarrhée rebelle, résistant à tous les moyens employés, est une contre-indication, lors même que les signes physiques de la phthisie n'offrent pas un haut degré d'intensité, surtout si l'état général de la santé s'est de plus en plus altéré.

5° La phthisie laryngée bien prononcée, accompagnée des signes de la phthisie pulmonaire, est d'autant plus sûrement une contre-indication que l'examen laryngoscopique et les signes rationnels indiquent la participation, la destruction partielle et progressive de l'épiglotte.

Le médecin traitant n'est-il pas parvenu, en cas pareil, à persuader au malade de renoncer à un voyage lointain, il doit être au moins de la plus parfaite véracité envers la famille, et ne consentir au voyage que si le malade, dans la station climatologique, était entouré des personnes qui lui sont plus chères.

Rien n'est plus triste, en effet, que de voir ces malades s'éteindre lentement ou plus rapidement dans l'isolement complet, loin de tout ce qu'ils aiment en fait de patrie et de famille. Il n'est pas rare, dans ces cas là, que les parents, appelés par le télégraphe, n'arrivent que pour l'enterrement. Des jeunes gens bien moins malades, mais dont le caractère n'a pas assez de maturité pour suivre rigoureusement les conseils de prudence et les précautions ordonnées par le médecin, ne doivent pas arriver seuls non plus dans notre station sanitaire. Il n'est que trop fréquent de voir les bonnes chances de la cure compromises, anéanties même par des imprudences répétées.

J'arrive à un dernier groupe de maladies des voies respiratoires, également fort important pour notre travail actuel, je veux parler des maladies de la plèvre.

Tout médecin expérimenté connaît les graves inconvénients d'un épanchement pleurétique prolongé, et les nombreux points de contact qui peuvent relier entre elles la pleurésie chronique et les maladies tuberculeuses. On sait aussi qu'il n'est même pas rare qu'une pleurésie à marche en apparence tout à fait bénigne, soit déjà l'expression d'une diathèse tuberculeuse ou d'une localisation disséminée commençante dans l'un des sommets pulmonaires. Dans d'autres cas, la pleurésie se prolonge, l'épanchement diminue lentement; mais malgré cela une fièvre, légère il est vrai, persiste; les forces et l'embonpoint ne reviennent pas, et tôt ou tard l'examen physique fait découvrir dans l'un des sommets pulmonaires le commencement de la tuberculisation bronchopneumonique. Dans toutes ces circonstances, le simple soupçon de la possibilité de l'existence ou de l'imminence de la phthisie commençante, suffit pour justifier non seulement la cure climatologique, mais pour la rendre même urgente.

Chez d'autres malades, une pleurésie purulente a existé pendant des mois, et la résorption, avec rétraction thoracique, est survenue peu à peu, spontanément, ou aidée par la ponction et l'aspiration au moyen de l'appareil de Dieulafois; mais l'état général de la santé a souffert: il n'existe toutefois encore aucun signe de tubercules pulmonaires. Quoi de plus impérieusement indiqué alors que le repos et un climat doux et fortifiant, en d'autres termes un séjour dans notre station sanitaire? Il en est de même des cas d'épanchement séreux ou séro-purulent qui ont résisté à des ponctions répétées et qui ont détérioré la santé générale, sans signes fâcheux encore, ou avec soupçon seulement d'un premier début. Du reste, en cas pareil, il ne faut pas craindre de joindre au besoin le traitement chirurgical à celui par le climat et par les moyens hygiéniques et médicaux.

Dans tous ces cas, la condition indispensable de notre cure est que la fièvre ne soit ni intense, ni continue, et que l'état général offre encore un bon degré de résistance. Un épanchement très considérable, avec oppression marquée, contre-indique aussi le voyage; à plus forte raison un épanchement bilatéral, expression souvent déjà de la phthisie.

Les maladies du coeur se rencontrent quelquefois dans notre station. J'ai généralement observé un bon effet dans les névroses du coeur. Plus d'une fois j'ai constaté une action salutaire, lorsque après avoir reconnu l'empoisonnement lent par la nicotine, par le cigare, comme principale cause des troubles cardiaques, j'ai pu obtenir de ces malades atteints de névropathies et d'autres symptômes, tels que vertiges, troubles de la vue, etc., de renoncer complétement au cigare et au tabac.

Dans ces cas, comme dans l'empoisonnement lent par les injections souscutanées de morphine, il vaut mieux que les malades rompent brusquement et définitivement avec la cause du mal, que de le faire à la longue, ce qui n'est souvent qu'incomplet, passager et sans utilité.

Lorsqu'il s'agit d'une altération valvulaire ou d'une myocardite chronique peu avancées, notre station est généralement bien supportée: le repos et les soins hygiéniques font du bien, mais il n'y a aucune action spéciale; toutefois si la maladie est avancée, et qu'il y ait déjà un commencement d'hydropisie, elle est positivement contre-indiquée. Il en est de même de la néphrite chronique avec albuminurie. Dans les cas moins avancés, notre climat a encore pour les maladies du cœur l'heureux effet de diminuer beaucoup les chances des catarrhes pulmonaires, souvent opiniâtres, qu'amène la mauvaise saison. J'ai vu aussi dans notre station des malades jeunes encore qui, sujets à des attaques de rhumatisme articulaire aigu, avaient contracté déjà une endocardite valvulaire chronique. Dans ces cas, le séjour ici pendant l'hiver, avec les précautions prescrites, a l'avantage de faire éviter de nouvelles atteintes de rhumatisme aigu, souvent si fâcheuses pour la marche de la maladie du coeur.

Je n'ai observé aucune action spéciale de notre climat sur le rhumatisme chronique et les névralgies. La douceur de l'hiver peut cependant être utile à ces malades, et l'absence de toute influence marécageuse peut être favorable aussi aux névralgies d'origine paludéenne.

Les goutteux peuvent y avoir leurs accès comme ailleurs; mais la possibilité de prendre beaucoup plus d'exercice qu'on ne le peut plus au nord, pendant l'hiver, est pour eux un avantage hygiénique.

Les maladies du système nerveux central n'offrent pour nous

rien de spécial; cependant j'ai vu plusieurs malades se trouver bien du séjour de Montreux après des attaques d'apoplexie qui avaient laissé, outre des restes d'hémiplégie, une certaine atonie générale, avec lenteur intellectuelle, aphasie incomplète, etc. Pour ces malades, je conseille moins un long séjour que quelques mois de printemps passés dans nos localités.

Les névroses complexes, l'hystérie surtout, ne trouvent pas non plus ici une action spéciale; mais, comme ailleurs, l'hygiène d'un hiver plus doux leur est bien plus salutaire que la mauvaise saison passée dans un climat qui ne permet que peu d'exercice et peu de vie en plein air. La vie sociale calme, morale, relevée par la nature même du public qui fréquente notre station et par le caractère et les habitudes de la population indigène, donne aussi aux névroses, accompagnées d'une grande irritabilité, une atmosphère de repos moral salutaire. L'usage du bromure de potassium, de la quinine, des ferrugineux pour les formes anémiques, peut aider l'effet de la cure climatologique.

J'espère avoir résumé dans les pages précédentes les caractères essentiels de notre climat, les principales indications et contre-indications de la cure de raisins, ainsi que du séjour prolongé et de la cure climatologique, et avoir mis ainsi mes confrères à même de rendre notre station utile à un grand nombre de malades.

HALTE DE TOURISTES À CHAMOSALLES

NOTICE MÉTÉOROLOGIQUE

PAR

CH. DUFOUR

professeur.

Climat de Montreux.

Il aurait été difficile, il y a 20 ans, de parler avec précision du climat de Montreux.

En s'autorisant d'appréciations générales souvent répétées, on aurait supposé un climat très-doux, rappelant celui de Nice ou de Cannes, une température bien supérieure à celle des autres localités suisses, etc. De chiffres exacts, il eût été impossible d'en citer.

Mais on sait que dans le but de faire une étude complète du climat de la Suisse, la Confédération a organisé, dès 1863 un système de stations météorologiques qui ont donné des indications précises sur les principaux élémens qu'il importe de connaître.

Montreux est une de ces stations; et depuis le 1ᵉʳ Décembre 1863, chez Mr. le Docteur Carrard, à Vernex, on observe régulièrement la température, l'humidité, la hauteur du baromètre, la quantité de pluie, la force et la direction du vent, ainsi que l'état du ciel. Les chiffres recueillis par Mr. Carrard ont été publiés à Zurich, dans les bulletins de la Commission fédérale de Météorologie. C'est là que nous irons chercher les documens relatifs au climat de Montreux, et tous les élémens nécessaires pour le comparer à celui des autres stations suisses.

POSITION GÉOGRAPHIQUE.

D'après les *Ergebnisse der trigonometrischen Vermessungen in der Schweiz*, la position du clocher de Montreux est: 46° 25′ 59″ latitude nord et 4° 35′ 9″ longitude à l'orient de Paris.

BAROMÈTRE.

La hauteur du baromètre au niveau du lac est en moyenne de 729,4ᵐᵐ. Cette hauteur diminue à mesure qu'on s'élève, mais non pas avec une régularité parfaite. Il faut tenir compte de plusieurs facteurs. Par exemple, au bord du lac, la température de l'air étant à 0°, la diminution est de 1^{mm} par 10,9 mètres d'élévation. Par la même température, à 700 mètres au-dessus du lac (environ la hauteur des Avants), elle est de 1^{mm} par 12 mètres d'élévation, et à 1350 mètres au-dessus du lac (environ la hauteur de la dent de Jaman), elle est de 1^{mm} par 13 mètres d'élévation. Ces chiffres sont un peu augmentés quand la température s'élève; pendant une chaude journée d'été, quand la température de l'air est à 25°, ils devraient être augmentés de $^1/_{10}$.

Dans notre pays les variations du baromètre sont beaucoup plus faibles qu'au bord de la mer. Ainsi l'abaissement du baromètre de 26^{mm} au-dessous de la moyenne, le 14 Octobre 1875, a été un fait très exceptionnel. De même, il arrive à peine une fois en 20 ou 25 ans que le baromètre s'élève à 20^{mm} au-dessus de cette moyenne. On peut donc compter une variation de 50^{mm} comme le maximum des oscillations baromètriques auxquelles on peut s'attendre pendant un fort grand nombre d'années.

TEMPÉRATURE.

Les chiffres publiés dans les bulletins de la commission fédérale de météorologie ont mis au jour un fait imprévu. On s'attendait pour Montreux à une température notablement supérieure à celle de Bex, de Morges ou de Genève. La différence existe sans doute, mais bien moins grande qu'on ne le supposait. Ces mêmes chiffres ont révélé un autre fait auquel on ne s'attendait pas: savoir pour Montreux un écart beaucoup moins fort entre les températures extrêmes. Ainsi dans l'intéressant relevé fait par Mr. Rosset, directeur des Salines de Bex, pour l'ouvrage intitulé *Bex et ses environs*, on voit que la plus forte moyenne mensuelle à 1 heure après midi est à Bex de 28°,4*) et à Montreux seulement de 25°,4. En somme, dans la moyenne de l'année, la température de Bex est supérieure à celle de Montreux de 1°,4 à 1 heure après midi; mais elle lui est inférieure à 7 heures du matin et à 9 heures du soir.

La différence avec Morges et Genève, sans être bien grande, est surtout accentuée les jours de bise, ce qui la rend plus sen-

*) Toutes les températures indiquées dans la présente notice sont exprimées en degrés centigrades.

sible; chacun sait en effet combien, lorsque le froid est accompagné d'une bise violente, les habits les plus épais et les plus chauds sont insuffisants. Exemple: le 3 Janvier 1864, il faisait très-froid et une très-forte bise à Morges et à Genève; à Montreux l'air était à peu près calme: les observations de 1 heure après midi donnent: à Genève — 10°,2, à Morges — 8°,4, à Montreux — 5°,4. En ce moment la température de Montreux était donc de 4°,8 seulement supérieure à celle de Genève, et de 3° seulement supérieure à celle de Morges; mais l'absence du vent du nord avait une telle influence qu'à Morges et à Genève on osait à peine sortir de chez soi, tandis qu'à Montreux on rencontrait les étrangers qui se promenaient paisiblement sur la grande route.

Voici quelles sont pour les années 1863 à 1870 les températures moyennes à Montreux aux heures d'observation:

	7 h. matin	1 h. soir	9 h. soir
Janvier	0°,1	4°,3	1°,1
Février	1°,7	6°,7	3°,4
Mars	2°,8	7°,5	4°,3
Avril	7°,8	14°,2	10°,2
Mai	13°,6	19°,0	14°,6
Juin	16°,0	21°,6	17°,0
Juillet	17°,7	23°,6	18°,9
Août	15°,8	21°,6	17°,0
Septembre	13°,5	20°,0	15°,1
Octobre	8°,3	13°,8	9°,6
Novembre	3°,7	8°,6	5°,0
Décembre	1°,3	5°,3	2°,2
Moyenne	8°,5	13°,8	9°,9

Ou par saisons météorologiques formées comme on le sait:
Pour l'hiver, des mois Décembre, Janvier et Février,
Pour le printemps, des mois de Mars, Avril et Mai,
Pour l'été, des mois de Juin, Juillet et Août,
Pour l'automne, des mois de Septembre, Octobre et Novembre:

	7 h. matin	1 h. soir	9 h. soir
Printemps	8°,1	13°,6	9°,7
Eté	16°,5	22°,3	17°,6
Automne	8°,5	14°,1	9°,9
Hiver	1°,0	5°,4	2°,2.

Mr. Weilenmann, de Zurich, a publié dans les Bulletins de la Commission fédérale de Météorologie, pour l'année 1871, une intéressante notice sur la température des stations suisses. Les chiffres de Mr. Weilenmann diffèrent un peu des chiffres ci-dessus parceque, en vue de comparaisons avec les stations voisines, il a fait entrer en ligne de compte quelques mois des années 1870 et 1871 qui n'avaient pu être observés à Montreux, Mr. Carrard et son aide ayant été appelés au service militaire. Cette interpolation était nécessaire, afin que les observations de Montreux comprissent 8 années (1. Décembre 1863 à 1. Décembre 1871) comme les autres, et qu'une comparaison sérieuse pût avoir lieu.

Les chiffres publiés par Mr. Weilenmann font voir que Montreux est la plus chaude de toutes les stations suisses situées au Nord des Alpes, à l'exception de Sion, qui l'emporte de $0^o,03$.

Voici, pour les personnes que cela peut intéresser, la température moyenne de quelques-unes de ces stations rangées par ordre d'altitude (le lac Léman compté à 375 mètres.)

La hauteur indiquée est celle de la cuvette du baromètre d'observation. Pour plusieurs localités, telles que Zurich, Ste-Croix, Neuchâtel et surtout Montreux, cette remarque a son importance.

	Hauteur en mètres.	Température moyenne.
St-Bernard	2478	$-1^o,33$
St-Gothard	2093	$-0^o,37$
Simplon (Hospice)	2008	$1^o,34$
Sils (Engadine)	1810	$1^o,93$
Bevers (Engadine)	1715	$1^o,77$
Davos	1650	$2^o,53$
Andermatt	1448	$3^o,19$
Ste-Croix	1098	$6^o,20$
Engelberg	1024	$5^o,58$
Einsiedeln	910	$5^o,93$
Vuadens (près Bulle)	825	$7^o,16$
St-Gall	679	$7^o,72$
Coire	645	$9^o,16$
Berne	574	$8^o,13$
Interlaken	571	$8^o,79$
Schwyz	547	$8^o,60$
Sion	536	$10^o,61$
Martigny	498	$9^o,97$

	Hauteur en mètres.	Température moyenne.
Neuchâtel	488	9°,34
Zurich	480	8°,99
Glaris	473	8°,34
Gersau	460	10°,07
Altorf	454	9°,68
Winterthour	441	8°,44
Soleure	441	8°,74
Bex	437	9°,74
Porrentruy	430	8°,81
Genève	408	9°,70
Schaffhouse	398	8°,94
Aarau	388	8°,50
Montreux	385	10°,58
Morges	380	9°,79
Bâle	278	9°,50
Lugano	275	11°,92
St-Vittore	268	11°,40
Bellinzone	229	12°,58

On voit donc qu'à l'exception de Sion, il n'y a que 3 stations plus chaudes que Montreux: Lugano, Bellinzone et St-Vittore: cette dernière est située dans la vallée de la Moësa, à la frontière du Tessin, mais encore sur la territoire des Grisons.

Pour Sion, la différence provient du printemps et de l'été, qui sont plus chauds à Sion, tandis que l'automne et l'hiver sont plus doux à Montreux, ainsi que le montre le tableau suivant où l'on trouvera par saisons, et pour les 8 années 1863—1871, la température des autres stations du bassin du Léman et du Bas Valais, et celle des 3 stations les plus chaudes au sud des Alpes:

	Printemps.	Eté.	Automne.	Hiver.	Moyenne.
Sion . .	11°,22	19°,37	10°,59	1°,25	10°,61
Martigny .	10°,71	18°,73	9°,90	0°,52	9°,97
Bex .	10°,13	17°,88	9°,75	1°,19	9°,74
Montreux .	10°,49	18°,69	10°,65	2°,49	10°,58
Morges .	9°,71	17°,96	9°,88	1°,62	9°,79
Genève .	9°,54	18°,06	9°,82	1°,39	9°,70
Lugano .	11°,94	20°,80	12°,04	2°,90	11°,92
St-Vittore .	12°,33	20°,63	10°,86	1°,77	11°,40
Bellinzone .	12°,75	21°,79	12°,59	3°,19	12°,58

On voit que, pour le printemps et l'été, les stations suisses dont la température est supérieure à celle de Montreux sont: Sion, Martigny, Bellinzone, Lugano et St-Vittore, pour l'automne Bellinzone, Lugano et St-Vittore; enfin pour l'hiver, seulement Lugano et Bellinzone.

Le tableau dont nous avons extrait les chiffres précédents indique aussi la différence entre la moyenne des maxima et celle des minima, soit la moyenne variation de la température pendant l'année. Cette différence, qui pour la moyenne des stations suisses est de 43°,8, n'est pour Montreux que de 38°,4; toutes les autres stations ont des différences plus fortes, sauf 3 situées au sud des Alpes, Brusio 35°,6, Castasegna 37°,3 et Bellinzone 38°,3. Mais cette différence est à Lugano de 40°,1, à Sion de 42°,3, à Martigny de 44°, à Bex de 46°,7, à Andermatt de 46°,4, etc. Nous ne comptons pas ici des stations telles que Genève et Morges pourvues de thermomètres à maxima et à minima, et dont les indications ne sont par conséquent pas comparables à celles de Montreux.

Il est évident que c'est à la proximité du lac que Montreux doit cette absence de températures extrêmes; c'est une conséquence ordinaire du voisinage des grandes nappes d'eau. Il est intéressant de comparer sous ce rapport Montreux avec une autre localité aussi très-abritée, Guebwiller, qui est une des villes les plus chaudes de l'Alsace, mais qui n'est pas au bord d'un lac. Pendant les années 1863 à 1870, la température moyenne de Guebwiller a été de 9°,83; la moyenne du mois de Juillet est de 20°,5, celle du mois de Janvier de —0°,7 avec les extrêmes suivants:

$$\text{Maximum} \quad 40°,$$
$$\text{Minimum} - 21°.$$

tandis qu'à Montreux pour les mêmes années, la moyenne du mois de Juillet a été de 20°,0 et celle du mois de Janvier de 1°,8. Quant aux extrêmes, de 1863 à 1870, on a constaté:

$$\text{Maximum} \quad 31°,7, \text{ le 8 Juillet 1870,}$$
$$\text{Minimum} - 11°,4, \text{ le 12 Février 1865.}$$

Il n'y avait pas, il est vrai, de thermomètre à maxima et à minima, mais à cause des heures d'observation il est probable que ces chiffres sont bien voisins des extrêmes. Dans tous les cas, nous sommes encore loin de températures telles que 40° et — 21°.

TEMPÉRATURE DES SOURCES.

En parlant du climat de Montreux, il convient de dire quelquechose de la température des sources qui jaillissent sur son territoire et donnent des eaux d'une qualité très exceptionnelle. Ces températures ont été déterminées avec toute la précision possible au moyen d'excellents thermomètres, soigneusement vérifiés.

A la limite du territoire de Montreux, entre Chillon et Villeneuve, à l'altitude de 107 mètres au-dessus du lac, soit de 482 mètres au-dessus de la mer, surgit une source abondante, qui fournit de l'eau aux fontaines de Villeneuve et qui forme le ruisseau de Grandchamp. Cette source observée régulièrement dès le 19 Août 1853 au 11 Août 1859, a donné les moyennes suivantes:

Janvier	8°,10	Juillet		8°,06
Février	8°,20	Août		8°,08
Mars	8°,25	Septembre		8°,02
Avril	8°.17	Octobre		8°,00
Mai	8°,10	Novembre		8°,00
Juin	7°,83	Décembre		8°,11

Température moyenne 8°,08.

Le maximum absolu a été de 8°,4, le 12 Mars 1854, et le minimum absolu de 7°,8, le 10 Juin de la même année; il y a donc ici une différence de 0°,60 entre les températures extrêmes.

La source de *Tovayres* jaillit au-dessus du village de Collonge, à 231 mètres au-dessus du lac, soit à 606 mètres au-dessus de la mer. C'est une source assez considérable et l'origine du ruisseau qui se jette dans le lac à Territet.

Les observations faites dès le 26 Juillet 1854 au 11 Août 1859 et groupées par mois donnent les résultats suivants:

Mars	9°,13	Août		9°,23
Avril	9°,15	Octobre		9°,23
Mai	9°,19	Novembre		9°,30
Juin	9°,26	Décembre		9°,11
Juillet	9°,38			

Moyenne . . 9°,24

Cette source n'a pas été observée en Janvier, Février et Septembre. La température la plus élevée a été de 9°,50, le 26 Juillet 1854, et la plus basse de 9°,10, le 30 Décembre de la même année: il y a donc une différence de 0°,40 entre les températures extrêmes.

Voilà donc deux sources qui jaillissent dans la même contrée, à peine à 2 kilomètres l'une de l'autre, sur des pentes tournées toutes les deux à l'ouest et à peu près également inclinées. Cependant la source de Toveyres, qui sort de terre 124 mètres plus haut que la source de Grandchamp, est sensiblement plus chaude; la différence excède un degré.

Au-dessous de Montreux, au bord de la grande route, est une source bien connue, la Fontaine à l'Ours. Sa température moyenne est de 11º,14, avec une différence de 0º,8 entre les extrêmes.

Près du point où la route de Sonzier à Glion traverse la baye de Montreux, au lieu dit le Pont de pierre, se trouve une source abondante que l'on se propose de conduire à Lausanne. Sa température moyenne est de 8º,84; on a trouvé au maximum 9º,13, le 6 Août et le 22 Octobre 1871, et au minimum 8º,60 le 2 Janvier et le 10 Mars 1872. Mais la source la plus importante de la contrée est certainement celle des Avants, utilisée depuis quelques années pour fournir de l'eau à Montreux, à la Tour de Peilz et à Vevey. Malheureusement, cette source n'a pas été observée à plusieurs reprises et dans différentes circonstances météorologiques comme les précédentes. Une observation faite le 21 Mai 1875 a donné pour sa température 6º,55. On dit qu'en été, lorsqu'elle arrive à Vevey, elle a 2º ou 3º de plus.

PLUIE.

On sait que la quantité de pluie varie beaucoup d'une année à l'autre et d'une localité à l'autre. Mais la quantité de pluie qui tombe à Montreux est en somme considérable, notablement plus grande que dans les stations voisines. De 1863 à 1870, il est tombé en moyenne à Montreux 1278mm d'eau par année; à Bex, il n'en est tombé que 893. A Morges, la moyenne est de 919mm dans les 5 années 1849—1854; mais on arrive à 939mm si l'on fait intervenir les années 1864, 1865 et 1866. A Genève, il tombe en moyenne 823mm d'eau. D'après un relevé fait en 1868, après les 4 premières années d'observations météorologiques suisses Montreux occupe, pour la quantité de pluie, le 10e rang

					Annuellement	
au	1er rang on trouve	Schwyz		avec 1722mm d'eau,		
„	2. „ „	„	Bellinzone	„	1703mm	„
„	3. „ „	„	Einsiedeln	„	1679mm	„

						Annuellement		
au	4.	rang	on	trouve	Engelberg	avec	1659^{mm}	d'eau,
"	5.	"	"	"	Beatenberg	"	1537^{mm}	"
"	6.	"	"	"	Lugano	"	1535^{mm}	"
"	7.	"	"	"	Castasegna	"	1526^{mm}	"
"	8.	"	"	"	Vuadens	"	1516^{mm}	"
"	9.	"	"	"	Ste-Croix	"	1445^{mm}	"
"	10.	"	"	"	Montreux	"	1342^{mm}	"
Puis vient				Altorf	"	1300^{mm}	"

etc., etc.

Au bas de la série figure Martigny avec 794^{mm} d'eau, Remüs (Engadine) avec 604, et enfin Grächen dans la vallée de Zermatt avec 495.

On voit que la quantité de pluie varie beaucoup d'une année à l'autre, puisque la moyenne des 4 premières années donne pour Montreux 1342^{mm}, tandis que, si l'on considère les 7 années 1863—1870, cette moyenne tombe à 1278^{mm}. Il n'est tombé à Montreux que 893^{mm} de pluie en 1865, tandis qu'il en est tombé 1637 en 1867.

HUMIDITÉ.

L'observation de l'humidité a donné des résultats analogues à ceux de la température. Montreux représente une moyenne, et l'on y rencontre bien rarement les extrêmes. Les brouillards correspondant à l'état de saturation de l'air sont très rares; il en est de même des sécheresses extraordinaires constatées dans d'autres stations.

VENT.

Montreux se distingue par un air très-calme. Non seulement le vent du Nord n'y souffle pas, mais en somme l'air y est peu agité. Ainsi, tandis que les deux autres stations des bords du lac, Morges et Genève, ont l'air calme seulement dans le 1/3 ou dans le 1/4 des cas (Morges 331 fois sur 1000); à Montreux les calmes sont de beaucoup en majorité, 850 à 900 fois sur 1000 Cet effet est bien connu des bateliers, qui y trouvent en général le lac moins agité. Aussi n'est-il pas rare qu'un bateau à vapeur parti de Genève trouve des vagues jusqu'à Vevey, et de là à Villeneuve un lac tranquille, sauf quelques ondulations causées par les vents qui soufflent au loin.

14

Dans la localité, on nomme *vaudaire* le vent du sud qui n'est autre chose que le Fœhn des Alpes, c'est un vent chaud qui fond rapidement les glaces et les neiges; il soulève parfois devant Montreux des vagues assez fortes, et il est le plus redouté des bateliers. Quand il souffle en automne, il a une influence très-favorable sur la maturité des raisins.

GRÊLES, GELÉES. *)

De temps en temps, la grêle vient ravager quelques parties du territoire de Montreux; mais dans ce siècle il n'est arrivé qu'une fois, en 1822, que les récoltes ont été pour ainsi dire entièrement détruites. En 1822 il a grêlé 2 fois, d'abord un dimanche, à la fin de Juin, probablement le 23; puis le 30 Juillet. Ces deux averses anéantirent presque entièrement la récolte des vignes. Mais, en général, la surface frappée par la grêle est moins étendue, et les ravages sont plus limités.

Le 5 Septembre 1865, par exemple, une colonne de grêle accompagnée d'une pluie abondante causa de grands dégâts autour de Vernex. En 1874, la partie située à l'Occident de la baie de Clarens fut frappée. En 1798, ce furent les environs de Montreux. En 1799, la récolte des vignes fut presque entièrement détruite à Veytaux etc.

La chute de grêle du 5 Septembre 1865 a été accompagnée, d'une pluie diluvienne, qui ne dura que 45 minutes, mais qui donna 40 millimètres d'eau; c'est là une pluie tout-à-fait exceptionnelle comparable par son intensité aux plus fortes que l'on ait jamais enregistrées; heureusement qu'elle n'a pas duré plus longtemps.

Les gelées du printemps si redoutées des agriculteurs sont rares à Montreux. Il arrive bien de temps en temps qu'un certain nombre de bourgeons de vignes soient détruits par quelque retour de froid; mais il est rare que la plus grande partie de la récolte soit ainsi enlevée. On peut citer cependant les gelées du 17 Mai 1802, du 30 Avril 1826 et du 27 Avril 1873, qui ont rudement frappé les agriculteurs.

*) Je dois la connaissance de plusieurs faits indiqués dans ce chapitre à deux personnes de Veytaux: Mr. le colonel De la Rottaz et Mr. Jean David Falquier. Je saisis cette occasion de leur exprimer tous mes remerciemens pour les renseignemens qu'ils ont bien voulu me donner.

Toutes ces gelées ont lieu pendant des nuits claires, qui permettent un rayonnement de la terre assez fort pour que sa température tombe au-dessous de zéro; ce rayonnement est surtout à redouter quand les végétaux sont mouillés.

MIRAGES.

On sait que dans le désert le voyageur est souvent victime d'une cruelle illusion. Il croit voir devant lui une nappe d'eau dans laquelle se réfléchissent les objets éloignés. Puis quand il s'approche tout s'évanouit, et à l'endroit où il croyait avoir vu l'eau après laquelle il soupire, il trouve un sable brûlant comme celui qu'il vient de quitter. Cette illusion s'appelle *le mirage*.

Le mirage a déjà été observé à une époque fort ancienne; car dans le Coran, Mahomet compare le bonheur des méchants à ces images que l'on voit dans le désert, qui paraissent au loin des eaux abondantes et qui s'évanouissent dès qu'on en approche.

Mais c'est un des savants de l'expédition d'Égypte, Gaspard Monge, qui en a donné l'explication, et montré que le mirage doit se produire toutes les fois que le sol est plus chaud que les couches d'air situées à la hauteur de l'observateur et des objets dont il voit l'image.

Ceci est généralement connu, et il y a nombre de personnes qui voudraient aller dans le désert pour jouir de ce spectacle étrange. Mais ce que l'on sait moins, c'est que les lacs de la Suisse, le lac Léman entr'autres, le présentent tout aussi bien que le désert.

Il n'y a donc pas besoin de franchir la Méditerranée pour en jouir, il suffit d'aller au bord du lac lorsque l'air est plus froid que l'eau, ce qui arrive généralement le matin dans les mois d'automne, et presque tout le jour dans les mois d'hiver. Alors l'eau du lac est dans les mêmes conditions que le sable du désert, et les couches d'air qui en sont immédiatement voisines participent à ce réchauffement et modifient la marche de la lumière de manière à produire le mirage. Quand Monge en donna l'explication, il *supposait,* ce qui du reste était logique, que les couches d'air voisines du sable étaient réchauffées par son contact, et que leur température était plus élevée que celle des couches supérieures; mais les preuves expérimentales faisaient défaut.

Cette preuve a été faite sur le lac Léman dans le voisinage de Villeneuve, en profitant des matinées d'automne durant lesquelles le lac était encore dans l'ombre du mont Arvel. En attachant un bon thermomètre à l'extrémité d'une ligne à pêcher, et en laissant ce thermomètre un certain temps, à 10 centimètres, puis à 20 centimètres, puis à 50 centimètres etc. au-dessus du lac on a confirmé la supposition de Monge; et en *pêchant* pour ainsi dire la température de l'air, on en a constaté la diminution à mesure que l'on s'élevait au-dessus de la surface de l'eau.

Pour bien voir le mirage à la surface du lac, il faut que l'oeil ne soit pas trop élevé au-dessus de l'eau, 8 à 10 mètres au plus pour les objets éloignés de 2 à 3 lieues, et beaucoup moins pour les objets plus rapprochés. On voit alors le mirage aussi bien que dans le désert; et si l'on n'a pas une bonne vue ou si l'on veut voir plus en détail, il est bon de se servir d'une lunette.

La plupart des personnes qui vivent au bord du lac voient tous les jours des mirages sans les remarquer, ne se doutant pas du phénomène qu'elles ont sous les yeux, parce qu'elles attribuent généralement ces images à la réflexion des objets sur l'eau; cependant il est facile de comprendre qu'il ne peut en être ainsi. En effet, pour qu'une image par réflexion soit possible, il faut que le lac soit absolument calme. Dès que le lac est un peu frémissant, toute réflexion sur l'eau disparaît et les images qu'on voit sont nécessairement des mirages.

En outre, quand le rayon visuel est presque parallèle à la surface de l'eau, l'image par réflexion, dans les cas rares où elle est possible, est à peu près méconnaissable, à cause de la rondeur de la terre, qui fait de la surface du lac un miroir convexe sur lequel les images sont déprimées dans le sens vertical, lors même qu'elles occupent sur le lac un espace très-étendu.

C'est ce que montre le calcul, et c'est ce qu'a confirmé l'observation toutes les fois que le lac a été absolument calme sur une étendue assez considérable pour que cette observation ait pu avoir lieu. Ainsi, le 2 Avril 1878, le lac était d'une tranquillité parfaite; l'image d'une barque et de ses voiles, vue de Morges, était considérablement déprimée dans le sens vertical, et paraissait manoeuvrée par un équipage de chiens ; ces chiens n'étaient que les images des hommes déformées dans le même sens que la barque. Cette observation d'images déprimées par la convexité de l'eau est une nouvelle preuve de la rondeur de la terre.

Le mirage du lac présente fréquemment des apparences curieuses. C'est ainsi qu'on voit souvent, sous un bateau, le mirage d'une partie du ciel. Le bateau paraît alors voguer dans les airs à une assez grande distance au-dessus de l'eau.

Montreux est admirablement placé pour l'observation des mirages, surtout dans les belles matinées de Septembre et d'Octobre, quand l'air est déjà frais et que l'eau n'a pas encore perdu la chaleur de l'été; alors, en regardant les maisons et les bateaux situés à l'ouest, par conséquent éclairés par le soleil, on voit des mirages peut-être plus remarquables que ceux du désert.

Par exemple, le matin, quand on observe de Villeneuve le bateau à vapeur qui va de Clarens à Vevey, si l'air est sensiblement plus froid que l'eau, on voit au-dessous du bateau le mirage des vignes, le bateau semble ainsi transporté dans le vignoble, et si les circonstances sont favorables, il paraît même à une hauteur qui est celle de la grande route entre Montreux et Vevey. A l'œil ce phénomène peut passer inaperçu, mais avec une bonne lunette il est d'un effet saisissant. Les Arabes du désert sont peut-être quelquefois étonnés de voir l'apparence d'une nappe d'eau où il n'y a que du sable brûlant; mais il est probable qu'ils ne l'ont jamais été au même point que les bateliers de Villeneuve, le jour où on leur fit voir avec une lunette d'approche le bateau *le Léman* qui paraissait aller à toute vapeur sur la grande route entre le Basset et la Tour de Peilz.

Mais sur le lac on peut voir aussi le mirage inverse du mirage du désert: il a lieu quand l'air est plus chaud que l'eau, ce qui arrive surtout dans l'après-midi pendant les belles journées depuis le mois de Février jusqu'au mois de Juillet.

Dans ce cas, le rayon lumineux suit une courbe qui tourne sa concavité contre l'eau; il en résulte que les objets ne paraissent pas renversés, mais que plusieurs d'entr'eux qui devraient être cachés par la convexité de la terre deviennent exceptionnellement visibles. Ainsi, dans la règle, à cause de cette convexité, les objets hauts de 8 mètres sont cachés à une distance de 10 kilomètres lorsque l'œil est placé au bord du lac; et dans les mêmes conditions les objets hauts de 100 mètres sont cachés à une distance de 36 kilomètres. De Morges, par exemple, le château de Chillon est caché par la rondeur de la terre: et l'on ne voit du bord du lac, à Montreux ou à Villeneuve ni le clocher de

Morges ni les tours de l'Arsenal, à moins qu'on ne s'élève à une hauteur assez grande au-dessus de l'eau. Il n'y a pas besoin qu'une barque soit très éloignée pour que les voiles seules demeurent visibles, comme celles d'un navire qui va disparaître à l'horizon.

Mais quand il y a mirage inverse, ces objets deviennent visibles, c'est alors que de Morges on peut voir le château de Chillon. En général, cela n'arrive pas le matin, mais dans la journée, quand l'air devient plus chaud il paraît sortir de l'eau.

Ce mirage est souvent accompagné de déformations extraordinaires, car avec les variations de température qui existent dans les couches d'air voisines de l'eau, deux rayons voisins peuvent éprouver des déviations fort différentes. Parfois la base d'un édifice paraît déplacée beaucoup plus ou beaucoup moins que le sommet, en sorte que l'édifice lui-même est tantôt déprimé, tantôt amplifié dans le sens vertical. Une barque chargée de bois passe au milieu du lac. Ce bois amplifié dans le sens vertical, par le fait de réfractions anormales, paraît en hauteur dix fois plus étendu qu'en longueur; mais si la partie supérieure du bois est considérablement relevée, il n'en est pas de même du sommet des voiles plongé dans des couches d'air bien différentes, les voiles paraissent déprimées et leur hauteur est bien plus faible que celle du bois. Puis, comme toute la lumière qui vient des voiles se trouve accumulée sur un espace très restreint, elles paraissen très brillantes et présentent l'aspect de petites cornes d'argent sur le grand rectangle sombre du tas de bois.

C'est là un exemple entre mille des déformations étranges que l'on peut voir quand on a l'œil près de l'eau, et que l'on observe des objets situés de même près de sa surface, dans les jours où il y a une différence notable entre la température de l'air et la température de l'eau.

C'est aussi dans des circonstances pareilles que l'on voit sur le lac la *Fata morgana*, indiquée comme spéciale à quelques côtes de l'Italie. On sait que l'on désigne sous ce nom l'illusion qui consiste à voir au-dessus de l'eau des monumens magnifiques dans des localités où ordinairement on ne voit rien de pareil. On les attribue toutefois à de petits bâtimens généralement invisibles, mais qui de temps en temps paraissent sur l'horizon considérablement amplifiés par une cause longtemps ignorée.

Eh bien, la Fata morgana existe aussi sur le lac Léman, et même avec une rare magnificence. Cependant elle est beaucoup moins fréquente que le mirage du désert: elle apparaît quelquefois dans les belles journées, généralement entre 10 heures et midi; et parfois aussi, mais plus fugitivement, dans l'après-midi.

L'étude des circonstances dans lesquelles elle paraît sur le lac Léman a permis d'en trouver l'explication, et de reconnaître que c'est un phénomène analogue aux précédents. Dans le fait, l'apparence du bois de la barque dont il a été question plus haut était une véritable Fata morgana. Parfois, on voit de Morges les petits cabinets de vignes ou les murailles situées près de La Tour de Peilz ou de Montreux, qui paraissent immenses et que l'on pourrait prendre pour des monumens comparables aux plus grands monumens du monde, c'est un exemple de la Fata morgana.

D'autres fois les objets éloignés, tels que les édifices et les voiles de bateau, paraissent tronqués ou partagés en plusieurs segments, ce sont encore là quelques unes des nombreuses apparences auxquelles on peut s'attendre quand on étudie avec un peu de suite les objets que l'on voit par des rayons à peu près parallèles à la surface du lac.

Une promenade à Chillon.

NOTICE SUR L'HISTOIRE NATURELLE DU LAC LÉMAN [1]

PAR

Dr F.-A. FOREL

professeur à Morges.

SITUATION.

Le lac Léman (lac de Genève) est situé sur le cours du Rhône, au pied du versant nord de la grande chaîne des Alpes, dans la partie sud-occidentale de la large vallée qui sépare les Alpes du Jura. La position du centre de figure du lac est par 46°,27' de latitude N. et 24°,12' de longitude E. du méridien de l'Ile de Fer.

ALTITUDE.

La nappe du Léman, dans ses eaux moyennes, est à 371,70 mètres au-dessus du niveau de l'Océan, soit à 372,50 mètres au-dessus du niveau moyen de la Méditerranée, mesuré dans le port de Mar-

---

[1] Il ne peut entrer dans le plan de ce travail de donner ni détails ni démonstrations. Je prends sous ma responsabilité tous les faits et théories pour lesquels je n'indique pas de nom d'auteur; j'en offre la justification dans les mémoires suivants: Matériaux pour servir à l'étude de la faune profonde du lac Léman. Introduction, 1869. Ire série, 1874. IIe série, 1875. IIIe série 1876. — La faune profonde du lac Léman. Ier discours, 1873. IIe discours, 1874. — Comparaison du débit du Rhône à Genève avec la hauteur annuelle de l'eau météorique, 1871. — Notice sur les brises du lac Léman, 1871. — Les taches d'huile connues sous le nom de fontaines du lac Léman, 1873. — Une variété nouvelle de gloire étudiée sur le lac Léman. 1874. — Essai de chronologie archéologique 1870. — Maladie épizootique des Perches du lac Léman, 1867. — Etude sur le typhus des Perches, 1868. — Enquête sur le typhus des Perches, 1873. — Faux albinisme des jeunes Cygnes de Morges, 1868. — Beiträge zur Entwickelungsgeschichte der Najaden, 1867. — Etudes sur les seiches du lac Léman. Ire étude, 1873. — IIe étude, 1875. — Les Seiches, vagues d'oscillation fixe des lacs, 1875. — Le Limnimètre enregistreur de Morges, 1876. — La formule des Seiches, 1876. — Note sur la carte hydrographique du lac Léman, 1874 — et dans d'autres mémoires déjà publiés ou devant paraître dans le Bulletin de la Société vaudoise des sciences naturelles, dans les Archives des sciences physiques et naturelles, dans les Actes de la Société helvétique des sciences naturelles, etc.

seille (Michel). La carte fédérale suisse qui s'est basée sur les anciens nivellements du génie français lui donne une altitude moyenne de 375,3 mètres.

FORME.

Sa forme est celle d'un croissant irrégulier, à cornes inégales; la branche orientale est beaucoup plus large et terminée en pointe plus arrondie que la branche occidentale qui va en s'effilant et en se rétrécissant vers Genève; la concavité du croissant regarde le Sud.

L'axe du lac forme un arc de cercle de 35 ½ kilomètres de rayon et de 120° d'ouverture dont le centre serait situé à 5 kilomètres au Sud du Roc d'Enfer en Savoie.

La rive nord se rapproche sensiblement d'un arc de cercle de 34 ½ kilomètres de rayon et de 145° d'ouverture dont le centre serait situé à 1 kilomètre au N.-E. du hameau de l'Abbaye, vallée de Bellevaux. La rive sud est irrégulière et ne se prête pas à une description générale.

DIVISION.

Le lac Léman peut-être divisé en deux parties bien distinctes séparées par un détroit peu apparent qui s'étend entre la pointe de Promenthoux et la pointe d'Yvoire: le *Grand lac* et le *Petit lac.*

Le Grand lac, ou lac Léman proprement dit, s'étend depuis l'origine du lac en Valais jusqu'à la barre de Promenthoux; c'est un beau bassin, à grand axe légèrement recourbé, suivant un arc à concavité regardant vers le Sud; sa largeur assez régulière varie de 8 à 14 kilomètres.

Le Petit lac, ou lac de Genève, dans la partie occidentale du Léman, forme un long fiord, étroit et resserré, dont la largeur diminue progressivement depuis 4 kilomètres devant Nyon à quelques centaines de mètres à Genève.

DIMENSIONS.

La longueur du lac est difficile à évaluer, vu sa forme de croissant. Une ligne droite étendue à vol d'oiseau entre ses deux extrémités, de Chillon à Genève, mesure 63,4 kilomètres; si l'on suit le contour en arc de cercle du grand axe du lac, on arrive à une valeur plus grande, à 73,2 kilomètres environ.

La plus grande largeur du lac entre le golfe de Préverenges, près Morges, et Amphion, est de 13,8 kilomètres.

Sa superficie totale est de 577,8 kilomètres carrés.

RELIEF DU BASSIN DU LAC.

Si nous étudions les profondeurs du lac sur une carte hydrographique, dressée d'après les sondages de la Bèche, Gosset et E. Pictet, nous constatons les faits suivants. Le Léman est formé par une grande et large vallée, remplie d'eau, à fond très remarquablement plat dans ses profils transverses: le plus souvent l'on ne trouve pas 10 mètres de différence de profondeur dans toute la traversée, perpendiculairement au grand axe du lac. Cette grande plaine, de 6 kilomètres de largeur moyenne, est bordée par des talus plus ou moins inclinés; à l'extrémité orientale du lac, leur pente dépasse parfois 50 pour cent; dans la partie occidentale ils sont beaucoup moins abrupts et n'atteignent pas 20, 10 et même 5 pour cent d'inclinaison.

Quant à la vallée elle-même qui forme le plancher du lac, elle varie dans sa profondeur d'une manière régulière et progressive. Elle commence par s'approfondir; à son origine au pied du delta du Rhône elle a 60 mètres: elle atteint 80 mètres devant Chillon, 90 devant Veytaux, 100 devant Montreux, 190 devant Vevey; elle augmente graduellement sa profondeur suivant une pente de 10 pour mille environ jusqu'à la hauteur d'Ouchy et Evian. Là s'étend une grande plaine de 5 kilomètres de longueur, et de 6 kilomètres de largeur dont la profondeur uniforme est de 315 mètres. Dans cette plaine l'on peut indiquer deux dépressions, deux points de profondeur maximale, situés l'un et l'autre sur la ligne qui joint les ports d'Ouchy et d'Evian: le premier est à $^1/_3$ de cette ligne à partir d'Evian, il mesure 334 mètres; le second est à 3 $^1/_2$ kilomètres au Sud du môle d'Ouchy, il mesure 324 mètres. Le point de plus grande profondeur du lac est ainsi à 38 mètres seulement au-dessus du niveau de la mer. Depuis cette plaine, le plancher du lac va en se soulevant lentement vers l'ouest avec une inclinaison de 8 pour mille jusqu'aux limites du Grand lac: là le fond se relève subitement et un talus assez incliné ramène la profondeur de 200 mètres à 61 mètres sur une barre qui ferme le détroit de Promenthoux. Cette barre de Promenthoux limite ainsi le Grand lac à l'ouest.

Au delà de la barre, le Petit lac qui ne s'approfondit que peu, n'atteint pas plus de 71 à 73 mètres, puis diminue successivement de profondeur dans une série d'étages ou de cuvettes séparées par des barres plus ou moins apparentes.

La profondeur moyenne du Grand lac peut-être évaluée à 200 mètres environ, celle du Petit lac à 50 mètres.

Le cube du lac, soit le volume d'eau qu'il contient a été estimé à 80 ou 100 milliards de mètres cubes.

AFFLUENTS.

Le lac est alimenté par le Rhône et par une vingtaine de petites rivières ou ruisseaux qui se jettent directement dans ses eaux; ce sont:

Rive droite: l'Eau froide, la Tinière, la Veraie, la Baie de Montreux, la Baie de Clarens, la Veveyse, le Flon, la Venoge, la Morge, le Boiron, l'Aubonne, la Promenthouse, le Boiron, la Versoie.

Rive gauche: la Morge de St-Gingolph, la Dranse, le Redon, l'Hermance.

De tous ces cours d'eau un seul est un peu important: la Dranse a un débit moyen de 28 mètres cubes et un débit maximum de 380 mètres cubes par seconde (Lauterburg). Les autres sont des ruisseaux ou des torrents qui ont fort peu d'eau en temps ordinaire et ne prennent une certaine importance que lorsqu'ils sont gonflés par des pluies d'orage ou par la fonte des neiges de l'hiver.

Quant au Rhône il est avant tout un fleuve alpin dont le débit très faible en hiver est décuplé en été par la fonte des neiges éternelles et des glaciers.

M. Lauterburg évalue le débit du Rhône comme suit:

le débit moyen annuel   à   200 mètres cubes par seconde
  „   „   moyen de l'hiver   „   55   „   „   „   „
  „   „   moyen de l'été   „   740   „   „   „   „
  „   „   exceptionnel, en temps
          d'inondations . . . „ 1700   „   „   „   „

Quant à la surface du bassin d'alimentation du lac, elle est évaluée par la Commission hydrométrique suisse à:

Bassin du Rhône   5382,6 kilomètres carrés
Bassin du lac et de ses affluents directs 2611,9   „

                    ensemble 7994,5.   „

Notons que sur les 5400 kilomètres du bassin du Rhône il y en a 1041,4 en nature de glaciers et de neiges éternelles; cette proportion est énorme; elle représente plus de la huitième partie de la surface totale du bassin d'alimentation du lac, et joue évidemment un rôle très important dans les conditions météorologiques de la vallée et dans les conditions hydrologiques du lac.

VARIATIONS ANNUELLES DU NIVEAU DU LAC.

Le niveau des eaux du lac varie considérablement de l'été à l'hiver. La fonte des neiges et des glaces éternelles du Valais détermine la crue estivale du Rhône et relève en été le niveau du lac d'une hauteur que l'on peut estimer à $1^m,50$ au-dessus du niveau moyen de l'hiver. Voici d'après les observations des 25 dernières années au limnimètre de Vevey les hauteurs moyennes des différents mois; elles sont rapportées au limnimètre normal du colonel Burnier dont le zéro est à 3 mètres au-dessous du repère en bronze de la Pierre du Niton à Genève

Janvier	$1^m,076$	Juillet	$2^m,064$
Février	$1^m,059$	Août	$2^m,205$
Mars	$1^m,047$	Septembre	$1^m,943$
Avril	$1^m,154$	Octobre	$1^m,525$
Mai	$1^m,328$	Novembre	$1^m,297$
Juin	$1^m,700$	Décembre	$1^m,213$

D'après l'étendue en surface du lac de 578 kilomètres carrés, toute hausse de 1 millimètre dans le niveau général correspond à un excès de 578000 mètres cubes dans l'entrée sur la sortie, dans le débit des affluents du lac sur le débit de l'émissaire. Une hausse de $1^m,50$ correspond donc à un excès d'entrée de 865 millions de mètres cubes. Les baisses correspondent à des différences de même valeur mais en sens inverse.

La moyenne annuelle est de $1^m,458$.

La moyenne des maximums annuels de $2^m,366$.

La moyenne des minimums de $0^m,858$.

Quant aux extrêmes de hauteur des eaux ils sont bien plus divergents. Les maximums les plus élevés de ce siècle sont:

26 Juillet	1876	$2^m,661$
17 Juillet	1846	$2^m,847$
20 Août	1816	$2^m,901$
16 Juillet	1817	$2^m,958$

Le minimum le plus bas a été le 4 Février 1830 0^m,120. (?)

Différence entre les plus hautes eaux et les plus basses eaux du siècle 2^m,838.

La crue la plus rapide que l'on ait constatée dans les vingt dernières années a été de 82 millimètres en 24 heures. Si l'on tient compte de la hauteur du lac et du débit du Rhône à Genève, l'on calcule qu'à ce moment le débit total des affluents du lac ne dépassait pas 940 mètres cubes par seconde.

ÉMISSAIRE DU LAC.

Le Rhône est l'émissaire du lac; il emmène les eaux en leur faisant traverser le port de Genève et surmonter le barrage de la machine hydraulique. Le débit du Rhône varie avec la hauteur du lac; il peut être évalué d'après les chiffres de MM. Pestalozzi et Legler:

à 80 mètres cubes par seconde pour une hauteur du lac de 0^m,780
à 320   »   »   »   »   1^m,500
à 415   »   »   »   »   2^m,025
à 560   »   »   »   »   2^m,545

L'on ne peut cependant pas conclure toujours de la hauteur du lac au débit du Rhône, car pendant les mois d'hiver, le fleuve est presque entièrement fermé par le barrage en planches qui relève les eaux pour les roues de la machine hydraulique, servant à l'alimentation de la ville de Genève. Il en résulte que le niveau du Léman en hiver est un niveau artificiel, et que le débit de l'émissaire n'est aucunement en rapport avec la hauteur du lac.

LIMNIMÈTRES.

On étudie le niveau du lac au moyen des limnimètres dont le zéro, établi d'une manière quelconque par le maçon qui a scellé la règle dans le mur, doit être corrigé expérimentalement. Voici d'après les notes du Génie cantonal vaudois la correction à donner aux lectures des limnimètres établis sur la côte suisse du Léman, pour les rapporter au niveau normal de M. Burnier. :

Chillon barre de fonte	— 0^m,977
Vevey flotteur	+ 0^m,234
Ouchy barre de fonte	— 1^m,632
Morges barre de fonte	— 1^m,062
Morges enregistreur	± 0^m,002

Rolle barre de fonte $\quad$ — $0^m,897$
Nyon barre de fonte $\quad$ — $0^m,704$
Coppet barre de fonte $\quad$ — $1^m,212$
Genève flotteur $\quad$ + $0^m,155$

PENTE DU LAC.

Le lac est généralement de niveau. De Villeneuve aux jetées du port de Genève il n'est pas possible de constater de différence de niveau soit de pente du lac. En revanche il existe une pente assez sensible dans le port de Genève, et le limnimètre du Jardin anglais, dont les indications très soigneusement observées depuis 1838 et très bien étudiées par M. Plantamour donnent les moyennes les plus précieuses pour la hauteur des eaux du Léman, ce limnimètre ne fournit pas d'une manière exacte le niveau du lac. Il y a une correction à faire: il faut ajouter une valeur de:

9 millimètres aux basses eaux, $\quad 0^m,700$ à $0^m,900$
35 $\quad$ " $\quad$ aux eaux moyennes $\quad 1^m,200$ à $1^m,300$
90 $\quad$ " $\quad$ aux hautes eaux, $\quad 2^m,500$ à $2^m,600$.

DÉNIVELLATIONS LOCALES CONSTANTES.

Existe-t-il sur le lac des dénivellations locales constantes analogues à celles qui ont été constatées sur l'Océan ou la Méditerranée, où l'on a reconnu des différences sensibles dans le niveau de la mer d'un port à l'autre? Distinguons. Des différences dues aux allures de la marée, nous ne pouvons en avoir sur notre lac, la marée n'y existant pas. Des différences dues aux courants; ceux-ci ne sont pas assez énergiques et surtout pas assez constants pour causer de ces différences de niveau permanentes, du moins l'on n'a pas encore su les constater avec certitude. Quant à ces dénivellations probablement plus importantes, dues au fait que l'attraction de la rive est fort différente suivant la densité des roches, et l'inclinaison, soit de la côte elle-même, soit du talus du lac, elles doivent certainement exister; mais elles ne peuvent pas être reconnues par les moyens hypsométriques ordinaires, le niveau des géomètres étant, lui aussi, affecté de la même manière dans les opérations du nivellement.

DÉNIVELLATIONS LOCALES TEMPORAIRES.

L'on a reconnu sur le lac Léman l'existence de dénivellations locales temporaires, dues probablement à l'action des vents.

ou à des inégalités dans la pression barométrique, et analogues à celles que l'on connaît depuis longtemps sur la Baltique et la Méditerranée. Elles durent un ou plusieurs jours et peuvent atteindre une valeur de 4, 5 ou 7 centimètres, tellement que la différence de niveau entre les limnimètres de Vevey et de Genève est augmentée ou diminuée du double de cette valeur. Ces dénivellations peuvent être assez fortes pour que, aux basses eaux, la pente du lac soit renversée, et l'eau plus élevée au limnimètre de Genève qu'à celui de Vevey ou de Chillon.

COURANTS DU LAC.

L'eau du lac est souvent mise en mouvement par des courants locaux et passagers dont la direction n'a rien de constant. La limite du courant se reconnaît parfois aux remous et tourbillons spiraux qui apparaissent sur l'eau. La vitesse de ces courants n'est pas très forte; cependant on en a mesuré de 18 mètres (Blanchet) et de 16 mètres par minute.

Lorsqu'il règne du vent, le souffle de l'air caressant la surface de l'eau détermine un courant superficiel qui marche dans le même sens que le vent.

Des courants profonds ont souvent été constatés par les pêcheurs ou pendant des opérations de dragage; mais leurs allures n'ont pas encore été étudiées. Un seul fait a été observé, c'est que lorsqu'il souffle sur le lac un vent violent, on reconnait un courant profond, marchant en sens inverse de la direction du vent, en sens inverse par conséquent du courant superficiel dont nous venons de parler; ce courant profond peut être assez énergique pour enlever les filets des pêcheurs et les transporter souvent à de grandes distances.

SEICHES.

On peut déterminer des mouvements de balancement dans l'eau d'un verre ou d'une cuvette, si l'on agite ou l'eau ou le vase lui-même, suivant un rhythme convenable; des mouvements analogues se produisent dans les bassins des lacs; l'observation permet d'y reconnaître des oscillations rhythmiques du niveau de l'eau, qui ne sont autres que des vagues de balancement, ou vagues d'oscillation fixe du lac lui-même. Ces oscillations sont connues sous le nom de *seiches*. La cause déterminante de ces mouvements doit être recherchée dans les variations de la pression atmosphérique.

Dans un lac de forme régulière les seiches peuvent s'établir dans deux directions principales, suivant le grand axe ou la longueur du lac, et suivant le petit axe ou sa largeur: les premières sont les seiches longitudinales, les secondes les seiches transversales du lac. Mais un lac aussi irrégulier dans sa forme que le lac Léman, peut-il présenter des mouvements rhythmiques réguliers? La question devait être posée; elle a été résolue affirmativement, et l'observation a reconnu sur le lac divers mouvements de seiches que l'on a provisoirement interprétés comme suit:

Les seiches longitudinales du lac Léman font osciller l'eau suivant le grand axe du lac, de Villeneuve à Genève et vice-versà; la durée du mouvement est de 70 minutes environ, c'est-à-dire qu'à l'extrémité du lac on voit l'eau monter pendant 35 minutes, puis baisser pendant 35 minutes et ainsi de suite. L'amplitude de ces seiches, soit la hauteur de dénivellation de l'eau, est nulle ou à peu-près nulle au milieu de la longueur du lac, à Morges, à Evian, p. ex.; elle est relativement forte aux extrémités; à Villeneuve on a parfois observé des seiches de 30 centimètres de hauteur. Mais c'est à Genève, port situé au bout du Petit lac, au fond d'un long golfe en entonnoir dont la largeur et la profondeur diminuent graduellement, que les seiches atteignent la plus grande amplitude; les plus fortes seiches dont l'histoire a conservé le souvenir sont celles

du 3 Août 1763 de 1^m,48 d'amplitude (H. B. de Saussure),
„ 16 Septembre 1600 „ 1^m,62 „ (Fatio de Duillier),
„ 3 Octobre 1841 „ 2^m,15 „ (Vénié).

En même temps que les grandes seiches longitudinales oscillant de Villeneuve à Genève dans toute l'étendue du lac, il peut s'établir dans le Grand lac des mouvements particuliers, plus rapides, seiches longitudinales du Grand lac, qui font osciller l'eau de Villeneuve à la barre de Promenthoux. Ces seiches dont la durée est de 35 minutes environ sont les mouvements les plus facilement observables à l'extrémité orientale du lac.

A Genève aussi l'ou peut constater, outre les grandes seiches longitudinales du lac, des seiches plus rapides, de 30 minutes environ de durée, qui sont probablement des seiches propres au Petit lac, oscillant de Genève à la barre de Promenthoux.

15

Quant aux seiches transversales du lac qui font balancer l'eau de la côte suisse à la côte de Savoie, leur durée est de 10 minutes environ; c'est à Morges qu'on les observe le plus facilement et leur amplitude y atteint 13 centimètres au maximum.

VAGUES DU VENT.

Les vagues soulevées par les vents (vagues d'oscillation progressive), varient de dimensions dans les conditions suivantes: elles sont d'autant plus fortes que le vent est plus violent; le vent soufflant avec une intensité constante, elles augmentent régulièrement de vitesse, de largeur et de hauteur à mesure qu'elles avancent sur le lac. Lorsque l'eau diminue de profondeur et que les vagues arrivent sur le blanc fond, elles ralentissent leur vitesse; leur crêtes se rapprochant elles diminuent de largeur; en revanche elles augmentent de hauteur, et lorsque la profondeur est trè faible elles se brisent en déferlant sur la grève.

Les plus grandes vagues mesurées sur le lac, vagues de vent du Midi mesurées à Morges le 11 Novembre 1875, avaient $20^m 5$, de largeur d'une crête à l'autre, par une profondeur d'eau de 2^m environ. Ces vagues ont déplacé une pierre de 30 décimètres cubes, pesant sous l'eau 54 kilogrammes.

Quant à la hauteur maximale des vagues, elle n'a pas été mesurée sur le lac; si nous appliquons la formule générale qui fixe la hauteur des vagues au quinzième de leur largeur, les plus grandes vagues du Léman ne dépasseraient pas une hauteur de $1^m,30$ à $1^m,50$. Ces chiffres ne se rapportent qu'au plein lac; car quand les vagues se brisent sur une plage peu inclinée elles augmentent autant en hauteur qu'elles perdent en largeur; quand elles se réfléchissent contre le mur d'un quai et produisent ce qu'on appelle le ressac, l'interférence des deux ordres de vagues peut en doubler la hauteur; quand enfin elles rebondissent contre un mur ou contre un rocher, l'embrun des vagues peut rejaillir jusqu'à 6 ou 8 mètres de haut.

La durée des vagues augmente avec leur largeur; elle varie de 0 à 5 secondes.

VIBRATIONS DU LAC.

On a décrit sous le nom de *vibrations* des mouvements oscillatoires de l'eau du lac beaucoup plus lents et moins apparents que ceux des vagues du vent et de très faible amplitude; leur durée varie de 1 à 4 minutes, leur hauteur de 0 à 5 millimètr s. Elles sont déterminées dans certains cas par l'action des vents, dans d'autres cas par le passage des bateaux à vapeur

Un instrument aussi sensible que le limnimètre enregistreur de Morges peut dessiner les vibrations *antécédentes* d'un bateau à vapeur qui est encore à une distance de 10 ou même 14 kilomètres de l'appareil, et les vibrations *consécutives* d'un bateau à vapeur deux et même trois heures après son passage.

TACHES D'HUILE.

Lorsque la surface du lac est agitée par une brise légère, l'on peut voir par places des taches de formes variées se dessiner sur la surface de l'eau. Dans ces taches les vaguelettes sont mortes et ne présentent pas, comme dans l'eau vive qui les entoure, des sommets aigus et des faces concaves; il en résulte qu'elles réfléchissent le ciel et la côte opposée d'une manière différente que la surface générale du lac, que par conséquent leur couleur apparente est différente. La forme de ces taches est variable; en général elles sont arrondies, souvent allongées comme un grand chemin tracé sur le lac; souvent aussi elles forment une bande de 50 à 100 mètres qui borde le rivage. La position de ces taches sur le lac n'a rien de fixe, et une fois établies elles se déplacent sous l'influence des vents et des courants. Ces taches sont dues à la présence d'une substance huileuse répandue accidentellement à la surface de l'eau, couche prodigieusement mince ($\frac{1}{200000}$ de millimètre) et provenant des égouts des villes, des bateaux à vapeur, des cadavres d'animaux, etc.

Ces mêmes taches d'huile peuvent se reconnaître lorsque la pluie tombe sur un lac absolument calme. Chacune des gouttelettes en frappant sur l'eau vive y détermine de petites ondes très-serrées qui s'entrecroisant dans mille directions, donnent à la surface du lac une couleur apparente d'un gris relativement foncé; lorsque ces gouttes tombent sur de l'eau recouverte d'une mince pellicule d'huile, les petites ondes sont immédiatement éteintes, et le moiré grisâtre ne se produit plus.

VENTS.

Les vents qui règnent sur le lac peuvent se classer en trois groupes: les vents généraux, les vents d'orage, les brises.

VENTS GÉNÉRAUX.

1. Le *vent du Nord* ou *Bise* soufflant du N.-E. C'est un vent sec et froid, souvent très violent, pouvant atteindre une vitesse de 25 mètres par seconde, régnant ordinairement pendant une série de jours; il est généralement accompagné du beau temps.

On désigne sous le nom de *Bise noire* un vent du Nord inférieur, au-dessus duquel règne un courant de vent du Midi humide et chargé de nuages, voilant le ciel par conséquent.

2. Le *vent du Midi*, *vent de pluie*, *Vent* proprement dit, soufflant de S.-O. C'est un vent chaud, humide, chargé de nuages, souvent accompagné de pluie, régnant en général plusieurs jours de suite.

On appelle *vent blanc* (*Maurabia*, vent qui mûrit les blés) un vent du Midi assez vif, très-chaud, sans nuages, avec un brillant soleil, qui souffle en été pendant quelques heures seulement, un jour au plus.

3. La *Vaudaire* (*Föhn* des Allemands) vent du S.-E. souffle dans la vallée du Rhône et le haut lac, de Villeneuve à Morges, exceptionnellement jusqu'à Rolle. C'est un vent très-chaud, souvent accompagné d'orages et de grandes chutes de pluie, soufflant par rafales, et durant généralement, mais d'une manière très-interrompue pendant 1, 2 ou 3 jours.

VENTS D'ORAGE.

Les vents d'orage soufflent par bouffées subites, ou rafales, accompagnées d'orages, électriques ou non, et durent quelques heures à peine. Ces vents en général très-violents peuvent venir de toutes les directions; quelques formes cependant ont reçu des noms spéciaux:

1. Le *Joran*, vent du N.-O., descend du Jura sur le lac.

2. Le *Bornan* vient de la vallée de la Dranse, soit du Sud.

3. Le *Môlan* souffle à Genève de la vallée de l'Arve.

4. Enfin certains coups de *Vaudaire* dans la vallée du Rhône doivent rentrer dans cette catégorie des vents d'orage.

BRISES.

Ce sont des vents locaux, qui s'établissent en temps de calme, en l'absence des vents généraux, suivant des directions déterminées, et en raison d'appels causés par la distribution inégale de la température de l'air sur la terre et sur l'eau; leur intensité est toujours très modérée. On les désigne sous le nom de:

1. *Rebat* ou *Séchard*, brise du lac, soufflant du lac sur la terre dans le milieu de la journée; il résulte de l'appel fait sur la terre qui se réchauffe plus vite que l'eau sous l'influence du soleil.

2. *Morget*, brise de terre qui souffle de la terre sur le lac pendant la nuit, de 6 heures du soir à 8 heures du matin; nulle part sur le lac il n'est aussi bien déterminé qu'à Morges, de là son nom. Il résulte de l'appel fait sur le lac dont les eaux se refroidissent par rayonnement moins vite que la terre, et sont par conséquent pendant la nuit plus chaudes que la terre.

On appelle *Morget de neige* une brise de terre qui souffle pendant toute la journée en hiver, lorsque la terre est refroidie par un tapis de neige.

On appelle *Morget d'automne* une brise de terre qui règne durant toute la journée en automne, saison pendant laquelle la température du lac est plus élevée que celle de la terre.

LES EAUX. ANALYSE CHIMIQUE.

L'eau du lac Léman est très pure. On en possède plusieurs analyses concordantes: je n'en citerai qu'une:

Un litre d'eau de la surface contenait:

en fait de gaz: Acide carbonique	2,88	centimètres cubes	
Oxygène	6,80	„	„
Azote	11,87	„	„
ensemble	21,55	„	„
en résidu solide	0,170	grammes.	
à savoir: Silice	0,0016	„	
Phosphate de fer	0,0011	„	
Chaux	0.0605	„	
Magnésie	0,0047	„	
Soude	0,0052	„	
Potasse	0,0019	„	
Acide sulfurique	0,0346	„	
Chlore	0,0006	„	
Acide carbonique	0.0590	„	
Matières organiques et pertes	0,0008	„	
ensemble	0,1700	„ (E. Risler).	

Des analyses d'eau recueillie à 250 mètres de profondeur ont montré qu'il n'y a pas, entre le fond et la surface, de différence sensible dans la quantité des matières dissoutes. (R. Brandenburg).

Quant à la quantité et à la nature des gaz en dissolution dans l'eau des grands fonds, on peut les exprimer en disant qu'elles sont égales à celles de l'eau de la surface lorsque celle-ci est à la température qui règne dans les profondeurs.

COULEUR DE L'EAU.

La couleur propre de l'eau du Léman, telle qu'on peut la constater lorsque l'eau est pure dans les mois d'hiver, est d'un beau bleu d'azur, sans mélange d'aucune autre teinte. C'est la couleur de l'eau distillée et de l'eau chimiquement pure. Cette couleur devient en été un peu opaline; elle peut devenir localement plus ou moins jaunâtre lorsque les torrents ont charrié des eaux limoneuses ou terreuses assez chaudes pour flotter à la surface du lac. Dans certaines anses abritées, des matières organiques peuvent déterminer une couleur verte, qui n'apparaît du reste qu'en été et très temporairement.

TRANSPARENCE DE L'EAU.

L'eau du Léman est normalement fort transparente, mais cette transparence varie dans des proportions assez étendues, et cela de la manière suivante: L'eau est plus claire en plein lac que sur les bords, sur la rive d'un cap qu'au fond d'un golfe, sur une côte où l'eau est profonde que là où le fond s'incline très lentement. Toutes choses égales d'ailleurs, elle est plus transparente en hiver qu'en été; voici la profondeur moyenne à laquelle disparaît à l'oeil un disque blanc de 25 centimètres de diamètre, par le soleil de midi:

Octobre	10ᵐ,2	Mai	8ᵐ,2
Novembre	11ᵐ,0	Juin	6ᵐ,9
Décembre	11ᵐ,5	Juillet	5ᵐ,6
Janvier	14ᵐ,6	Août	5ᵐ,3
Février	15ᵐ,0	Septembre	6ᵐ,8
Mars	15ᵐ,4		
Avril	11ᵐ,3		
moyenne hiver	12ᵐ,7	moyenne été	6ᵐ,6

On appelle *eau bleue* la région du lac où l'eau est assez profonde pour que l'oeil ne distingue plus le fond. L'eau bleue commence sur le talus du mont.

Des expériences photographiques ont montré que la limite à laquelle les rayons chimiques du soleil cessent d'influencer du papier sensibilisé au chlorure d'argent varie de 45 mètres en été à 100 mètres en hiver.

TEMPÉRATURE DE L'EAU.

La température des eaux du lac est constante dans les grands fonds ; elle varie du moins dans des proportions si faibles, un demi degré en plus ou en moins qu'on peut la dire invariable et l'évaluer à $5°,9 \pm 0°,5$ centigrades. La couche d'eau à température invariable remplit tout le lac jusqu'à environ 80 mètres de la surface. Quant à la couche superficielle sa température est variable et cela de la manière suivante:

A la fin de l'hiver la température de la surface est égale à celle du fond et tout le lac a la même température uniforme de 6°.0 environ. Près des bords, là surtout où l'eau est peu profonde, dans le Petit lac en particulier, vers Genève, la tempérautre peut cependant descendre plus bas et arriver même à zéro.

Au printemps la chaleur du soleil réchauffe la surface, et pénétrant dans l'eau qui est légèrement diathermane relève la température de la couche variable d'une manière progressive, le maximum étant à la surface. A la fin de l'été cette distribution de la température arrive à sa perfection. En voici un exemple au mois d'Octobre (H. de la Bèche):

de	1 à	5	mètres	19°	de	40 à	50 mètres	8°,3
„	5 à	10	„	18°	„	50 à	60 „	7°,8
„	10 à	20	„	17°	„	60 à	75 „	7°,1
„	20 à	30	„	14°	„	75 à	130 „	6°,6
„	30 à	40	„	12°	„	130 à	300 „	6°,4

On remarquera qu'il n'y a pas progression parfaitement régulière dans ces chiffres ; cela tient à ce que le Rhône, dont les eaux glaciaires sont à 8° ou 10° de chaleur, répand dans les couches moyennes une masse énorme d'eau, qui en raison de sa densité s'étend en nappe horizontale, à 40 ou 50 mètres de profondeur. Les bouches du Rhône où l'on peut voir en été les eaux troubles du fleuve plonger en bouillonnant dans les grands fonds, sans se mêler aux eaux plus claires du lac, ont reçu le nom local de la *Bataillière* et offrent à ce point de vue un spectacle des plus instructifs et des plus intéressants.

Une autre cause tend à augmenter encore cette irrégularité dans la diminution de la température à mesure que l'on s'éloigne de la surface: le réchauffement par les rayons solaires n'agit pas seul sur l'eau du lac pour en élever la température. En effet les eaux du Rhône sont assez chargées de limon pour que leur densité soit un peu supérieure à celle que leur attribuerait leur température; elles descendent donc dans les couches profondes du lac un peu plus bas que la région où elles s'arrêteraient si elles étaient pures, et mélangeant ainsi leurs eaux moins froides à des eaux du lac plus froides elles tendent à réchauffer ces dernières.

En automne la surface se refroidit. Mais en raison du fait que la densité de l'eau augmente à mesure que la température s'abaisse, l'eau qui se refroidit à la surface descend dans le fond pour gagner des couches de même densité qu'elle; il en résulte que ce n'est que lorsque toute l'épaisseur de la couche variable s'est refroidie à la température de la surface, que celle-ci peut abaisser encore sa température; il en résulte que le refroidissement du lac est très-lent et très-mesuré, et ne suit que de très-loin le refroidissement automnal de l'atmosphère.

La température de la surface varie ainsi aux différents mois. Voici comme exemple les moyennes mesurées à Genève:

Janvier	5°,1	Juillet	17°,6
Février	4°,9	Août	18°,6
Mars	6°,1	Septembre	17°,0
Avril	8°,8	Octobre	14°,2
Mai	11°,3	Novembre	9°,8
Juin	15°,0	Décembre	6°,8

moyenne de l'année   11°,30   (Plantamour).

Les extrêmes connus à Genève sont 0°,9 et 24°,6 (Plantamour).

Dans le Grand lac les températures extrêmes sont moins exagérées; le lac s'y refroidit moins en hiver, se réchauffe moins en été qu'à Genève. C'est ainsi que l'on ne voit jamais le thermomètre descendre à la surface à une température inférieure à celle des grands fonds (6°,0 environ), atteindre le maximum de densité de l'eau (4',12); jamais l'on ne voit le lac Léman pris par le gel, sauf le long des bords, dans des anses très-abritées.

L'on voit au contraire assez fréquemment le lac se prendre à l'entrée du port de Genève lorsque par un froid très-vif le vent du Nord accumule à la sortie du Rhône les glaces arrachées aux rivages. Ce phénomène a eu lieu quatre fois dans notre siècle dans les années 1810, 1820, 1830 et 1854.

Les variations de température de l'eau sont très-modérées et très-lentes, sauf un cas où il peut y avoir un abaissement brusque dans la température de la surface. C'est lorsqu'un vent qui souffle de terre, en caressant la surface de l'eau, l'entraîne en plein lac; cette eau superficielle est remplacée par de l'eau provenant des couches moyennes; cette dernière est plus froide, et la température peut ainsi en quelques heures s'abaisser de plusieurs degrés.

COULEUR APPARENTE.

Lorsque le lac est *plat comme un miroir*, si nous regardons à l'horizon, notre rayon visuel faisant avec la surface de l'eau un angle fort petit, nous voyons par réflexion l'image réelle de la côte opposée et du ciel; la lumière est en partie absorbée par la réflexion, et l'image est en raison de cela un peu moins brillante que l'objet. Si au contraire nous sommes assez élevés au-dessus de la partie du lac que nous regardons pour pouvoir faire plonger notre regard avec un angle convenable, nous voyons la couleur propre de l'eau, d'un bleu plus ou moins pur suivant la saison.

Mais lorsque le lac est agité par des vagues, la couleur apparente devient tout autre. Il n'y a plus d'image nette et distincte, mais une teinte générale variant de ton suivant la direction où l'on regarde, suivant l'heure et suivant le jour. Le lac n'est jamais semblable à lui-même

Les vagues forment une série de petits miroirs cylindriques, tantôt convexes, tantôt concaves qui réfléchissent en les déformant le ciel et la côte opposée; toutes ces petites images se combinent ensemble pour former une teinte moyenne très-fondue, dont les variations sont très graduelles et bien ménagées. La direction des vagues a une grande influence sur les tons de cette couleur moyenne, la réflexion se faisant tout différemment suivant un plan parallèle, un plan oblique ou un plan perpendiculaire à la crête de la vague; il en résulte que le lac a au même moment une

couleur très-différente dans les diverses directions où l'on peut
le regarder. Puis la couleur des objets réfléchis varie beaucoup
et varie sans cesse: la côte opposée est tantôt brillamment éclairée,
tantôt dans l'ombre; tantôt le printemps le revêt de sa joyeuse
robe verte, tantôt l'automne la teinte de rouge et de jaune, tantôt
l'hiver la blanchit de ses neiges. Le ciel est alternativement bleu
d'azur ou blanchâtre, éclairé de nuages d'argent ou assombri de
brouillards gris, moucheté par les flocons des cirrhus ou rayé par
les bandes des stratus. Chacun de ces détails de ton entre dans
la composition de la teinte générale qui colore le lac. Et le soleil
de midi et sa gerbe d'étincelles, et le soleil couchant avec ses re-
flets d'incendie; et la lune qui, comme le disait un poëte:

> Un jour a de ses mains distraites
> Laissé tomber du haut de l'air
> Son grand éventail à paillettes
> Dans le bleu miroir de la mer.

Quel peintre a sur sa palette des tons aussi riches et une
gamme de couleurs aussi brillamment fondues et harmonisées!

Ce n'est pas encore tout. Lorsque les vagues sont assez vives,
assez aiguës, le rayon visuel au lieu d'être entièrement réfléchi
sur les faces inclinées de l'eau, pénètre en partie dans la vague,
et allant fouiller dans les profondeurs du lac voit en partie la
teinte propre de l'eau; la proportion de bleu qui se mêle ainsi
aux couleurs réfléchies varie avec la forme, la grandeur et la
direction des vagues. Quant à ce bleu lui-même il est dans les
beaux jours d'hiver d'un azur absolument pur; en été quand l'eau
est moins transparente il est un peu opalin ou laiteux; quand
enfin l'eau a été salie par les torrents débordés, quand elle est
jaunâtre, ce jaune agit sur le bleu profond du lac et donne une
couleur apparente verte. La teinte verte est d'autant plus évidente que les vagues sont plus fortes, que l'eau est éclairée par
un soleil plus brillant, que la côte opposée étant dans l'ombre
fait mieux repoussoir par ses tons obscurs.

L'eau éclairée par le soleil est d'un ton beaucoup plus clair
que lorsque des nuages voilent le ciel; on peut juger de cette
différence en regardant l'ombre d'un nuage qui, lorsque le lac est
agité par le vent, se dessine comme une tache d'un bleu violacé
sur le bleu plus clair du reste de l'eau.

Ajoutons encore que le lac agité par des vagues a pour l'oeil qui le contemple à distance une apparence de singulière animation. Chacun des petits mouvements isolés de chacune des vagues se combine pour l'oeil avec celui des vagues voisines et donne un mouvement apparent à l'ensemble; il semble que l'eau s'écoule rapidement suivant un courant qui marcherait dans la direction du vent. C'est une pure illusion; le courant superficiel causé par le vent est infiniment plus lent que le mouvement apparent qui trompe l'oeil.

Nous avons parlé de la réflexion des astres sur l'eau; quelques mots encore sur ce point.

La traînée lumineuse qui, par une illusion brillante, apparaît souvent comme un ruban de feu plus ou moins continu, n'est en réalité formée que d'étincelles très petites et très séparées, réflétées isolément sur les facettes des vagues. Cette illusion est un exemple du phénomène bien connu de l'irradiation des objets brillamment éclairés qui ébranlent la rétine bien plus fortement que les objets obscurs, et semblent à égalité de dimensions beaucoup plus larges que ces derniers.

La traînée lumineuse formée par la réflexion des astres est plus ou moins large suivant la forme et la direction des vagues; chaque vague forme un miroir, et ce miroir, s'il est incliné sur le plan vertical, déplace à droite ou à gauche l'image de l'objet qui s'y réfléchit. Il en résulte que la traînée lumineuse peut parfois sortir toute entière du plan vertical et le dépasser à droite ou à gauche. L'on peut conclure de ces déplacements à la direction des vagues et cela d'après la règle suivante: Lorsque la traînée lumineuse est à droite du plan vertical, la crête des vagues est oblique de droite à gauche et d'avant en arrière; lorsque la traînée est à gauche, les vagues ont une direction inverse.

GLOIRE.

Si vous regardez votre ombre portée sur l'eau profonde, sur l'eau bleue, vous constatez que, comme dans le cas du spectre du Broken, votre ombre est isolée sur l'ombre de votre bateau, et que vous ne distinguez pas l'ombre de vos compagnons de promenade à moins qu'ils ne soient très rapprochés de vous et ne viennent à vous toucher; le cône d'ombre est trop peu apparent sur les eaux presque pures du lac pour devenir visible autrement que lorsque le rayon visuel l'enfile presque absolument. Votre ombre est alors entourée d'une *gloire*, auréole de rayons alternativement brillants et sombres qui viennent converger au centre de votre tête; lorsque vos compagnons de promenade sont assez près de vous pour que vous puissiez voir leur ombre portée sur l'eau, vous constatez que leur tête n'est point entourée de cette gloire qui vous est propre. Cette gloire n'est du reste pas visible si l'eau est trop louche, s'il ne fait pas de vagues, si le bateau qui vous porte est en marche, ou si le soleil est trop bas sur l'horizon. Les rayons de cette gloire sont causés par l'illumination inégale des poussières en suspension dans l'eau; ces poussières sont tantôt plus, tantôt moins éclairées par le soleil, suivant que les plans d'illumination sont situés sous les fragments de cylindre, convexes et par conséquent convergents, ou concaves et par conséquent divergents, formés par la surface des vagues. Ces différences d'éclairage ne deviennent perceptibles que lorsque le rayon visuel enfile le plan d'illumination, et cela ne peut avoir lieu que pour les plans passant par le soleil et l'axe visuel, ou ce qui revient au même, par le centre de l'ombre de notre tête.

RÉFLEXION DE LA CHALEUR.

De même que la lumière est en partie absorbée par réfraction, en partie renvoyée par réflexion sur la surface du lac, de même la chaleur des rayons solaires est en partie réfléchie et en partie absorbée par l'eau, ce qui réchauffe les couches superficielles du lac. La quantité de chaleur réfléchie par le lac varie avec la hauteur du soleil sur l'horizon, avec la forme et la direction des vagues; la quantité de cette chaleur réfléchie que peut recevoir un objet placé dans les conditions convenables près du lac, varie avec la hauteur de cet objet au-dessus du lac et avec sa distance du point de réflexion. Quant à la quantité proportionnelle de la chaleur réfléchie elle peut être considérable et s'élever, dans les circonstances les plus favorables, aux sept dixièmes de la quantité de chaleur arrivant directement du soleil; tellement que lorsque le soleil envoie une quantité de chaleur égale à 10 unités, un objet convenablement exposé dans le plan de réflexion peut recevoir, outre ces 10 unités de chaleur directe, encore 7 unités de chaleur réfléchie: total 17 unités. (L. Dufour).[1]

---

[1] Je laisse à mon collègue M. Ch. Dufour le soin de décrire les mirages, réfractions, etc., phénomènes qu'il a le premier étudiés sur le lac Léman.

LE FOND DU LAC.

Partout où la côte n'est pas rocheuse ou déformée par une moraine de blocs erratiques, partout aussi où le talus n'est pas trop incliné, on peut retrouver, en marchant du bord au milieu du lac, les zônes suivantes dont l'origine et les détails doivent être rapportés à l'action des vagues:

a. La *grève*, formée de sable et de cailloux lavés est la partie sur laquelle les vagues déferlent. Elle est inondée par les hautes eaux de l'été; elle est à sec par les basses eaux de l'hiver.

b. La *beine*, blanc-fond plus ou moins étendu, dont la profondeur varie suivant la situation de la côte, mais qui est toujours remarquable par l'horizontalité presque parfaite de son fond. En général la beine présente du côté de la grève une bande plus ou moins large, de nature vaseuse, où croissent les forêts des plantes aquatiques; plus en avant est une zône sableuse presque absolument dépourvue de plantes et d'animaux.

c. La beine est bordée en avant par un talus très incliné qui porte le nom de *mont;* sa hauteur varie avec la largeur de la beine et avec l'inclinaison du talus général du lac.

d. Au pied du mont commence le grand *talus* du lac qui descend régulièrement jusqu'à la plaine horizontale décrite plus haut. Au pied du mont le fond est vaseux; plus loin, sur le talus lui-même et sur la grande plaine qui forme le plancher du lac, le sol consiste dans le limon des grands fonds.

Ce limon prodigieusement fin, formé de particules mesurant à peine un millième de millimètre, argileux, très plastique, se laissant bien modeler et cuire, presque absolument pur de corps étrangers, présente deux couches, l'une superficielle jaunâtre, d'un centimètre environ d'épaisseur, l'autre bleuâtre profonde; la différence de couleur entre ces deux couches provient de l'état d'oxydation différent des sels de fer. La composition chimique de ce limon est la suivante:

Humidité	2,20
Silice et silicates	63,87
Oxyde de fer	5,20
Alumine	2,30
Acide phosphorique	traces
Transport:	73,57

<pre>
                    Transport: 73,57
Chaux   10,50
Magnésie   2,06
Potasse et soude   .   .   .   traces
Acide carbonique   .   .   .   9,20
Eau chimiquement combinée et
   matières organiques   .   .   4,67
                               ─────────
                                100,00   (E. Risler).
</pre>

Le limon ne contient en fait de corps étrangers que:

1° Les animaux et débris d'animaux vivants et morts des faunes profonde et pélagique.

2° Les débris végétaux qui après avoir flotté sur les eaux ont sombré dans les fonds.

3° Les scories de coke des fournaises des bateaux à vapeur.

4° A moins d'un kilomètre de la rive, quelques pierres, graviers et sables transportés par les racines des arbres flottant sur le lac ou par les glaces de rivière ou de rivage; plus en avant ce transport n'existe plus et l'on n'y rencontre que les débris tombés accidentellement hors des barques et bateaux.

FAUNE DES VERTÉBRÉS.

Nous laissons de côté tout ce qui se rapporte aux rivages et aux affluents.

Oiseaux. Nous n'avons sur le lac que deux espèces stationnaires, c'est à dire séjournant toute l'année dans le pays: La Mouette rieuse, *Larus ridibundus*, est un oiseau de passage qui nous vient de l'Océan en automne et y retourne au printemps; quelques individus cependant passent l'été sur le lac et y nichent. Le Cygne, *Cygnus olor*, a été introduit à l'état domestique à Genève, en 1838; cette espèce s'est répandue sur le lac vers l'année 1857 et depuis lors elle s'y reproduit en liberté. En 1868 une variété intéressante de ce Cygne a commencé à apparaître sur notre lac, et chaque année on peut en voir quelques exemplaires; les petits appartenant à cette variété ont leur premier duvet d'un blanc jaunâtre et leurs premières plumes d'un blanc pur, tandis que normalement les jeunes Cygnes sont gris ou bruns pendant leur première année.

Outre ces espéces stationnaires nous indiquerons, d'après Necker, comme étant de passage régulier, c'est à dire arrivant normalement et en nombre chaque année, à une saison différente pour chaque espèce: La Poule d'eau, *Gallinula chloropus ;* les Canards sauvage, pilet, morillon, milouin, siffleur, souchet, garrot, *Anas boschas, A. acuta, A. fuligula, A. ferina, A. penelope, A. clypeata, A. clangula ;* les Oies sauvage et cendrée, *A. segetum, A. anserferus ;* les Sarcelles d'été et d'hiver, *A. querquedula, A. crecca ;* les Harles huppé, piette et le grand Harle, *Mergus serratus, M. albellus, M. merganser ;* les Mouettes à pieds bleus et rieuse, *Larus canus, L. ridibundus ;* le Goëland à pieds jaunes, *L. fuscus ;* les Hirondelles de mer pierre-garin et épouvantail, *Sterna hirundo, S. atra ;* les Plongeons cat-marin, lumme et imbrin, *Colymbus septentrionalis, C. arcticus, C. glacialis ;* les Grèbes castagneux, jougris et huppé, *Podiceps minor, P. rubricollis, P. cristatus.*

A cette liste on pourrait encore ajouter une trentaine d'espèces qui sont de passage accidentel et viennent isolément s'offrir au plomb des chasseurs heureux.

Reptiles. La Tortue, *Cistudo europea (?).*

Poissons. La Perche, *Perca fluviatilis ;* le Chabot, *Cottus gobio ;* la Lote, *Lota vulgaris ;* la Carpe, *Cyprinus carpio ;* la Tanche, *Tinca vulgaris ;* le Goujon, *Gobio fluviatilis ;* l'Ablette, *Alburnus lucidus ;* le Spirlin, *A. bipunctatus ;* le Rotengle, *Scardinius erythrophthalmus ;* le Gardon, *Leuciscus rutilus ;* la Chevaine, *Squalius cephalus ;* la Féra, *Coregonus fera ;* la Gravenche, *C. hiemalis ;* l'Ombre, *Thymallus vulgaris ;* l'Omble-chevalier *Salmo umbla ;* la Truite, *Trutta variabilis ;* le Brochet, *Esox lucius ;* l'Anguille, *Anguilla vulgaris,* (G. Lunel).

FAUNES DES INVERTÉBRÉS.

Les animaux invertébrés qui vivent dans le lac peuvent être divisés en trois groupes: les faunes *littorale, pélagique* et *profonde.*

FAUNE LITTORALE.

Elle est formée des animaux vivant sur les bords, dans les eaux superficielles, à moins de 8 mètres de fond. L'on peut établir comme suit les conditions de milieu de cette faune: Fond rocailleux, vaseux ou sableux, eaux éclairées, agitées par les vagues et les courants, à température variable suivant les saisons, sous une pression faible; en été une riche végétation de plantes aquatiques fournit aux animaux une nourriture abondante. Les caractères de cette faune sont ceux des faunes lacustres classiques. Je citerai comme appartenant à ce groupe:

Arthropodes. Iusectes. *Haemonia equiseti.* — *Sigara lemana* (Meyer). — larves de *Chiro- nomus*, de *Tanipus*, de *Rhyaco- phillum* et *d'Ephemera.*

Arachnides. *Hydrarachna . . . .*

Crustacés. *Astacus fluviatilis, Gammarus pulex, Sida crystallina, Daphnia sima, D. mucronata, Lynceus truncatus, L. aduncus, L. macrourus, L. personatus, L. striatus, L. sphaericus, Cyclops brevicaudatus, C. serrulatus, Diaptomus castor, Canthocamptus staphylinus.*

Mollusques. Gastéropodes. *Limnaeus stagnalis, L. auricularius, L. minutus, Ancylus fluviatilis, A. lacustris, Valvata piscinalis.*

Lamellibranches. *Anodonta anatina, A. Pictetiana* (G. de Mortillet), *A. cygnea, A. cellensis, Cyclas cornea, Pisidium amnicum, P. Henslowianum, P. pulchellum.*

Vers. Annélides. *Clepsine bioculata, C. complanata, C. marginata, Nephelis vulgaris, Tubifex rivulorum, T. Bonnetii.*

Bryozoaires. *Fredericella sultana.*

Nematoïdes. *Enoplus. . . .*

Cestoïdes. *Ligula. . . .*

Turbellariés. *Dendrocoelum lacteum Anotocelis unicolor.*

Coelentérés. Hydraires. *Hydra fusca, H. grisea, H. aurantiaca, H. rubra, H. viridis H. oligactis.*

Spongiaires. *Spongilla fluviatilis.*

Protozoaires. Infusoires de la plupart de types d'eau douce.

FAUNE PÉLAGIQUE.

Elle est formée d'animaux vivant en plein lac, loin des côtes, à la surface pendant la nuit quand le lac est calme, entre deux eaux, de 5, à 10, à 100 mètres de profondeur quand le lac est trop agité et pendant le jour. Les conditions de milieu sont les suivantes: Pression variable, lumière brillante, température variable, agitation de l'eau nulle, flore très pauvre, nourriture très pauvre. Ce sont des animaux transparents, hyalins comme du cristal, ornés de quelques points très brillamment pigmentés, noirs, rouges, ou bleus, en général très bons nageurs.

Cette faune est pauvre en espèces, prodigieusement riche en individus. Nous ne connaissons que les espèces suivantes:

Arthropodes. Crustacés. *Daphnia hyalina, D. mucronata, Bosmina longispina, Bythotrephes longimanus, Leptodora hyalina, Diaptomus castor.*

Protozoaires. Infusoires. *Vorticella convallaria,* fixée sur l'une des deux espèces d'algues de la flore pélagique.

FAUNE PROFONDE.

Elle est formée des animaux qui vivent sur et dans le limon des grands fonds, depuis 25 mètres à 330 mètres de profondeur. Cette faune vit dans les conditions de milieu suivantes: Pression considérable, température basse, invariable, lumière nulle, agitation nulle, flore très pauvre, nourriture peu abondante. Ce sont en général des formes petites, à coloration pâle et terne, quelques-uns de ces animaux sont aveugles; ils sont paresseux et peu agiles, et n'ont pas d'organes fixateurs. Nous pouvons citer:

Arthropodes. Insectes. Larves de *Chironomus* et de *Tanipus.*

Arachnides. *Campognatha Foreli* (Lebert), *Arctiscon* .. *Halacarus.* . . .

Crustacés. *Niphargus puteanus* var. *Forelii* (A. Humbert), *Asellus Sieboldii* (Ph. de Rougemont), *Lynceus lamellatus, L. macroucus, L. striatus, Candona reptans, Cypris*..., *Cyclops*..., *Canthocamptus staphylinus.*

Mollusques. Gastéropodes. *Limnaeus stagnalis, L. abyssicola* (A. Brot), *Valvata obtusa.*

Lamellibranches. *Pisidium Foreli, P. profundum* (S. Clessin).

Vers. Annélides. *Lumbriculus* ..., *Tubifex* ..., *Clitellio* .., *Stylaria* ..., *Chaetogaster* ..., *Piscicola geometra.*

Bryozoaires. *Fredericella* . . . .

Rotateurs. *Floscularia* ..., *Bracchion* ...

Nématoïdes. *Dorylaimus stagnalis, Trilobus gracilis.*

Cestoïdes. *Ligula* ...

Turbellariés. *Dendrocoelum lacteum, D. fuscum, Microstomum lineare, Prostomum* . . ., *Schyzostomum productum, Prorhynchus stagnalis, Mesostomum Ehrenbergii, M. lingua, M. Morgiense, Vortex Lemani* (G. du Plessis).

Coelentérés. *Hydra rubra.*

Protozoaires. Infusoires. *Epistylis* ..., *Vorticella* , ..,
Acineta ...
    Rhizopodes (rares).

FLORES.

Nous diviserons, d'après les régions du lac, les représentants
du règne végétal qui vivent dans le Léman, en trois flores
distinctes; les conditions de milieu sont les mêmes que celles
que nous venons d'indiquer pour les faunes.

FLORE LITTORALE.

   Parmi les plantes lacustres qui habitent la région littorale
du Léman nous avons, à signaler d'après les notes de MM.
Schnetzler et G. Rey :
    Sur la grève submergée c'est à dire dans la région qui est
inondée par les hautes eaux de l'été, mais qui est à sec en hiver :
    Phanérogames. Dicotylédones. *Ranunculus aquatilis, R.
trichophyllus, R. Drouettii, R. divaricatus, Oenanthus La-
chenalii, Littorella lacustris, Polygonum amphibium.*
    Monocotylédones. *Typha latifolia, Potamogeton natans,
P. fluitans, P. heterophyllus, Caulinia fragilis, Lemna trisulca,
L. minor, L. gibba, L. polyrhiza, Arundo phragmites, Carex
striata.*
    Cryptogames. *Nitella hyalina, Chara aspera.*
    Dans la partie vaseuse de la beine, de véritables forêts
aquatiques apparaissent au printemps pour disparaître en automne;
nous pouvons citer :
    Phanérogames. Dicotylédones. *Myriophyllum pectinatum,
M. spicatum, Ceratophyllum submersum, C. demersum.*
    Monocotylédones. *Potamogeton crispus, P. perfoliatus, P.
lucens, P. decipiens, P. pusillus, P. pectinatus, Zanichellia
palustris.*
    Cryptogames. *Chara foetida, Ch. fragilis.*
    Ajoutons encore que les pierres et bois submergés sont cou-
verts de Conferves *(Chaetophora endiviaefolia)* et que de nombreuses Algues, Desmidiacées, Zygnémacées, Vaucheriées, Ulves
et Conferves devraient être citées pour compléter cette flore
littorale.

FLORE PÉLAGIQUE.

Des millions et des milliards d'Algues flottant près de la surface de l'eau, en plein lac, petits flocons verts et verdâtres, gros comme des graines de pavots, représentent la flore pélagique que l'on peut retrouver pendant toute l'année, aussi bien en hiver qu'en été. Les Algues pélagiques n'appartiennent qu'à deux espèces:

Pleurococcus angulosus et *Anabaena circinalis*. Cette dernière espèce sert de support à l'Infusoire que nous avons cité à propos de la faune pélagique, à la *Vorticella convallaria*.

FLORE PROFONDE.

Elle habite la région profonde du lac mais ne descend pas au-delà de la zône éclairée, 45 mètres en été et 100 mètres en hiver. Nous avons à citer:

Algues. *Pleurococcus roseo-persinicus, Oscillaria subfusca, O. versatilis.*

Diatomées. *Cyclotella operculata, C. helvetica, Epithemia saxonica, Cymbella helvetica, C. obtusiuscula, Achnantidium microcephalum, Surirella solea, S. bifrons, Amphora ovalis, Denticula undulata, Fragilaria virescens, Odontidium hiemale, Diatoma vulgare, Navicula attenuata, N. major, N. viridis, N. viridula, N. amphirhyncus, N. gracilis, Synedra sigmoïdea, S. tenuis* (J. Kübler).

Enfin de très petites Palmellacées forment par leur développement prodigieux une couche brunâtre qui recouvre le fond partout où la lumière pénètre, et renfermant dans ses mailles les autres Algues et Diatomées mérite le nom de *feutre organique* tellement elle est dense et serrée.

FLORAISON DU LAC.

Vers le milieu du mois de Mai on peut voir parfois la surface du lac couverte par places d'une poussière jaunâtre que les riverains appellent la *fleur du lac*. Ce phénomène a été expliqué par M. Schnetzler, qui a reconnu dans ces petites granulations jaunâtres le pollen des sapins et des pins apporté des Alpes par les vents et par les affluents du lac. Des faits analogues ont été observés sur les lacs du Nord et sur la Baltique.

DENT DU MIDI PRISE DE CLARENS.

NOTICE GÉOLOGIQUE

PAR

S. CHAVANNES.

Pour se faire une juste idée de la constitution géologique de la contrée de Montreux, il faut s'étendre d'une part jusqu'au mont Arvel, et de l'autre jusqu'aux environs de Blonay. Cet espace, tout restreint soit-il, présente des exemples bien caractérisés des principales formations qui constituent le relief géologique du Canton de Vaud, savoir des *formations secondaires, tertiaires* et *quaternaires*.

Formations secondaires. Elles sont largement représentées par divers étages des terrains jurassiques, lyasiques et triasiques qui, du mont Arvel aux Pléiades, forment cinq chaînons à peu près parallèles. Contrairement à ce qui se passe dans le Jura, les dépôts sédimentaires dont ces terrains sont composés ont été, dans les Alpes, et particulièrement dans la contrée qui nous occupe, profondément déchirés, soulevés à de grandes hauteurs, refoulés ou repliés les uns sur les autres. Cependant les couches ont une direction générale, facile à reconnaître sur plusieurs points (monts d'Arvel et de Sonchaux, gorge du Chauderon, Cubly, Pléiades, etc.): elles plongent au Sud-Est, sous la chaîne principale des Alpes bernoises. Dans le fond des ravins, affleurent les formations les plus anciennes. On a trouvé au roc de Taulant (à l'entrée de la gorge du Chauderon) et à la carrière des Terreaux (ravins de la Tinière) des fossiles caractéristiques de l'Infra-lyas et du Rhétien. Les arêtes et les sommets sont formés de couches plus récentes, le Jurassique supérieur ou même le Crétacé inférieur. Cette disposition générale se retrouve dans les cinq chaînons.

Toutes ces roches présentent des traces de transformations métamorphiques, inconnues dans le Jura. Certaines couches de calcaire compacte ou de schistes argileux ont été colorées en noir par la carbonisation de matières organiques; quelques-unes exhalent, sous le marteau, une odeur bitumineuse caractéristique; d'autres renferment dans leurs fissures du bitume ou des produits gazeux inflammables (carrière des Avants); quelquefois enfin, les calcaires des étages inférieurs sont passés à l'état cristallin, comme dans les marbres du mont Arvel. Ces *métamorphoses* semblent indiquer des alternatives de soulèvement et d'affaissement, pendant lesquelles elles se seraient opérées.

Une autre transformation, des plus intéressantes, a produit sur divers points le *Gypse*, la *Dolomie* et la *Corgneule (Rauchwacke)*.

Le *Gypse* de nos Alpes, bien différent de ceux de Paris, des terrains salifères du Keuper, etc., qui sont de formation sédimentaire, est le résultat d'une action métamorphique.

Pendant les péripéties si prolongées et si variées du soulèvement, de profondes fissures ont dû livrer passage à des eaux minérales contenant les substances nécessaires (sulfates alcalins et chlorures, surtout chlorure de sodium) pour la formation, d'une part, du *sulfate de calcium*, lequel, plus fixe, se substitue au *carbonate de calcium*, et, d'autre part, de diverses combinaisons solubles, telles que le *carbonate de sodium* et le *chlorure de calcium*, propres à être entraînées avec les eaux d'infiltration. Ces conditions ne peuvent guère se présenter que sur les lignes de rupture et de dislocation; aussi est-ce là que sont tous les gisements de gypse de nos Alpes vaudoises; ils se sont formés aux dépens de calcaires triasiques, lyasiques, jurassiques, crétacés et même tertiaires. Cette disposition des gisements, toujours sur les lignes de rupture, est déjà un indice de leur origine, que démontrent d'ailleurs certains arrêts caractéristiques de transformation, et de remarquables analogies avec d'autres gisements plus anciens (Alpes valaisannes), ou plus récents (Höhgau, près de Schaffhouse), qui se sont formés aux dépens d'autres roches, mais de la même manière.

Une autre métamorphose, corrélative ou, du moins, contemporaire de la formation du gypse, a donné lieu à la *dolomie*, ou plutôt aux calcaires dolomitiques qui, dans les stations de nos Alpes où la série est complète, à Villeneuve par exemple, forment une bande de part et d'autre du gypse. La dolomie,

à son tour, par une transformation plutôt mécanique, a donné
la *corgneule (Rauchwacke)*, qui, dans son type le mieux caractérisé, est une roche bréchiforme, composée de fragments dolomitiques anguleux, reliés par un réseau de veines spathiques.
On en trouve, dans le ravin de la Tinière, au-dessus des
usines du Crest, des échantillons très instructifs, qui permettent
de suivre tous les degrés de transformation de la dolomie à la
corgneule pure. Ailleurs, sur le col qui va de l'Alliaz au bassin
de la Veveyse, apparaît un type particulier de corgneule, formation toute superficielle, qui recouvre parfois des espaces assez,
considérables au sommet des cols ou sur le flanc des ravins.
Les éléments dont elle se compose sont 1º des fragments anguleux de dolomie, 2º des fragments, également anguleux, provenant de la délitation des masses voisines du gypse, 3º des
fragments étrangers, anguleux ou arrondis, provenant des parois
ou des sommités environnantes, le tout cimenté d'une manière
plus ou moins compacte et conservant en gros une structure
bréchiforme, grâce à l'état anguleux de la plupart de ses éléments. Les dépôts de cette nature, formés dans la région inférieure des ravins, présentent des alternances très intéressantes
de parties entièrement bréchiformes et de parties remaniées et
stratifiées par l'action de l'eau, avec mélange de cailloux roulés
comme on peut le voir à la petite colline du Scex, près de
Villeneuve.

Il ne saurait être question pour ces diverses roches (dolomie,
corgneule, gypse), d'un âge géologique absolu.

Les **Terrains tertiaires** sont peu représentés dans la contrée.
Le Châtelard est perché sur une de leurs premières assises. Une
ligne tirée du Châtelard à la Veveyse, par Tercier, laissant à
gauche le château de Blonay, en indiquerait à peu près la limite.
Leurs affleurements les plus voisins des Alpes offrent des grès
durs, grisâtres ou veinés de rouge, qui font place, du côté de
Vevey, à un ensemble de couches argileuses ou arénacées, généralement colorées en rouge. C'est l'étage moyen (miocène) des
terrains tertiaires, qui est à la base de la molasse. Les fossiles y
sont rares; on y a trouvé cependant des empreintes de feuilles
de palmier, et certaines couches sont pétries de fragments ligneux
carbonisés. Toutes ces couches plongent sous les Alpes, qui,
dans leur dernier soulèvement, ont refoulé devant elles la mo-

lasse, récemment déposée entre les Alpes et le Jura. Il s'est passé alors ce qui arrive quand un train de chemin de fer rencontre un obstacle, et que les wagons grimpent les uns sur les autres. Les chaînons extrêmes des Alpes, venant à buter contre la molasse, l'ont obligée à fléchir sous eux, et ont en même temps glissé les uns sur les autres, les derniers sur les premiers.

Les **Terrains quaternaires** occupent une place importante, sous forme de dépôts glaciaires, de terrasses diluviennes ou d'alluvions plus récentes.

L'ancien glacier du Rhône, lors de sa plus grande extension, recouvert le pays d'une couche de glace, forte, à Montreux, de 3000 pieds environ (1000 mètres). Il n'a, pendant ce temps, exercé d'action sur le sol, qu'en arrondissant et polissant les roches sur son passage, et en déposant une certaine quantité de boue glaciaire. Quant aux matériaux des vastes moraines étalées sur son dos, ils étaient emportés plus loin. Vint la période du retrait, marquée, comme celle de l'avancement, de péripéties variées de recul et d'empiétement. Des stations prolongées donnèrent lieu au dépôt de grandes moraines, comme on en observe plusieurs, notamment, à la tête du lac. Les vallons latéraux furent alors barrés par des langues de glace, qui y pénétraient plus ou moins profond, derrière lesquelles les eaux des torrents s'accumulaient et mélangeaient leurs dépôts avec ceux du glacier. Ces dépôts, dont les rouvines de Saumont et des Avants offrent des exemples classiques, se présentent tantôt sous forme de boue glaciaire pure, tantôt sous forme d'alluvions irrégulières, plus ou moins stratifiées, avec triage imparfait des matériaux.

Le glacier retiré, les torrents pratiquèrent dans les masses qui obstruaient l'entrée des vallons un travail d'affouillement considérable, et qui doit avoir été très rapide, jusqu'à ce qu'ils aient repris leur cours normal. Les débris ainsi enlevés commencèrent à former les *cônes de déjection des torrents*. Dans ce temps-là, le niveau du lac était d'environ 150 pieds (45 m.) plus élevé qu'aujourd'hui. Il s'abaissa, presque subitement, d'environ 50 pieds (15 mètres), et les torrents se mirent à fouiller leur ancien cône, dont il ne resta bientôt plus que deux berges escarpées, qui dominaient un cône nouveau, en voie de formation, empiétant de plus en plus sur le lac. Ce phénomène s'est répété plusieurs fois. A l'embouchure de la plupart des torrents, on voit au-dessus du cône en formation, s'étager les restes de trois cônes antérieurs, correspondant à trois niveaux du lac, de 50, 100 et 150 pieds environ (15, 30, 35 m.) au-dessus du niveau actuel. C'est-ce qu'on appelle les *terrasses diluviennes*, qui se retrouvent tout autour du lac.

Cette formation s'observe d'une manière distincte à la Tinière, à la Baye de Montreux et à celle de Clarens. Le cône de cette dernière offre, en outre, une circonstance particulière. A quatre cents pas, environ, en aval du pont de Tavel, au-dessous du château des Crêtes, un lambeau considérable de la terrasse diluvienne N° 2 (100 p.) est superposé à un dépôt de boue glaciaire. Le fait parut d'abord d'autant plus étonnant qu'on avait observé le cas inverse à Genève, au bord de l'Arve. La solution du problème s'est trouvée en étudiant les berges de la Dranse, où les deux phénomènes se sont produits successivement. Cette étude a permis, en outre, d'établir dans la période quaternaire quatre phases principales et bien distinctes:

1° *Premier envahissement du glacier*, avec dépôt de boue glaciaire, de blocs erratiques, formation de moraines, etc.

2° *Première formation diluvienne:* grands cônes torrentiels dont les matériaux sont fournis soit par l'affouillement des premiers dépôts glaciaires, soit par la délitation des rocs en place dans le bassin de chaque rivière.

3ⁿ *Second envahissement du glacier*, avec phases réitérées d'avancement et de recul. Il recouvre les premiers grands cônes diluviens et forme ou achève de former les grandes moraines du Signal de Bougy et de la Côte de Savoie.

4ⁿ *Seconde formation diluvienne*, dont les restes constituent les trois étages de terrasses décrits plus haut et recouvrent les dépôts de la seconde phase glaciaire.

Les *cônes actuels* sont la continuation normale de la dernière phase diluvienne.

C'est à Mr. A. Morlot, géologue du plus grand mérite, que la science doit la première description complète de ces diverses phases de la période quaternaire.

Le point le plus intéressant, pour la science, des environs de Montreux, est l'embouchure de la Tinière, où l'on peut suivre fort bien non-seulement les trois terrasses diluviennes, mais où l'on a pu, grâce à la coupure du chemin de fer, étudier l'intérieur du cône récent. On a constaté au milieu des alluvions la présence de plusieurs couches d'ancien terreau, mêlé de débris humains, et dont chacune indique ce que fut, à un moment donné, la surface du cône. La première, à 1ᵐ.40 au-dessous de la surface actuelle, a fourni des fragments de briques romaines et une monnaie antérieure au Bas-empire. La seconde, à 2ᵐ.97, a livré plusieurs débris caractéristiques de l'âge du bronze. Des fragments de poterie, trouvés dans la troisième, à 5ᵐ.69, appartiennent à l'âge de la pierre. En donnant à la couche romaine 16 siècles et en tenant compte des effets produits par les endiguements modernes, on arrive à 3 ou 4 mille ans pour l'âge du bronze, et à 5 ou 7 mille pour celui de la pierre. Ces chiffres ne sont qu'approximatifs; ils n'en ont pas moins une grande valeur. Il est toujours du plus haut intérêt de trouver ainsi des points de contact entre l'histoire de l'homme et celle de la terre. C'est encore à Mr. Morlot qu'on doit l'exacte description du cône de la Tinière. L'illustre géologue anglais, Sir Charles Lyell, qui l'a visité plus tard avec lui, a pleinement confirmé ses déductions.

En terminant cette notice, nous osons exprimer l'espoir que plusieurs de nos lecteurs ne s'en tiendront pas à une description forcément incomplète, mais voudront voir les choses par eux-mêmes, et travailleront à enrichir par leurs propres observations le domaine de la science. Chaque fait bien constaté est un pas en avant dans cette recherche de la vérité qui est le but suprême de l'intelligence humaine.

Promenades et excursions aux environs de Montreux.

Distances, pour *aller et retour*, calculées à partir du pont de Montreux.

	A pied. h. m.	A mulet. h. m.	En voiture. h. m.
A Veytaux	— 40	— 40	— 30
„ Chillon	1 —	1 —	— 30
„ Chillon, avec retour par Chambabau ou vice-versa . . .	2 30	2 30	— —
„ l'hôtel Byron	1 40	1 40	— 50
„ Villeneuve	2 —	2 —	1 —
Au pont de Chessel (Rhône) . .	4 —	4 —	2 30
A Clarens	— 40	— 40	— 30
Au cimetière de Clarens . . .	1 —	1 —	— 45
„ Châtelard	1 —	1 —	— 45
Aux Villas Dubochet	1 —	1 —	— 40
Au château des Crêtes	1 —	1 —	— 45
A Chailly	1 40	1 40	1 —
Au château de Blonay	3 —	3 —	2 —
Idem, avec retour par Vevey .	4 —	4 —	3 —
A Vevey . . . . . . , . .	2 30	2 30	1 15
„ la gorge du Chauderon . . .	1 —	—	—
Idem, avec retour par Sonzier ou Glyon	2 —	—	—
Au rocher de tuf (la Tufière) .	1 —	1 —	— 45
A Glyon (Rigi Vaudois) . . .	2 —	2 —	1 30
Idem, avec retour par le Pont de pierre et Charnex	3 —	3 —	2 30
A Charnex	1 20	1 20	1 30
„ Brent	2 —	2 —	1 25
Aux Avants, par Sonzier ou par Glyon	3 —	3 —	par Sonzier 3. 30
Au Mont de Caux, par Glyon .	4 —	4 —	—
„ „ „ Sonchaux, par Veytaux	5 —	5 —	—
„ Mont de Cubly	4 —	4 —	—
Aux Pleïades	5 —	5 —	—
„ Villars et à l'Alliaz . . .	5 —	5 —	—
A la Dent de Jaman	6 —	6 —	—
„ „ Cape de Moine	7 —	7 —	—

Promenades sur le lac.

Distances calculées à partir du port de la Rouvenaz.

	Aller et retour en petit bateau.		En bateau à vapeur, simple course.	
	h.	m.	h.	m.
A Chillon	—	50	—	
„ l'Ile de Paix	1	—	—	
„ Villeneuve	1	—	—	10
Aux bouches du Rhône . . .	2	—	—	
Au Bouveret	2	60	—	45
A St-Gingolph	4	—	1	—
„ Evian			2	—
„ Clarens	—	20	—	05
„ Vevey	2	—	—	25
„ Ouchy-Lausanne			1	30
„ Genève			4	30

Excursions en chemin de fer.

Distances de la gare de Vernex-Montreux, simple course.

	h.	m.
A Aigle	—	30
„ Bex	1	—
„ St-Maurice (grotte aux Fées)	1	10
Aux gorges du Trient (Pissevache) . .	1	30
A Martigny	1	45
„ Saxon	2	—
„ Vevey	—	25
„ Lausanne	1	—
„ Chexbres (hôtel du Signal, belle vue)	2	—

ie. Château
Hôtel
Pension
chiffres indiquent
l'altitude en
mètres.
Chalet
Maison Cochard
BRENT
BAUGY
TAVEL
P. Ketterer
des Crêtes
Tivoli
HUGUENIN LASSUGUETTE

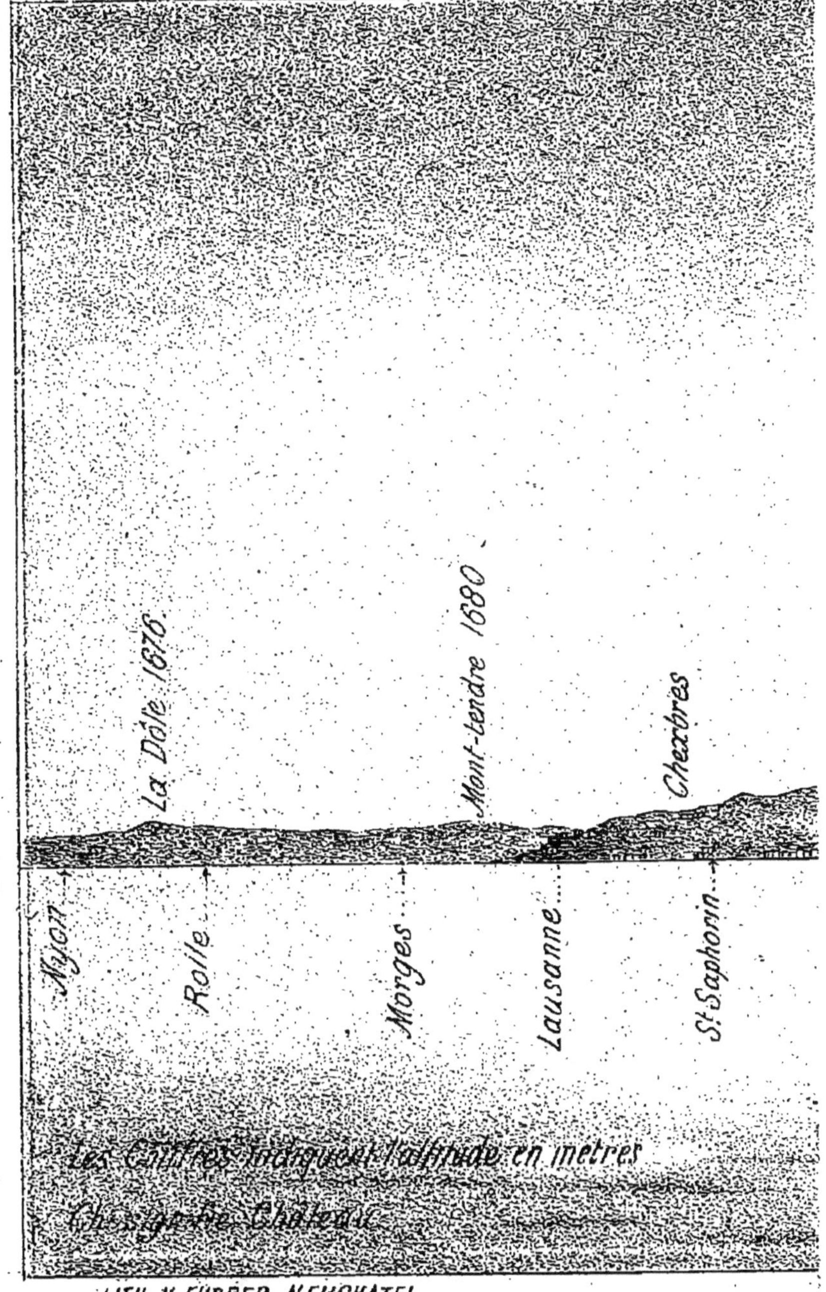

La Dôle 1676
Mont-tendre 1680
Chexbres
Nyon
Rolle
Morges
Lausanne
St-Saphorin
Les chiffres indiquent l'altitude en mètres
Chessier de Châtelar
LITH. H. FURRER, NEUCHATEL.

VUE DE LA CONTRÉE DE MONTREUX PAR CHAVANNES.

1

HOTEL DES ALPES.

Situé près du Château de Chillon à 5 minutes du débarcadère
de Territet et de la gare de Veytaux-Chillon.

A proximité des postes et télégraphes et de l'Eglise anglicane.
Service soigné. — Prix modérés.

GRAND HOTEL DES AVANTS.

GRAND HOTEL DES AVANTS
PRÈS MONTREUX

Propriétaires : DUFOUR FRÈRES

Hôtel de premier ordre à 1000 mètres d'élévation, dans une situation incomparable, au milieu des montagnes. Installations et confort modernes, service attentif. Prix modérés.

Beaux appartements. Salons de conversation et de lecture. Fumoir. Billards. Table d'hôte à 1 et 6 heures du soir. Voitures et télégraphe dans l'hôtel. Bains chauds et froids.

L'hôtel est ouvert toute l'année, très bien chauffé en hiver.

Pendant l'été, service divin en français, tous les dimanches.

GRAND HOTEL DES AVANTS
PRÈS MONTREUX

Proprietors : DUFOUR BROTHERS

Height 1000 mètres.

This first-class Hotel is equally remarkable for its incomparable situation among the mountains, and its comfort, and its good attendance. Handsome apartments. Conversation, reading, smoking and billard rooms. Excellent accommodation, combined with reasonable terms. Table d'hôte at 1 and 6 o'clock. Carriages and telegraph at the Hotel. Hot and cold baths. Open all the year. The house is heated in the winterseason.

English divine service. English spoken by the proprietor.

PAPETERIE

ET

FOURNITURES DE BUREAU

J. ALLAMAND

MONTREUX

~~~~~~

SPÉCIALITÉS D'ARTICLES POUR LA PEINTURE ARTISTIQUE

Riche assortiment de couleurs anglaises, allemandes et françaises de Windson et Newton, Newman, Schmidt à Düsseldorf et Lefranc à Paris. — Pinceaux extra-fins. — Panneaux, toiles en châssis et au mètre, etc. etc. — Boîtes riches, pour artistes, à l'aquarelle et à l'huile. — Chevalets et parasols de campagne.

Livres d'esquisses. — Albums pour photographies et le dessin, de toutes grandeurs.

Block and Block Books.

COMMISSION — EXPÉDITION

Marchandises en dépôt. — Emballage de toutes es-pèces de marchandises.
~~~~~~

Cette maison, située en plein midi, dans la position la plus abritée,
avec vue splendide, est renommée pour sa bonne cuisine,
et sa spécialité de vins vieux de France et autres.

Salle de billard, établissement de bains attenant
Pavillon sur le lac, pour la pêche et les repas.
Prix très-modérés.

Hôtel de premier ordre, pension pour séjour
Cure de raisins du célèbre Clos-Byron.

Omnibus au bateau et à la gare de Villeneuve.
Bains chauds et froids. Source d'eau sulfureuse.

HOTEL BYRON, PRÈS VILLENEUVE,
dans la plus belle position, au bord du lac, au milieu de grands jardins.
Propriétaire : Emmerling-Rusterholz

HOTEL BEAU-RIVAGE, PENSION BREUER.

MONTREUX

HOTEL BEAU-RIVAGE, PENSION BREUER

G. BREUER, PROPRIÉTAIRE

Ausgezeichnete und sehr geschützte Lage, prachtvoller schattenreicher Garten mit Terrasse am See; aller mögliche Comfort der Neuzeit. Grosser Salon mit Lektüre; englische, französische und deutsche Zeitungen. Damensalon, Rauchzimmer, Billard, Seebäder (ohne besondere Berechnung) und warme Bäder. Equipagen im Hotel.

Aufmerksame Bedienung und mässige Preise dürften den Aufenthalt zu jeder Jahreszeit sehr angenehm machen.

Omnibus vom Hotel nach der Station Montreux.

Position magnifique, splendides jardins ombragés, avec terrasses sur le lac. Le meilleur confort moderne. Grand salon de lecture. Journaux en langues diverses. Salon pour dames; salle pour fumeurs. Billard. Bains chauds et équipages à l'hôtel.

==== Bains du lac gratis. ====

Une cuisine soignée, un service prompt et des prix modérés en font un séjour des plus agréables en toute saison.

Omnibus de l'hôtel à la station de Montreux.

Beautiful and very sheltered position, splendid and shadowy garden with terrace on the shore of the lake and magnificent view on the Alps.

Every modern comfort. Large reading room

English, German and French news-papers.

Ladies' parlour, smoking and billard rooms.

Lake baths free of charge, warm baths and carriages in the hotel.

Good attention and reasonable prices will make a sojourn in every season very agreeable.

Omnibus of the hotel at the railway station Montreux.

HOTEL ET PENSION DU CYGNE.

HOTEL & PENSION DU CYGNE

VERNEX-MONTREUX.

Position magnifique sur les bords du lac. Vastes jardins et terrasses ombragées. Appartements pour famille, meublés dans le goût le plus moderne.

Tout est réuni dans l'établissement pour en faire un séjour des plus agréables dans toutes les saisons.

A deux minutes de la gare et des débarcadères des bateaux à vapeur.

EDOUARD VAUTIER, propriétaire.

HOTEL-PENSION LORIUS.

VERNEX-MONTREUX

HOTEL-PENSION LORIUS

Etablissement de premier ordre.
Une des plus belles positions au bord du lac.
Grande terrasse, beaux ombrages.
Proximité de la gare et du débarcadere
des bateaux.

HOTEL ET PENSION MONNEY.

HOTEL ET PENSION MONNEY

VERNEX-MONTREUX

Etablissement de premier ordre, avec terrasse et jardin ombragé, d'où l'on jouit d'une vue splendide sur le lac et les montagnes. — A proximité de la gare et du débarcadère des bateaux à vapeur. — Magnifique position au centre de la contrée, point de départ de toutes les excursions. — Salons de réunion et de lecture, journaux étrangers, fumoirs, billards, bains près de l'hôtel. — Grands et petits appartements pour famille. — Prix de faveur pour séjours prolongés. — Arrangements des mieux soignés pour chauffage en hiver dans l'intérieur du bâtiment. — Voitures et petits bateaux de promenade à l'hôtel. — Service attentif.

Cures de raisins, de lait et petit lait. — Bains chauds.
Voitures et bateaux de promenade à l'hôtel.

Position splendide et très abritée. — Vaste terrasse.
Parc ombragé. — Salons de conversation. — Fumoir. — Billard.

Rolli-Masson, propriétaire.   Position exceptionnellement abritée.

Cet établissement de premier ordre se recommande par sa position
exceptionnelle et jouit de tout le confort moderne.

Magnifique terrasse.

HOTEL NATIONAL A MONTREUX.

Vue splendide.

Faucherre-Vautier, propriétaire.
Prix de pension pour séjour.

HOTEL ROY.

HOTEL ROY

CLARENS PRÈS MONTREUX

(ancienne VILLA MIRABEAU)

Hôtel de premier ordre, vaste jardin, situation unique, grande terrasse au bord du lac, pour la pêche. — L'hôtel se recommande par sa belle position, son confort et sa bonne cuisine.

Cures de raisins et bains d'eau mère des salines.

Pension pour séjour. — Propriété touchant au débarcadère et à deux minutes de la gare de Clarens.

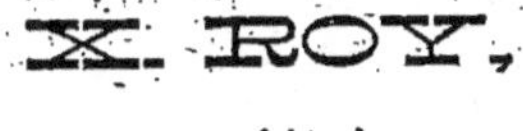

propriétaire.

HOTEL DU RIGI VAUDOIS.

HOTEL DU RIGI VAUDOIS.

Fondé en 1855, l'hôtel du Rigi vaudois est le plus ancien des hôtels de Glyon. Au bâtiment primitif, le *Chalet*, comme on l'appelle, s'est ajouté, en 1866, l'immense bâtiment principal, établi magnifiquement, avec tout le confort moderne. — Grandes salles à manger, salons de réunion, salons de lecture, salons à fumer, billards, bains froids et bains chauds, douches, télégraphe. — Voitures, mulets et guides toujours à disposition.

Entouré de vastes jardins et d'un grand parc, l'hôtel est situé de manière à être tout-à-fait garanti contre les vents du nord; aussi les hôtes sont-ils nombreux jusqu'au cœur de l'hiver.

Le propriétaire, **A. HEIMBERG.**

Das Hôtel du Rigi vaudois

bestand als ältestes Hotel von Glyon ursprünglich (1855) aus dem sogen. Chalet, zu dem im Jahre 1866 das enorme, mit allem Comfort der Neuzeit ausgestattete Hauptgebäude kam. Es besitzt grosse Speisesäle, Gesellschaftszimmer, Lesezimmer mit Bibliothek, Rauch- und Billardzimmer, kalte und warme Bäder, Douchen und den Telegraph. Wagen, Maulthiere und Führer sind stets zur Verfügung.

Umgeben von einem sehr ausgedehnten Garten und grossen Parke, liegt es gegen den Nordwind sehr geschützt und ist desshalb stets bis in den Winter hinein stark besucht.

Bestens sich empfehlend

A. Heimberg, Besitzer.

HOTEL-PENSION ROTH.

Maison de premier ordre. — Prix modérés.
Louis Roth, propriétaire.

Clarens-Montreux.
Une des plus anciennes pensions de la contrée.

Elle se recommande par sa belle position,
sa bonne tenue et la modicité de ses prix.

PENSION VAUTIER.

HOTEL
GRANDE PENSION VAUTIER
MONTREUX

Sœurs Vautier, propriétaires

Maison de premier ordre, réputation ancienne et étendue. Position centrale et très abritée. Installation et confort modernes.

GRAND HOTEL VICTORIA.

À Glyon sur Montreux Rigi-Vaudois.

MAISON DE PENSION

A CHARNEX SUR MONTREUX

TENUE PAR

DUFOUR-COCHARD

Une bonne table, des soins et la modicité des prix satisferont Messieurs les voyageurs.

A proximité des montagnes de Naye et de Jaman. On y jouit de la vue du lac et des environs.

PENSION DE L'HERMITAGE

CLARENS

TENUE PAR

M. DÉNÉRÉAZ

GRAND BAZAR DE MONTREUX

PRIX FIXES

Fournisseur breveté de sa Majesté le Roi des Pays-Bas.

SUCCURSALE	SUCCURSALE
A	A
BEX	BEX
(HOTEL DES SALINES)	(HOTEL DES SALINES)
ENGLISH SPOKEN	MAN SPRICHT DEUTSCH.

Maison de confiance, possédant un choix immense d'articles suisses et étrangers. Le plus vaste établissement de ce genre en Suisse, et offrant les assortiments les plus complets et les plus variés.

La direction du Grand Bazar faisant directement ses achats sur les lieux même de production, en Angleterre, en France, en Allemagne et en Suisse offre à sa clientèle des avantages très réels, ayant admis comme principe général de vendre toutes les marchandises à des prix fixes, invariables et aussi modiques que possible. De plus, malgré leur bon marché général, tous ses articles sont de premier choix et sortent des premières fabriques. Une parfaite complaisance et la plus grande loyauté sont exigées de tout le personnel de la maison, dans toutes les transactions.

Confections pour dames.	Cannes et Bâtons de Touristes.
Imperméables.	Maroquinerie.
Fourrures.	Spécialité d'Articles en cuir de Russie.
Soieries.	Papeterie.
Costumes pour enfants.	Sculptures.
Lingerie confectionnée pour dames.	Peintures.
Bonnetterie en tous genres.	Photographies.
Articles en Crêpe de santé.	Eventails.
Bas et Cravates.	Articles en Ivoire, Nacre.
Mercerie.	Argent oxidé, Bronzes.
Rubans.	Lampes.
Fantaisies Haute-nouveauté.	Choix immense de Pierres des Alpes.
Ganterie.	Bijouterie fantaisie.
Articles de voyage.	Articles de Chine et de Japon, importation directe.
Spécialité d'Articles anglais.	Jouets d'enfants.
Parapluies et Ombrelles.	Poupées en costumes suisses.